JN076769

高橋いさをエッセイ・セレクション①演劇編

そして舞台の幕が開く

論創社

まえがき

わたしが物書きになってしまった一番の原因は、わたしが幼い頃より日記を書く習慣があったせいであるように思う。なぜ日記を書くようになったか、記憶は定かではないが、わたしは小学生の頃から日記を書く習慣があった。そこには、日々、自分が体験したことはもとより、何かを見たり読んだりした感想やとりとめがない空想が書き込まれている。自分の体験や考えを文章にすることはわたしにとって楽しい作業であり、文章修行の第一歩としては非常に勉強になることであった。わたしがブログを書き出しても、三日坊主で終らなかったのは、そういう下地があったからである。

この十年間、ほぼ毎日、更新し続けたブログの文章からテーマに沿って選択した記事をまとめたものが「高橋いさをエッセイ・セレクション」である。新しいものに常に苦手意識を持つわたしが、まったく未知なるブログなるものを書き始めるに辺り、自分なりに作った基準は以下のようなものである。

●毎日、更新する。

●他人に対する誹謗中傷を書かない。
●食べ物に関する記事を書かない。
●お座なりではない分量を書く。
●内容が面白いこと。

これらの条件を満たしつつ、文章を書いてきたわけであるが、自分で言うのもナンだがよく続いたと思う。これだけの分量の文章を毎日更新し続けた人間は、日本広しと言えども、そんなにいないのではないかと我ながら自負する。まあ、何より大変なのは「内容が面白いこと」という条件であり、これればかりは自分で判断できないところであるが。

いつだったか「毎日よくそんなに書くことがありますね」と人から言われたことがあるが、「毎日更新」を目的として書いてきたので、無理やりひねり出して書いた文章も数多くある。

ところで、若い頃に熱を上げたつかこうへいさんは同じ劇作家の別役実《べつやくみのる》さんとの対談の中で次のような発言をしている。

《別役さんがぼくに教えてくれたのは、結果から目的を探すということ。女を好きになるにしても、「別れる」ための女として出会わなければならないということ。たとえば、女と初めて会ったとき、この女とは港の桟橋でコートの襟立ててタバコ捨てて別れるパターンだなと思っ

てその絵面《えづら》を想像して、初めて自己紹介しなさいってことですよ》

（『つかこうへいの世界』角川文庫より）

この方法論にのっとって言えば、わたしがブログを毎日更新してきたのもこういう精神の上にあったと言えなくもない。すなわち、その実、たいしたことがないわたしの平凡な毎日も、書いてさえしまえば、それなりに充実しているように思えるということである。だから、わたしは無理やりにでも自分の毎日を何かしらの切り口で文章にして、日々の空虚さを打ち消そうとする気持ちでブログを書き続けたところがある。

そんなわたしが十年間、こつこつと書き綴った日記から「演劇」の話題を中心にして構成したのが本書である。分厚い本なので、持ち運びに適さないし、風呂場で読んだりすると水没の危険が大きい体裁の本だと思うが、気楽に書いた短い文章が並んでいるので楽しんでもらえると嬉しい。

もくじ

2011

■脱走と強奪は

『大脱走』（一九六三年／ジョン・スタージェス監督）を久しぶりに見直す。わたしのベスト映画の一つ。わたしがこの映画が好きなのは、たぶん「集団的な脱走」という行為に「演劇作り」を重ねているからだと思われる。照明、音響、衣装、小道具と演劇にさまざまなパートがあるようにこの映画にもさまざまなパートが登場する。調達屋、撹乱屋、穴掘り屋、偽造屋……。それらのパートを担う人々がリーダーのビッグX（＝演出家）の指揮の元に収容所からの集団的脱出という同じ目的を遂げる様が、演劇作りの過程とダブるのだ。つまり、人間が共同で何かをやり遂げる姿に心が揺さぶられる。

もう一つ、そんなわたしの「演劇幻想」をくすぐる設定があって、それは銀行強盗（強奪）ものである。単独犯ではなく『華麗なる賭け』（一九六八年）のような複数犯のもの。銀行強盗も強奪係、監視係、逃走係といろんなパートの息が合わないとうまくいかない種類のものだろう。いつだったかこんな言葉で舞台の本番に臨む若い役者たちの士気を鼓舞したことがある。

――「俺たちはこれから銀行を襲う強盗みたいなものだ。ただ銀行強盗が狙うのは現金《げんなま》だが、俺たちが狙うのはそれとは違う。俺たちがかっさらうのは、観客の喝采という名の金塊だ！」

ジョージ・クルーニーあたりが言うとカッコイイ台詞だが、わたしが言っても全然キマらなかったのを覚えている。けれど、わたしは本当にそう思っている。

■すぐれた役作りとは

わたしを知っている人は、わたしにどんなイメージを持っているだろうか？　多くの人が演出家としてのわたしと接していることが多いはずなので、だいたいイメージは次のようなものではないかと思う。

神経質そう。怒ると恐そう。抜け目なさそう。論理的な感じ。皮ジャンを着ている。白ではなく黒いイメージ――それはそれで間違っているとは思わないけれど、正直に言うと全然違う。そういう要素もあることは認めるけれど、例えば、わたしが実は非常に動物好きだということを知ったらあなたはどう思うだろうか？　街角で出会った猫を撫でたくてその猫を追い掛けているわたしの姿をあなたは想像できるだろうか？　近くの家の飼い犬とじゃれあっているわたしの姿を想像できるだろうか？

何が言いたいかと言うと、人間を職業の先入観だけで判断することは大きな間違いだということを言いたい。現実の人間は大概大きなギャップを持って生きている。医師と言えば冷徹で、殺し屋と言えば残酷で、ホステスと言えば計算高く、警官と言えば正義感が強く、役人と言えば態度がでかいというようなイメージは紛れもなく先入観＝通念である。立体的な人物像とは、そういう先入観を覆す要素をそれと同時に体現できた時に生まれる。映画『レオン』（一九九四年）の殺し屋が共感を呼ぶのは、あの殺し屋が殺し屋という我々の先入観を覆し、立体的に造形されているからに他ならない。あいつは人殺しだが、観葉植物を育て、牛乳を飲み、ミュージカル映画が好きで、困っている女の子に優しい殺し屋なのだ。つまり、他人を複眼で見る力の必要性。

翻って、ここにすぐれた「役作り」の秘密があると思われる。

■演劇という皿

いきなりだが、わたしは演劇に関わるということは人生を肯定することだと思っている。作り手の人生を肯定する力の大きさが、その演劇の質を決める。

人間、生きていればひどいことも体験するだろう。時には死にたくなるようなこともあるにちがいない。それでも生きていることはすばらしいと思うことができる力。それが優れた演劇を生む原動力であるはずだ。

まあ、そんなことを考えたのは、身近に「大変なこと」があったからに他ならないが、大変なことに遭遇して大きな悲しみの中にいる人たちに演劇は生きる力を与える器であるとわたしは思っている。

思えば、わたしは常に人生を肯定して、いや、肯定しようと努力して生きてきたつもりだ。映画『マイ・ライフ・アズ・ア・ドッグ』（一九八五年）の主人公の少年ではないが、どんな不幸なことがあっても「あの犬に比べれば僕の人生もそんなに悪くない」と思って生きてきた。まあ、そう言うと格好良すぎるかもしれないけれど、自分に降り懸かる不幸のすべてを「自分だけが味わうことができた貴重な体験」と捉えて、その不幸を乗り越えようとしてきたのだ。そして、そう思えたのは、わたしが演劇をやっていた＝作り手であったからに他ならない。

演劇という器は、人間の幸福も不幸も喜びも悲しみも歓喜も絶望もすべて盛ることができる巨大な皿だ。そこに盛り付ける食材は甘いものから辛いものまで多彩な方がいいに決まっている。わたしはそんな皿に料理を盛り付ける料理人として、そういう不幸を必要とさえしたのだ。そして、そういう辛い体験をすることで、甘さは辛さと一緒の皿に盛られてこそ、よりはっきりと甘さを強調できるのだということを知ったのだ。ものは考えよう。あなたも前向きに生きてください。

■訳がわからないもの

「台本をどうやって書くんですか？」と人から尋ねられることが多い。ここで未知の読者のために少し解説をすると、台本と呼ばれるものには大きく分けて二種類ある。一つがシナリオという形式。

これは映画やテレビドラマの台本のこと。もう一つは戯曲という形式。これは舞台劇の台本のこと。脚本という言い方は、台本のことを丁寧に言う場合に使う。脚本を「理髪店」とするなら、台本は「床屋」という言葉に当たると思う。

わたしは戯曲の専門家である。で、冒頭の問いの答えだが、一言で言えるほど単純なものではない。だから、詳しく知りたい人は『I―note　演技と劇作の実践ノート』（論創社）を読んでもらいたいわけだが、それだと話が終わってしまうのでもう少し続けると、こういう段階を経ると思われる。

わたしの場合、まずあるのは条件＝制約である。制約とは役者のことである。出演するのは男が何人、女が何人、年齢はいくつで、どんな役者か、特技は何だ――という具体的な条件のことだ。そういう制約のなかで、どんな設定がよいかをアレコレ考え、最良と思われるものを選ぶわけだ。そこに辿り着くまでにかなりの時間が費やされる。設定が決まったら人物を決める。どんな人物がその設定では必要か？　人物Aと人物Bの関係は？　それが決まると、後は人物表とにらめっこだ。うまく転がれば、人物が勝手に動き出してくれる。結末に関してはあらかじめ漠然とイメージは持っているような気がするが、場合によっては登場人物の行動がそれを裏切ることもある。あとは書く、書く、書く。その時モノを言うのが今まで得た知識とイメージとパターンのすべてである。そして、最終的には数学の数式のように理論化できないのが戯曲である――という当たり前の結論に達することになる。

敬愛する劇作家の別役実《べつやくみのる》さんは「演劇で理論化できるのは二〇%くらいで、残りの八〇%はわけのわからないものでできている」というようなことを言っていたが、そういうものかもしれない。けれど、理論化できないからこそ演劇は楽しいのだ、きっと。

翻って、「演劇」を「人間」と置き換えると、そのように言う別役さんの感覚は正しいように思える。

■オーディション

昨日は、八月にやる『プール・サイド・ストーリー』(高橋卓郎と共作)の出演者オーディションを都内某所で行った。男女合計一〇〇名余りの応募者の中から選んだ数十名の若い役者たちを見る。

わたしは役者でないので、オーディションを受けたことはないが、取る側の基準としては、必ずしも容姿端麗な役者だけを選んでいるわけではないということをご理解いただきたい。問題は作品であり、その作品をもっとも豊かに成立させるためにどんな役者がほしいかということである。だから場合によっては容姿端麗であることは邪魔な場合もあるし、演技力があること自体が不合格の決め手になる場合もあると思う。繰り返すが、問題は作品であり、それを成立させるためにどういう面子が必要かということである。

ところで、演出という仕事はつくづく体力勝負の仕事だと思う。体力のない演出家の作る芝居は、当然、芝居にも体力がなく覇気に乏しい。かく言うわたしは、一見、色白の優男風だが、たぶん馬鹿みたいに体力がある男だ。そう言うと何か自慢しているようだが自慢している。馬鹿みたいに体力のある男が演出しているからこそ、かつて劇団ショーマの舞台はあれだけエネルギッシュに成立させることができたのだと思う。

翻って、今回、オーディションで選んだ若者のバリバリの肉体を得たわたしが、舞台の上で炸裂させる動の世界＝『プール・サイド・ストーリー』に期待を乞うゆえんである。

■福田陽一郎さんの思い出

演出家の福田《ふくだ》陽一郎《よういちろう》さんが亡くなって一年が経った。

わたしが福田さんの訃報を聞いたのは、昨年の四月十一日、三田村組の『父との夏』の稽古が終わり、池袋の中華料理店で出演者の皆さんと一杯飲んでいる時だった。電話をくれたのは娘さんである。

わたしは古くからの福田陽一郎ファンだった。最初の出会いは『離婚ともだち』というテレビドラマ。それがきっかけで『ショーガール』のことを知った。『ショーガール』は渋谷のPARCO劇場（当時は西武劇場）で年末に上演されていた木の実ナナ、細川俊之主演のミュージカル仕立ての芝居である。「なんて楽しいんだ!」と思った。

大学時代は福田さん演出のニール・サイモンの芝居を同じ劇場でよく見た。その後、とある人に紹介してもらい、懇意にしていただくようになった。何度か福田さんのお宅にもお邪魔して、福田さんの書斎で長い時間、話すこともあった。書棚には難しそうな洋書もたくさんあったが、海外ミステリや異色作家短編集などわたしも知っている本もあった。アメリカで放送されたライザ・ミネリのショーのDVDを「すげえだろ」と微笑みながら見せてくれたこともあった。亡くなる一ヶ月ほど前もわたしは福田さん宅を見舞いに訪れ、書斎で話をした。実は、その前に福田さんはわたしに三本の新作の短編戯曲を送ってくれている。そして「専門家としての意見を聞きたい」と。わたしは、恐縮しながらも丁寧にその感想を手紙に書いた。

こう言うと、とても僭越《せんえつ》だけれど、福田さんはわたしのことをある種の息子として見ていてくれたような気がする。いや、自分と同業の後輩としてかもしれないが。そして、こうも思う。もしかしたら福田さんの遺稿とも言える最後の作品をわたしは託されたのかもしれない、と……。たくさん話をしたのにその内容を全部思い出すことはできない。テレビの創成期からディレクターとして活躍し、四十歳になって舞台演出家に転身し、日本に「エンターテインメント」という言葉を定着させた大先輩の言葉なのに……。もどかしいことこの上ないけれど、その半生は『渥美清の肘突き〜人生ほど素敵なショーはない』(岩波書店)に詳しい。福田さんの人生は、この本のサブ・タイトルに集約されているとわたしは思う。

■虎とウサギ

劇作家だけに限らないと思うが、作家というのはつくづく因果な仕事だと思う。そう思ったのはこういうわけだ。

筆が進まない時の劇作家ほど哀れなものはない。その姿はまるで怯えたウサギだ。神経質になってちょっとしたことで怒ったりする。特にプロデューサーと呼ばれる人間に対して、非常に敏感になる。書けていないことに対する申し訳なさからついつい卑屈な態度を取ってしまう。そして、余裕を精一杯装いながら、心の底で「どどどどうしよう！」と悲鳴を上げている。家に戻って一人になると、以前に自分で書き上げた台本を手に取り、ぶ厚いその紙の束を眺めて「よくこんなにたくさん書けたなあ」とため息をつく。不安と焦躁の波が何度も繰り返し押し寄せてくる。（言うまでもないが、そういう状態の時に今、ここで書いているような客観的なことは到底書けない）

しかし、何かをきっかけに筆が進み（正確にはキーボードを叩き始めるわけだが）、転がり出すと止まらなくなる。「忘我の境地」という場所は確かにある。こう言うと失礼かもしれないけれど、たぶんアナタは行ったことのない場所だ。（別の形ではあるかもしれないけれど）そして、最後に心のエクスタシーがやってくる。こうして作品は出来上がる。

その作品はもしかしたらつまらないものかもしれない。しかし、作家にとっては腹を痛めて産んだ子供のようなもの。可愛くないはずがない。

子供を産んだ＝作品を書き上げた後の劇作家ほど雄々しいものはない。その姿はまるで野を駆ける虎だ。プロデューサーへの態度も以前とは変わり、偉そうになる。書けない時には想像さえしなかった宣伝のことにも頭が回り「早くチラシを作ってください！」と鼻息荒く発言したりする。可愛い我が子を世間様に早くお披露目したい気持ちの結果である。作家を取り囲んでいた世界が一変する。守備から攻撃に転じる時がやって来るのだ……。

まあ、長々と作品に取り組む劇作家の内面を描いてみたが、改めて作品を生む作家と子供を産む母親は、とても似た精神の経過＝心の動きを辿るのではないかと思い至る。作家が以前書いた台本を手に取ってため息をつくあたりは、以前産んだ長男（長女）を見て「よくこんなもんを産めたなあ」と思う母親の気持ちと同じではないか？　母親がそうであるように子供を産んだ作家は強い。まあ、図々しくなるという言い方もできるけれど。

■季節の問題

だんだん暖かくなってきた。長袖から半袖のシャツに変える季節。春の匂い。

わたしは、どちらかと言うと春は苦手な季節である。咲いて散る桜の花びらに人生のはかなさを重ねる日本人の感性は大好きだが、暖かい気候に誘われて、何となくそわそわしている自分を鬱陶しく思うからだ。

　ところで、人間は自分の生まれた月が好きになるという説があるが本当だろうか。わたしは九月生まれだが、確かに九月は好きだ。夏から秋へ変わる季節。暑い毎日が終わり、だんだん涼しい風が吹く季節。芸術の秋。食欲の秋。

　話は変わるが、芝居を書く時にどんな季節を設定するかは大事なことである。大事だと言っておいてこう言うのもナンだが、わたしはだいたいその芝居を上演する季節を選んでしまう傾向がある。春にやる芝居は春を、夏にやる芝居は夏を、秋にやる芝居は秋を、冬にやる芝居は冬を設定として選ぶことが多い。なぜそうなるかと言うと、その方が観客が舞台に感情移入しやすいと思うからだ。気分の問題もある。また、真夏に厚着の芝居、真冬にTシャツの芝居をやってもよいのだが、演じる役者さんのことを考えるとちょっと躊躇するということもある。だから、どうしても現実の季節と同じ季節を選んで芝居を書く場合が多いのだ。

　わたしの書く芝居はどんな季節が多いのか気になったので調べてみた。『八月のシャハラザード』『父との夏』『プール・サイド・ストーリー』『アロハ色のヒーロー』といった作品は夏以外に余り上演したくない演目だ。『VERSUS 死闘編〜最後の銃弾』はクリスマスが背景の芝居なので、これはやはり冬に上演したい演目だ。人気の高い『バンク・バン・レッスン』は余り季節とは関係ない芝居だと思う。

　そう考えると、わたしは夏の芝居を比較的多く書いているということがわかった。桜が満開の春の芝居は見当たらない。

■勝新伝説

先日、役者であり演出家であるAさんに会った。八月にやる『プール・サイド・ストーリー』に出演してほしいと頼むためである。

それはそれとして、飲みながら好きな役者の話になった。そして、勝新太郎《かつしんたろう》の話をした。勝新太郎——若い人にはもう通じなくなりつつある役者かもしれない。しかし、役者を名乗るならこの人のことを知っていた方がいい。

「俺は毛穴で演技する」——こういう言い方で演技を語った人は滅多にいない。そして、わたしにとっては、そう言った役者として勝新太郎は記憶に値する役者なのだ。

また、嘘かほんとかわからないが、勝新と付き合いがあった先輩から聞いた話。銀座の高級クラブで多くの役者やスタッフを接待した後、一人で銀座の町を歩いて帰る時に道端にいる浮浪者に「金を少し貸してくれ」と頼んだことがあるという。王様であり同時に道化でありえた数少ない役者。そういう意味では、さすが当て書きの名手・黒澤明《くろさわあきら》。『影武者』の武田信玄と泥棒の二役は勝新のためにあるような役だった。（実現はしなかったが）

Aさんから聞いた話。『不知火検校《しらぬいけんぎょう》』という舞台で金久美子《きむくみこ》さん（数年前に若くして亡くなった）

と共演中、金さん扮する女を絞め殺す場面で金さんのカツラが取れそうになった。勝新は、そのカツラをあたかも金さんの首をもぎ取るように摑み、舞台袖に投げ入れた。それを見ていたスタッフや観客にはそれがまぎれもなく女の首がもぎ取られたように見えたという。ハプニングを逆手にとって劇的効果にしてしまう男……。

最近、『天才 勝新太郎』（春日太一著／文春新書）という勝新のことを書いた本を読んだが、それを読む限り、晩年の勝新は、脚本家の書いた台詞を嫌い、現場での即興演技を重視した作品作りを目指したという。演技のリアリティを追求していった役者が、当然辿り着く方法であると思うが、その型破りな方法による撮影現場は大変だったらしい。古今東西、天才の辿る道が常にそうであるように、勝新の晩年も悲劇的な色合いが濃い。

「千里の道を行き、万巻の書を読む」――同書によると、これが勝新の座右の銘だったという。

■作家の無意識層

懸案の新作が二本ともできたので、ゆったりと過ごす毎日。作家としてのわたしの仕事は九割がた終わったので、これからは具体的にどんな舞台にするのかを演出家のわたしが考える番だ。こういう時間が演出家としては一番楽しい。

ところで、三十年も作・演出として芝居に関わってきてわかったのは、作家と演出を兼ねてやる場合の落とし穴についてである。両方を同一の人間がやるわけだから、作・演出家がその芝居のことを一番わかっている人間であると思いがちだが、そうでないところが難しいところだ。そういう風に感じたのは、わたしが、わたし以外の作家の作品を演出した時だ。一言で言えば、作家は自分の無意識層に無自覚なのである。

「なぜその作品を書いたか？」という問いに対して、作家はだいたい「書きたかったからだ」というような答え方をすることが多い。「なぜ書きたかったのか？」と問うと「……」と黙る。

つまり、その作品を書く原動力となったはずの自分の無意識層＝言語化されていない心の深層に作家は無自覚なのである。そして、作家自身はその無意識層に眠るその真実（例えば幼い頃に心に受けた傷）を意識的に忘れようとしていたりする。

いくつも自作を演出すると、だんだんその無意識層がわかってくるが、それを理解するまでにはある程度の時間がかかるし、最終的に作・演出を兼ねている本人にその真実を正しく把握できているかは疑わしい。他人の演出だと、見方が客観的でクールなぶんそんな作家の無意識層を見事に抽出して視覚化できたりする場合があり、作家はそれを見て自分の無意識層を理解する手掛かりになったりする。「岡目《おかめ》八目《はちもく》」とはよく言ったものだ。

だから作家はいい演出家と組むと、確実に作家の世界をより豊かに拡大してもらえると思う。残念ながら、作家のわたしには、今のところ自分以外にそういう演出家はいないのだが……。

■カウント・ダウン

昨年、二〇一〇年は、わたしにとって特別な意味を持つ年だった。

一人の人間の「人生の折り返し地点」という時期をいつ頃と考えればいいかわからないが、わたしは昨年がそういう年だったような気がする。敬愛する演劇の先輩たちが次々と鬼籍に入られたということもあるが、必ずしも理屈で考えたわけではない。直感としてそう思っただけだ。それはたぶん頭ではなく自分のからだの感覚であるように思う。からだは頭より正直だ。

そして、わたしは心ひそかに決意した。これから死ぬまでの間に今まで作った舞台と同じ数の舞台を作ってやろう、と。今まで作った舞台がいくつあるのか、正確にはわからないけれど、三十年も芝居をやっているわけだから一年に二本か三本、舞台を作ってきたとして六十〜九十本くらいか。だから、わたしは同じ数だけ舞台を作ってから死にたいと思う。

死ぬ死ぬと縁起でもないことを言っているけれど、人生の残り時間を考えてもおかしくない年齢にわたしも達したということだ。そして、そういう目的をきちんと持っていれば、また、その目的をこういう場所で公表してしまえば、これからどんなに大変でもこの仕事を続けていけるような気がするのだ。

それにしても、月日の経つのは早い。人生の折り返し地点から数えると、カウント・ダウンはもう始まっているのだ。

■天使のポジション

もう何年も前のことだが、『天使が通る』というタイトルの芝居をやったことがある。学生たちに書いてもらったいくつかの短い恋愛物語を二人の天使が茶々を入れながら見守るという形式で描いたオムニバス作品だ。自分で作っておいて言うのもナンだが、すぐれた構造を持った芝居だった。

――「人間は自分のことを堕ちた天使だと思いがちだが、実は舞い上がった猿なのである」

これは『裸のサル―動物学的人間像―』（河出書房新社）を書いたデズモンド・モリスの言葉。名言だと思う。と、そんなアイロニーを踏まえた上で言うが、わたしは時々、自分は天使ではないかと思う時がある。「ざけんなっ！」という声とともに四方から飛び蹴りを食らいそうな発言だが、頼む、もう少し聞いてくれ。

深夜の電車のなかで、ふと周囲を見回すと、そこにさまざまな人間たちがいる。男、女、中年、老人、若者……さまざまな欲望を抱え、さまざまな現実を生きる人間たち。自分も他ならぬ生身の人間であるにもかかわらず、エアポケットに入ったように彼らを見つめてしまうことがある。そして、わたしの仕事は、この人たちの姿を粉飾なしに書きとめることなのではないか……などと思う。その視線は暖かくもあり冷たくもある。そういう時にわたし＝作家の位置は限りなく天使のポジションに近いのではないかと空想するのだ。

「何が天使だっ！　ふざけんなっ！」と四方からまた飛び蹴りを食らうことになるかもしれないが、まあ、もう少し聞いてくれ。

作家は彼らの現実に対して限りなく無力であるという点も天使に似ている。しかし、無力ではあっても、作品を通して彼らに慰めを与えることはできる。励ますことはできる。いや、逆に奈落に突き落とすことも、絶望を味あわせることも……。

「人間を慰めることこそは、映画の果たし得る最も光栄ある役割でなければならぬ」――。

天才と謳われながらも、若くして亡くなった伊丹万作《いたみまんさく》監督の言葉だ。若い頃のわたしはもっとラディカルだったが、今は演劇も「かくあれかし」と思うようになった。

■劇場の神様

『知らない彼女』（のちに『モナリザの左目』と改題）の稽古をしながら思うのは、「この芝居は劇場の神様に愛されそうな芝居だなあ」ということだ。なぜかと言うと、とても大きな感情が描かれるから――いや、もっと端的に言えば血生臭いからだ。

ところで、あなたは劇場＝演劇の神様の名前を知っておいでか？　知らないならわたしがお教えしよう。名前をバッカスという。別名ディオニソス。ギリシャ神話の神様だが、このバッカスが司どっているのが「演劇」「酒」「肉欲」だ。言い方を変えれば、この三兄弟の親父がバッカスなのだ。当然、この三兄弟はとても仲がいい。

演出家というのは、言うなれば劇場＝演劇の神様バッカス様に生贄《いけにえ》を捧げる祭典の司祭のようなものだ。バッカス様に気に入ってもらえるような生血したたる生贄＝作品を祭壇に供える仕事。そういう意味で、『知らない彼女』は、バッカス様が気に入ってくれそうな内容を持っていると思うのだ。

そんな残酷な神様に対する理知的な神様がアポロンである。アポロンは「理性」と「科学」の神様だ。バッカスを娘を犯すことも厭わない酒飲みのやくざの親分とするなら、アポロンは娘に好かれる頭脳明晰な大学教授のパパといったところか。

そして、祭典の司祭＝演出家は想像するのだ。『知らない彼女』は、大学教授のパパにではなく、飲んだくれのやくざの親父に気に入ってもらえる芝居なのではないか、と。劇場へのご来場を重ねてお願いし、ご期待を乞うゆえんである。

■大衆の欲望の象徴的存在

――「俳優は大衆の欲望の象徴的存在である」

これは演出家の蜷川幸雄《にながわゆきお》さんの言葉だ。なるほどと思う。大衆の欲望とは「あんな風に綺麗になりたい」とか「あんな風にカッコよくなりたい」とか「あんな風に細くなりたい」とか「あんな風に顔がよくなりたい」とか「あんな風にオシャレでありたい」とかそういうことだろう。つまり、言い換えれば、「俳優というのはみんなが憧れることができるような存在でなければならない」ということだと思う。その通りだと思う。

わたしが若い子に演技を教える時に言うのは、「このクラスのなかで一番素敵だと他の人たちから噂されるような存在になれ」ということである。違う言い方をすれば、「このクラスで一番になれないヤツは、どこに行っても一番になれない」ということである。芸能界と呼ばれる世界は、その規模がテレビや映画や演劇というマスコミュニケーションのメディアによって限りなく大きな規模になったものなのだ。だから、その最小の規模であるクラスのなかで一番になれと言いたいわけだ。

しかし、誤解されないように急いで付け加えれば、わたしは必ずしも「モデルのような美男、美女になれ」と言っているのではない。はっきり言えば「モデルのような美男、美女」だけの世界など味気なくてつまらないことこの上ない。だから、造形上の美しさだけの問題ではない。外面的な美しさもいい俳優の大事な要因の一つだと思うが、問題は「そのクラス＝集団で一番」ということだ。そして、何より〝それ〟が、他の誰とも違い、なおかつ魅力的であるということが重要であると考える。

■狂気の沙汰

連日『知らない彼女』の通し稽古。前にも書いたけれど、この芝居は劇場の神様が喜びそうな激情が描かれているので、役者さんたちは精神的に相当大変だ。実際、主人公の岡安泰樹《おかやすたいじゅ》さんは通し稽古の後、劇の世界から現実に戻ってくるまでに時間がかかるように見受けられる。

自作をギリシャ悲劇に例えるのも僭越《せんえつ》だが、ギリシャ悲劇の内容がそうであるように、こういう非日常的な内容＝狂気の沙汰を連日、舞台の上で擬似的とは言え体験しなければならない役者という仕事は、生半可な精神力ではできないものであるとあらためて痛感する。

ところで、すぐれた映画の脚本家だった笠原和夫《かさはらかずお》さんは『映画はやくざなり』（新潮社）という本のなかで、『仁義なき戦い』の脚本を執筆していた時のことを回想してこんな風に書いていた。

――「ドラマというのは正気の沙汰の人物の話ではない。こっちの頭も狂ってこなければ、セリフ一本、らしくは書けない」

わたしももの書きのはしくれとして、この言葉には大きく頷く。実は『知らない彼女』は第一稿と決定稿は結末が違う。わたしは決定稿のクライマックスをかなり酔った状態で書いたのだった。出演する浜谷《はまや》康幸《やすゆき》さんが出ている芝居を下北沢で見て、関係者と酒を飲んだ後のことだった。

■自作を振り返る①～『み・ら・あ』

これから不定期に自作を振り返ることにする。まだ人生を振り返る年齢ではないけれど、前に書いたように、わたしはすでに「人生の折り返し地点」は通過したと思っているので、未来のために過去を振り返ることも必要だと思ったのだ。いや、そんな大層なことではなく、若い人に自作を紹介して興味を持ってもらいたいというのが正直なところだ。わたしの戯曲は幸運にもそのほとんどすべてが論創社から出版されていることでもあるし。

今日はわたしの処女作『み・ら・あ～相対的類型化を好む人々』について。残念ながら出版はされていない。タイトルを書いているだけで気恥ずかしい思いにとらわれるが、処女作には、その作家のすべてがあるという意味では、確かにわたしの「その後」の萌芽はすでにここにみんなあるように思う。

①男二人を主人公にしたバディものである点。
②人間の演技性を描いている点。
③裁判劇風である点。

タイトルは「鏡」を意味している。対照的な性格の二人の青年の大袈裟に言えば自己同一性をめぐる観念的な喜劇的悲劇（？）というような内容だったはずだが、三十年も前の話なので記憶が定かではない。当時、つかこうへいさんの舞台に魅了されていたわたしは、その圧倒的な影響下で演劇活動を始めた。だから、歌謡曲や演歌を劇中で使うことを好み、記憶では確か沢田研二《さわだけんじ》や内山田《うちやまだ》洋《ひろし》とクール・ファイブの歌を使ったと思う。上演場所は池袋にあった小さな劇場。大学在学中の二十一歳の時だった。

■自作を振り返る②～『ゴッド・ファーザー』

これから不定期に自作を振り返ることにする。まだ人生を振り返る年齢ではないけれど、前に書いたように、わたしはすでに「人生の折り返し地点」は通過したと思っているので、未来のために過去を振り返ることも必要だと思ったのだ。いや、そんな大層なことではなく、若い人に自作を紹介して興味を持ってもらいたいというのが正直なところだ。わたしの戯曲は幸運にもそのほとんどすべてが論創社から出版されていることでもあるし。

今日はわたしの第二作『ゴッド・ファーザー〜君はわたしの太陽だ！』について。処女作同様、英語のタイトルに日本語のサブ・タイトルがついている。当時のわたしのよくないセンスが伺える。この芝居はマーロン・ブランド主演の映画『ゴッドファーザー』とは何の関係もない。つかこうへいの『戦争で死ねなかったお父さんのために』という戯曲に影響されて書いたホンで、「将来、わたしに子供ができたらどんな苦難を子供に語るのだろう？」という空想から生まれた芝居だった。

カッコつけたい盛りの二十代の頭。劇の冒頭でサザンオールスターズの「艶色ザ・ナイト・クラブ」で役者が踊った（！）のを覚えている。またラストシーンで哀切なイージー・リスニングの曲に乗せて、キラキラした紙を降らせたことも。

ビデオも何も残っていないが、この芝居を今のわたしが見たら、どんな感想を持つのだろう？その稚拙さに吐き気を催すか、あるいは、その破天荒さに感嘆するか？　そうそう、この芝居で主人公の父親を演じたＭくんは、今は人気のあるカレー屋さんの主である。

■自作を振り返る③〜『ボクサァ』

これから不定期に自作を振り返ることにする。まだ人生を振り返る年齢ではないけれど、前に書いたように、わたしはすでに「人生の折り返し地点」は通過したと思っているので、未来のために過去を振り返ることも必要だと思ったのだ。いや、そんな大層なことではなく、若い人に自作を紹介して興味を持ってもらいたいというのが正直なところだ。わたしの戯曲は幸運にもそのほとんどすべてが論創社から出版されていることでもあるし。

今日はわたしの第三作『ボクサァ』について。この芝居は、初めて当時の憧れの劇場だった池袋のシアターグリーンで上演した芝居だ。現在のシアターグリーンではなく、改装前のシアターグリーン。わたし自身が体験した実話を元に書いた芝居で、なかなか評価の高かった芝居だ。

深夜のアパートの一室を舞台に階下に住む謎の男をめぐり、そこに集まった若い男女が限りない妄想の世界にのめり込んでいく……というストーリー。ハチャメチャな内容だけれど、今読み返しても、これは普遍的な主題を持った芝居のように思う。すなわち、外敵の出現と国の防衛の物語として。最後にドアの外に幻のボクサァの姿を見たくて、ガタイのいいでかい筋肉質の男を探した結果、最終的には栗原裕孝《くりはらゆうこう》さんにやってもらうことになった。栗原氏は高校時代の剣道部の後輩で、今はデザイナー。論創社から出版されているわたしの本の装丁も全部、栗原氏の仕事である。

■自作を振り返る④～『ある日、ぼくらは夢の中で出会う』

これから不定期に自作を振り返ることにする。まだ人生を振り返る年齢ではないけれど、前に書いたように、わたしはすでに「人生の折り返し地点」は通過したと思っているので、未来のために過去を振り返ることも必要だと思ったのだ。いや、そんな大層なことではなく、若い人に自作を紹介して興味を持ってもらいたいというのが正直なところだ。わたしの戯曲は幸運にもそのほとんどすべてが論創社から出版されていることでもあるし。

今日はわたしの第四作『ある日、ぼくらは夢の中で出会う』について。当時、劇団員が四人しかいず、全員男性だったことから男の四人芝居を作らざるを得ず、あれこれ考えて「一人二役でやれば登場人物は八人になる！」と馬鹿みたいに単純に考えてできた芝居。竹内銃一郎《たけうちじゅういちろう》さんの『ドッペルゲンガー殺人事件』も念頭にあったように思う。とある誘拐事件をめぐって敵対する刑事と犯人を一人二役で演じるという趣向が、非常にわたしらしいと思うが、ラストシーンでとても観念的な台詞が語られていて、そこが惜しいと言えば惜しい。

とは言え、当時のシアターグリーンの支配人だったTさんが褒めてくれて、とてもうれしかったのを覚えている。その後、何回か再演した演目だが、比較的最近、ネルケ・プランニングの製作により、当代の人気若手俳優が出演して新宿のスペース・ゼロで上演された。ダイナミックな堤泰《つつみやす》之《ゆき》さんの演出が印象的な舞台だった。

この当時のわたしの作品は、たぶん「わたしはいったい何者なのか？」という己のアイデンティティをめぐる作品が多い。若者らしいテーマである。

■自作を振り返る⑤〜『バンク・バン・レッスン』

これから不定期に自作を振り返ることにする。まだ人生を振り返る年齢ではないけれど、前に書いたように、わたしはすでに「人生の折り返し地点」は通過したと思っているので、未来のために過去を振り返ることも必要だと思ったのだ。いや、そんな大層なことではなく、若い人に自作を紹介して興味を持ってもらいたいというのが正直なところだ。わたしの戯曲は幸運にもそのほとんどすべてが論創社から出版されていることでもあるし。

今回は『バンク・バン・レッスン』について。この芝居は初演時には『パズラー』というタイトルだった。内容が決まっていないうちにチラシを作らなければならず、そのために意味不明のそんなタイトルをつけたのだった。

今でも多くの劇団や学校で上演されるこの芝居は、実際に北九州で起こった「間違い銀行強盗訓練」に着想を得ている。

秘話を少しだけ披露すると、後半に支店長が娘に語る自分の半生の件《くだり》は、高倉健《たかくらけん》主演の『冬の華』という映画をイメージしている。殺人を犯した父親と高校生の娘（池上季実子）の物語だった。

また、母親による銀行強盗への投降の呼び掛けの場面があるが、あれは一九七〇年代に大阪で起こった三菱銀行人質籠城事件をイメージしている。射殺された犯人・梅川昭美《うめかわあきよし》が引きおこした実際の事件は、凄惨極まりないものだったが、あの事件は高校生のわたしに大きなインパクトを与えたのだった。だから、この芝居の背後にはそんな時代の匂いが少しだけ漂っている。

■雨が降るとき

わたしは、よく芝居のなかで雨を降らせる。と言っても「本水」を実際に降らせるということではなく、あくまで音響効果として雨音を使うということだが。例えば、先日、上演した『知らない彼女』の冒頭の弁護士事務所にも雨が降っていた。作家のわたしは、たぶん無意識に書いているのだが、わたしが芝居で雨を降らせる場合は――いや、もっと正確に言うと、自然音を使うときは、だいたい登場人物の心象風景のイメージとして使用することが多い。

だから、わたしの作る舞台で雨が降る場合は、ただ何となく雨が降っているのではなく、登場人物の心が「泣いている」というわけだ。先の例で言えば、『知らない彼女』の弁護士・滝島の心はしくしくと泣いているのである。

また、わたしの作る舞台で風が吹くときは、人物の心が不穏に波立つということだし、雷が鳴るのはだいたい怒りの象徴になっているはずだ。まあ、どれもこれも古来の芸能の型にのっとった定型的な使い方だとは思うが、定型があなどれないのは、それが見事にハマると、すばらしい効果を生む点である。

わたしはこういう風に、登場人物の心象を自然音で語る手法を映画の手法を通して学んだように思う。もっと端的に言うと、ルネ・クレマン監督の『太陽がいっぱい』（一九六〇年）である。ヨットの上で親友を殺したアラン・ドロンが、荒れだした海で単身ヨットを操作する場面に感動したせいだ。

■井上ひさしさんのこと

井上《いのうえ》ひさしさんが亡くなって一年と少しが経つ。命日は昨年の四月九日で、わたしは三田村組公演『父との夏』の稽古中だった。一度もお会いして話すこともなかったが、今思うと下手にお会いするより、遠くから見ているだけの方がよかったのかもしれない。実像を知らないぶん、わたしのなかで「井上ひさし」は神格化できるからだ。

単なる天才というより刻苦勉励型の天才とでも言おうか、傍《はた》からこの人の仕事を見ていると、感嘆の溜め息しか出てこない。一つの作品を仕上げるために扱う題材を徹底的に調べ上げるその情熱の大きさと探究力には舌を巻かざるを得ない。そして、その調査の徹底を裏付ける膨大な蔵書の数！　わたしも蔵書家の端くれを自負するが、井上さんの前ではゾウとアリ――いや、ゾウとミジンコである。そうそう、ずっと前にとある人に案内されて、山形県にある井上さんの「遅筆堂文庫」に行ったことがある。「書庫」ではない。それは文字通り「図書館」なのだ。そして、その戯曲コーナーにわたしの戯曲集があったのには驚いた。そして、とてもうれしかった。

晩年の井上さんは東京裁判を基点とする戦後の日本人の姿を柔らかく批判する劇作が多くなった印象があるが、わたしが最も愛するのは、日本の生んだ最高のピカレスク・ロマン（＝悪漢物語）と呼びたい『雨』と『藪原検校《やぶはらけんぎょう》』である。

■足し算と引き算

昨日は最後の通し稽古。そこで演出家のわたしが見たものが『わたしとアイツの奇妙な旅』という芝居のほとんどすべてである。これから劇場に足を運んでいただくお客様が見て体験するであろうものの完成形を、わたしは皆さんに先んじて目撃し、体験したということだ。

ここから本番を迎えて我々は「引き算」に入る。「引き算――どういうこと？」と若いあなたは思うかもしれない。その意味をこれから説明する。

充分な稽古をしたにもかかわらず、これから本番に臨む役者たちは、稽古場でやったこと以上のことを本番の舞台でやろうとしてしまう。つまり、「足し算」である。しかし、本番というのは、何かを「足して」いく作業なのではなくて、「引いて」いく作業なのである。何が「必要だったか」を考える場なのではなく、何が「必要でなかったのか」を確かめていく過程と言ってもいい。別の言い方をすれば、本番は食べて「太って」いく作業なのではなく、食べずに「痩せて」(=シェイプ・アップして)いく作業なのである。そして、たぶん一番贅肉のない美しいプロポーションが完成するのが、「千秋楽」と呼ばれる最終日の公演である。

稽古は足し算、本番は引き算——わたしはこのもの作りの極意を「日本屈指のドラマー」と呼ばれるCさんから学んだ。

■演劇の秘儀

昨日、今日は劇場入りして仕込み作業。舞台装置を立て込み、照明機材を吊り込んで、音響のチェックをする。そして、「場当たり」あるいは「きっかけ小返し」と呼ばれる役者を入れての舞台稽古をやる。その名の通り、照明が変化する場面や音響が入るところなどを繰り返しながら細かく当たっていくのである。そして、それが終わると「ゲネプロ」と呼ばれる最終リハーサルを行う。

リハーサル中の舞台には、本番とは違う独特の雰囲気があり、大袈裟に言うと、演劇のもっとも神秘的な秘密の儀式めいた世界がそこにはあると言えるかもしれない。

そもそもわたしが演出家になってしまったのも、高校生の時にそういう演劇のリハーサル風景を目の当たりにしたことも大きな原因の一つである。誰もいない観客席のなかで黙々ととり行われるリハーサル風景。時折、演出家のマイクを通した低い声が劇場に響く。その声は、高校生のわたしにはあたかもすべてを統一する神の声のように聞こえた。

「自分の子供に舞台の本番は見せても、リハーサルは見せない方がいい」――と劇作家の別役《べつやく》実《みのる》さんが言っていた。なぜなら舞台の本番を見ても、子供は「演劇がやりたい！」と言い出さないが、リハーサルを見ると、「僕も演劇がやりたい！」と言い出すらしいからである。さもありなん。

■つかこうへいさんのこと

もうすぐつかこうへいさんが亡くなって一年が経つ。つかさんは昨年の七月十日に鬼籍に入られた。あんなに好きだった人なのに結局、お近づきになることもなく、つかさんは亡くなってしまった。

わたしはこの人の作る舞台を見ていなかったら、たぶん今、ここにはいない。生きる目的を見つけられずに悶々とした日々を送っていた高校生のわたしは、この人の作る舞台に出会い感動し、「演劇というものはこんなにも面白いものだったのか！」と狂喜して、迷うことなく演劇の世界に身を投じる決意を固めたのだった。だから、会ったことはなくても、つかこうへいさんはいつまでもわたしの心の師匠なのだ。あれから三十年余りの時間が経った。

わたしの演劇活動は、すべてこの人の真似から始まったと言って過言ではない。何よりも、その逆説的なものの見方に大きな影響を受けたように思う。また舞台におけるショーアップされた演出のテクニックも。

つかさんが亡くなったということを知った夜、初期のエッセイ集『あえてブス殺しの汚名をきて』や『傷つくことだけ上手になって』をパラパラと読み返した。と、熱に浮かされたように「つかつかつかつかつかつか！」言っていた当時のわたしの姿がまざまざと甦る。わたしにとってつかこうへいの芝居は、汗と涙と熱いパッションで謳い上げるまさに「青春の演劇」であった。

だからというわけでもないが、つかさんが後年、若い役者たちと一緒に芝居を作るようになったのはよくわかるような気がする。俳優の——いや、人間の生命力にそのすべてを賭けた演出家が必要としたのは、躍動感に満ちた弾ける若い肉体以外にあり得なかったであろうからだ。

■自作を振り返る⑥～『けれどスクリーンいっぱいの星』

これから不定期に自作を振り返ることにする。まだ人生を振り返る年齢ではないけれど、前に書いたように、わたしはすでに「人生の折り返し地点」は通過したと思っているので、未来のために過去を振り返ることも必要だと思ったのだ。いや、そんな大層なことではなく、若い人に自作を紹介して興味を持ってもらいたいというのが正直なところだ。わたしの戯曲は幸運にもそのほとんどすべてが論創社から出版されていることでもあるし。

今回は『けれどスクリーンいっぱいの星』について。この芝居の初演は下北沢の駅前劇場だった。「芝居は趣向だ」という井上ひさしさんの言葉に影響されて、内容ではなく形式から発想した芝居だった。すなわち、「一人二役」ならぬ「二人一役」で作品を作ってみようという試み。結果として「もう一人の自分」との対決を余儀なくされるとあるアパートの住人たち――という奇妙な物語になった。

しかし、この芝居で特筆すべきは、そんな物語性にあるのではなく、舞台を所狭しと躍動する俳優の身体表現の可能性を提示した点であると思われる。「ショーマ走り」とその後、呼ばれるようになった舞台上で腿上げするような格好で行う疾走描写をしたのも、この舞台が初めてだった。

わたしは常々、「当て書き」と呼ばれる方法（＝特定の俳優のために台詞を書く）で芝居を書くが、言うなれば、この芝居は劇団の若い役者たち（当時二十代半ば）の「身体」に対して「当て書き」したのだと思う。その独特な手法はその後の作品で開花することになる。

■ダメ出し

通し稽古や本番の舞台を終え、演出家がキャストやスタッフにさまざまな注意点や改善点などを指摘することを「ダメ出し」と言う。ダメ出し――凄い言葉である。キャストやスタッフに喧嘩を売っているような響きがある。

「ダメだ！　ダメだ！　ダメだ！」――絶望して髪の毛をかきむしっている演出家の姿がイメージされる。しかし、本来は「ダメ出し」だけではなく、「よい出し」もしなければならないとわたしはかねてから思っている。人間、欠点ばかり指摘されたら余りいい気持ちはしないだろう。時には長所も褒めあげてあげないと性格も悪くなるというものだ。だから、いいところは極力褒めてあげるように努めている。いわゆる「飴と鞭」である。

翻って、大人と子供、親と子、教師と生徒、社長と社員の理想的な在り方を考える時に、よい「ダメ出し」は、多くのことを示唆しているように思う。悲しいかな外人のように「愛してる」と日常的に言わない日本人の演出家は、基本的に褒め下手であるとは思うけれど。

ところで、ここ数年でダメ出しのやり方が変わった。以前は本番の客席の目立たないところに身を潜め、さりげなくノートを取り出して周りに気を遣いながら几帳面にダメ出しを書いていた。(だから暗闇で文字を書くのはうまくなった) しかし、最近は手ぶらで舞台を見る。なぜそうなったのか――正直に言うと面倒くさくなったのである。幕が開いてしまえば、舞台は役者のもの。演出家がガタガタ言ってもいい時はいいし、ダメな時はダメなのだという当たり前の事実を知り開き直ったとも言える。

いや、そう思うようになったのには理由がある。わたし自身が役者を体験したせいだ。俳優たちに「毎回、同じことをしろ！」と演出家のわたしはずっと言ってきたような気がするが、そんなことはできないということがよくわかったからである。その日の体調、その日の相手役のリアクション、その日の観客のノリ——すべての不確定要素によって舞台は進行しているのだ。だから、細かいことをガタガタ言っても意味がないと悟ったのである。

これが演出家としてのわたしの前進なのか後退なのかはよくわからないが、少なくとも虎視眈々と役者のトチリを見つけるためにではなく、「みんなお前らに任せた！」という態度で見る舞台は前よりもずっと楽しい気がする。

■自作を振り返る⑦〜『ウォルター・ミティにさよなら』

これから不定期に自作を振り返ることにする。まだ人生を振り返る年齢ではないけれど、前に書いたように、わたしはすでに「人生の折り返し地点」は通過したと思っているので、未来のために過去を振り返ることも必要だと思ったのだ。いや、そんな大層なことではなく、若い人に自作を紹介して興味を持ってもらいたいというのが正直なところだ。わたしの戯曲は幸運にもそのほとんどすべてが論創社から出版されていることでもあるし。

この戯曲は出版されていないが、白水社の演劇誌「新劇」に掲載された。「ウォルター・ミティ」というのはジェームズ・サーバーの小説『ウォルター・ミティ氏の秘密の生活』の主人公の名前。映画化名は『虹を掴む男』で主演はダニー・ケイ。ウォルター・ミティは、いわば「空想癖のある現実不適合者」で、そんな姿に現実のわたし自身の姿を重ねようとしたと言えるか。まあ、実際の芝居は、「サラリーマン」「刑事」「人造人間」の三人が、主人公の座を争って対立するというメタ・フィクショナルな内容だったが。

この戯曲も『けれどスクリーンいっぱいの星』同様、内容よりもその形式が新しかったのだと思う。俳優たちの無対象演技によって変幻自在、縦横無尽に飛ぶ時間と空間で行われる演技は、本来、演劇の規模では扱うことができなった表現の領域をはるかに超えて、新しい舞台表現の可能性を示したと自負している。そこでは「クルマが横転して逆さまになって停止する」ということを俳優の肉体だけで表現しえたのだから。

それにしても、わたしは長い間、劇場の客席にいて、あんなに観客が笑っている芝居を未だに見たことがない。劇場は新宿のシアタートップス、一九八七年のことだ。

■自作を振り返る⑧〜『アメリカの夜』

これから不定期に自作を振り返ることにする。まだ人生を振り返る年齢ではないけれど、前に書いたように、わたしはすでに「人生の折り返し地点」は通過したと思っているので、未来のために過去を振り返ることも必要だと思ったのだ。いや、そんな大層なことではなく、若い人に自作を紹介して興味を持ってもらいたいというのが正直なところだ。わたしの戯曲は幸運にもそのほとんどすべてが論創社から出版されていることでもあるし。

　この戯曲は出版されていない。出版されなかったのには理由があるのだが、今ここで詳しくその事情を語るつもりはない。『アメリカの夜』というタイトルはフランソワ・トリュフォー監督の同名映画に依っている。映画の撮影現場を舞台に「映画内映画」を描くこの映画は、高校生のわたしに多大な影響を与えた作品だ。

　一方、わたしの書いた芝居の内容は、映画の中に侵入した現実の人間たちと映画の登場人物たちの攻防戦——という荒唐無稽なファンタジー。当時見て、いたく感動した『ターミネーター』（一九八四年）に強く影響されて書いたホンだった。

　この芝居も『けれどスクリーンいっぱいの星』や『ウォルター・ミティにさよなら』同様、無対象演技による俳優たちの躍動する身体が何より魅力的な芝居だったと思う。当時、わたしは二十六歳だった。勿論、わたしは演者ではないが、演出家のわたし自身の体力が、最も充実していた時。だから、今から思えば「過酷」と言っていい身体表現を俳優たちに平気で要求できたのだと思う。けれど、役を演じるのがわたしと同世代の若い俳優たちだったことも「ショーマ・スタイル」を生む大きな要因だったと思う。

　まあ、「都会的」という言葉からはほど遠い汗臭い演劇だったけれど。

■信頼関係

連日『プール・サイド・ストーリー』の稽古。稽古の初日に若者たちにこう言った。

――「この芝居は男子と女子が激しく憎み合っている設定の芝居です。そういう意味では日常から男子と女子は話さないようにして役作りをするという演出もあると思います。黒澤明監督は『影武者』という映画で萩原健一《はぎわらけんいち》さんを日常から精神的に追い詰め、ストレスを抱えた武将の役に生かしたという例もあります。けれど、ここにいるみんなは仲良くしてください。仲が良く信頼し合っている人間同士が、舞台の上で激しく憎み合うのが演劇だとわたしは思います。プロレスの善玉と悪玉もリングの上では敵同士のように戦いますが、楽屋ではキャッチボールをするくらい仲がとてもいいとわたしの心の師匠も言っていました」

要するに、それがどんな内容の芝居であっても、信頼関係なしにいい舞台は絶対に作ることはできないということだ。わたしは常々「入場料の一〇%くらいは、わたしとあなた、あなたと彼、彼女（＝演出家と役者、役者と役者、役者とスタッフ）の信頼関係に対して支払われるものだ」と主張している。心ある観客が見に来てくれるのは面白おかしい舞台ではない。その舞台を作っている人々の信頼関係だ。

■塩梅とバランス

塩梅――「しおうめ」ではない。これで「あんばい」と読む。他に按排、按配とも書く。味かげんや物事の具合を指す。「なかなかいい塩梅だ」というように使う。非常に古い言葉だが、わたしは稽古場でよく使う。使い勝手がいいからだ。

わたしがこんな言葉を知っているのは書物の知識ではない。小さい頃、一緒に暮らしていた祖母がよくこの言葉を使っていたのだ。

演技というのは難しい。リアルであることは重要だが、リアルであればあるほどよいというわけではない。演劇はどう考えても見世物に他ならず、観客の目を意識したエンターテインメントでもあるからだ。リアルさを追求するということはエンターテインメント性を損なうことであり、エンターテインメント性を追求することはリアルさを損なうことであると考えると、問題は両者のバランスであると思われる。そのバランスを表現する上で「塩梅」という言葉は実にぴったりとするのだ。それはリアルさ五〇％、エンターテインメント性五〇％というようなデジタルなものではなく、もっとデリケートで微細な領域を言い表す時に適していると思う。その塩梅＝さじ加減がわかっている役者のことをすぐれた俳優と言うのではないか？

■自作を振り返る⑨～『極楽トンボの終わらない明日』

これから不定期に自作を振り返ることにする。まだ人生を振り返る年齢ではないけれど、前に書いたように、わたしはすでに「人生の折り返し地点」は通過したと思っているので、未来のために過去を振り返ることも必要だと思ったのだ。いや、そんな大層なことではなく、若い人に自作を紹介して興味を持ってもらいたいというのが正直なところだ。わたしの戯曲は幸運にもそのほとんどすべてが論創社から出版されていることでもあるし。

今回は『極楽トンボの終わらない明日』。今思えば、この芝居がわたしたち劇団ショーマの人気がピークに達した芝居だったような気がする。今でも覚えているが、下北沢ザ・スズナリで迎えた初日。音楽がかかって客席の明かりが落ちると拍手が沸き起こった。同じ客席にいたわたしは「期待されてるんだなあ」と思った。

『けれどスクリーンいっぱいの星』『ウォルター・ミティにさよなら』『アメリカの夜』という作品群での試行錯誤を経て、わたしたちが編み出した「ジェット・コースター演劇」のスタイルが完成したと言える。「刑務所からの脱走劇」という「走り」と相性のいい内容の芝居だったのも手伝って、「ショーマらしい！」と自他ともに言えるスタイルができたと思う。その後、シアターサンモールで改訂版を再演。

しかし、スタイルを確立してしまったパイオニアの苦悩がここから始まる。その後、わたしたち劇団が作る芝居がだんだん自己模倣的になっていく。

■パワースピーチ

わたしは初対面の役者には「パワースピーチ」と呼ぶエチュードをやってもらうことにしている。自分の選んだ「大好きなもの」（例えば「酒」とか「漫画」とか「猫」とか）の魅力を向かい合う一名の相手役の人間にエネルギッシュに語ってもらう。相手役はそれをすべて否定するという役割。そして、最終的にどちらの言っていることに説得力があるかを見ている人の拍手でジャッジする。

これはわたしのオリジナルのエチュードではなく、演劇集団キャラメルボックスの成井《なるい》豊《ゆたか》さんが劇団でやっているエチュードを元にしている。それを耳にして、わたしなりのやり方でやっているというわけである。

このエチュードをやると、だいたいその役者の表現力がどのくらいのものなのかよくわかる。またテーマの選択の仕方にその役者のセンスが出るし、相手役の話を聞ける奴かそうでないかもわかるし、その場で心を動かすことができるかどうかもわかる。ストリップに例えると、人前で「服（＝心）を脱げる」ヤツかどうかがわかるのだ。当然、裸になれるヤツは強い。

勿論、勝てる＝相手役を説得できるに越したことはないのだが、それ以外にも重要な要素がこのエチュードにはある。それは、その人の好きなものをそこに集まった人々みんなが理解するという要素である。芝居を作るカンパニーの一員がどんなものが好きで、どんな価値観を持っているか――それを理解することは、束の間の家族＝カンパニーにとってとても重要なことである。要するに稽古の過程とは人間理解の過程でもあるのだから。

お互いを理解し合い信頼で結ばれた集団ほど強いものはない。口で言うほど簡単なものではないけれど。

■理想の稽古場十三箇条

理想の劇場を建設するに当たって、しばしば演出家や舞台監督は建設を計画する劇場主からアドバイスを乞われる。「どういう劇場なら使いやすいですか？」という問い。要するに理想の劇場とは、使う側も同時に見る側にも最高の条件が整っているということだが、それを書き出すと長くなるので、今日は「理想の稽古場とはどういう稽古場か？」ということを考えてみる。わたしが考える理想の稽古場とは以下のような条件を満たしている稽古場である。

○交通の便がよく最寄り駅から近いこと。

○ゆったりとした広さがあること。

○時間の融通がきくこと。
○小道具や衣裳を稽古場に置いておけること。
○二台以上の音響機材が設置されていること。
○防音設備が整っていること。
○着替えのスペースが充分にあること。
○椅子とテーブルが充分にあること。
○室内を暗くすることができること。
○コピー機があること。
○レンタル料金が格安の値段であること。
○稽古場とは別にスタッフ会議ができる小部屋が隣接してあること。
○近くに美味くて安い飯処か居酒屋があること。

まあ、思いつくままに挙げたけれど、この条件をすべて満たす稽古場はそんなに多くないと思う。たかが稽古場とあなどるなかれ。その稽古場の条件のよさ＝住み心地よさが、その舞台作品の成果とクォリティを決定する場合もあるのだ。

いい芝居を作るにはいい稽古場は必要不可欠のものである。それは、いい子供を作るには素晴らしい家と環境が絶対に必要であることと同じだ。

■台本の顔

わたしは自作の台本の表紙に凝る男だ。この傾向は劇団を旗揚げした三十年前から変わっていないような気がする。

表紙は台本の顔である。だから「まあ、余り主張する気もないけれど、面白いんだよ、これは」と表紙がさりげなく語っていたいと思うのだ。と言っても飾り過ぎはよくない。人間の顔と同じで余りにゴテゴテと飾ると羊頭狗肉の感じがしてしまう。だから、台本の表紙は、シンプルだが力強くありたい。

今回の『プール・サイド・ストーリー』を含め、わたしの台本の書き方はずっと同じ。B5用紙を横長にしての縦書き。三八字×三三行。台本の顔は、右から縦書きで冠（公演団体名）を書き、ほぼ中央にタイトルを大きめの字体でレイアウトし、左端に作者名を書く。タイトル部分は強調したいので罫線で囲み、そこに斜線をかけ印象的にする。

内容によってタイトルの字体も変える。今回の芝居は若者が主人公の青春物語なので細丸ゴシック体。ちょっと可愛い感じを出したかったからだ。今年、上演した『わたしとアイツの奇妙な旅』と『知らない彼女』は、カチッとした明朝体でオトナっぽい感じを出した。台本を役者やスタッフへの「プレゼント」だと考えると、パッケージの素敵さにもこだわるべきだとわたしは考える。中身がいくら素敵でもパッケージがショボいと中身のよさが軽減してしまうような気がするのだ。

そんな風に台本の表紙＝顔に凝るわたしだからこそ、この前、『プール・サイド・ストーリー』の出演者のHくんと酒を呑んだ時、「いさをさん、もっと着るものを考えてくださいよ」と言われて大きなショックを受けた。台本ほどに自分自身のパッケージには無頓着な自分が情けない。

■豊かな人生の探究

先日、「自家発電」というタイトルで、すぐれた演技のあり方についての文章をこのブログに書いた。すぐれた役者は、自家発電ではなく、他家発電（？）で演技をするのだ、と。そんなことを最後の通し稽古をするために稽古場に行く途中の電車のなかで反芻していたら、ふと、これは「すぐれた演技術」であるばかりでなく、「豊かな人生を送る方法」でもあるのではないか――と考えた。

役者が舞台の上でやることが、もしもわたしの生きるこの「世界」の象徴的な行為であるなら、そこで行われるすぐれた演技の方法は、わたしの生きるこの世界にもつながっているはずだし、応用できる種類のもののはずである。

要するに「豊かな人生を送る」ためには自家発電ではなく、他家発電が必要だということなのかもしれない。すなわち、自分一人で何かを生むのではなく、自分以外の誰かと密接に絡み、その人を受け入れ、そのエネルギーを貰うことによってさらなるエネルギーを生む——というような。

そういう意味では、舞台だけでなく、人生においても共演者の良し悪しが大きな電力を生む上での重要な要因であるということか。それを通俗的に捉えるならば、男女が出会い、結ばれて新しい命を生むということなのだろうが……。

どちらにせよ、最も重要なのは、その役者＝人間が、自分以外の人間と現実にどう向き合っているかだ——と思い至る。

今回の記事はとても哲学的（?）な内容だが、わたしが演劇に関わる根本的な理由は、昔も今も「豊かな人生の探究」であることに変わりはない。

■舞台美術へのリアクション

通常の公演では、演出家は仕込みの日の夕方くらいに劇場入りする。そして、演出家は劇場に入ると、観客席に直行する。美術と大道具スタッフが朝から建て込んでくれた舞台美術の出来を確認するためである。

観客席に座り、おもむろに舞台を眺めまわして「……」と目を凝らす。こういう時、舞台美術家は、さりげなく演出家の反応を見ているのだろうなあと想像する。今回の美術プランナーは初めてご一緒するYさんである。

「いやあ、すばらしい！」と手を叩いて労をねぎらう表現をしたいのは山々だが、それも大袈裟な気がして躊躇する。本来は、舞台美術家の側に行き、さりげなく「いいですね」と囁くのが一番いいと思うのだが、わざわざ美術家の元に行くのもナンだと思い、立ち止まる。結果、黙ったまま観客席から出ていくことになる。もしも、わたしが舞台美術家なら「ノー・リアクションかよ！」と突っ込みたくなるかもしれない。

しかし、急いで言い訳をさせてもらえるなら、ここに至るまでの間にわたしはすでに「エレベーション」と呼ばれる舞台の完成図面を見せてもらっているので、ことさら真新しいものがわたしの眼の前にあるわけではない。その要因がわたしの舞台美術へのリアクションを鈍らせるのだ。

今回に限ったことではない。そんな葛藤をいつもしながらわたしは観客席で言葉なく舞台を見ている。

■本は我が子

前にも書いたが、わたしは戯曲集、論評集含めて合計十八冊の著作がある。出版社はすべて論創社。この数が多いかどうかはともかく、戯曲作家としては多い方だと思う。

ところで、わたしには子供がいない。だからかもしれないが、自著はわたしにとっての子供のような気がする。そう考えると、わたしはすでに十八人の子供の父親なのである。母親は言ってみれば、それを書かせてくれた役者さんたちである。両者の愛と欲望の結晶としての戯曲＝子供。出来のいい子もいれば出来の悪い子もいる。愛着のある子もいればそうでない子もいる。けれど、彼らがわたしが腹を痛めて（？）産んだ子供であることに変わりはない。

そして、わたしの肉体は滅んでも、子供たち（著書）は残る。永遠とは言えないが、半永久的に。そんなイメージが、わたしに書物＝子供幻想を持たせるのだと思う。

まあ、戯曲などというものは、しょせん舞台芸術の設計図にすぎず、わたしの書いたものなど、とても文学作品と呼べる代物ではないが、もしも今から一〇〇年後にどこかのカンパニーが、わたしの書いた戯曲を上演してくれるとしたら、それはそれでわたしにはとてもうれしいことなのである。

とは言え、「残るもの」に執着するのは、その一瞬にすべてを賭ける舞台人としては恥ずべきことであるとも思うけれど。

■演出家の儀式

わたしはいつも公演に演出として関わる時に一枚のノートを配る。だいたいは、「〇〇（公演名称）のためのノート」というタイトルがつく。このノートを通称「いさを通信」と呼んでいる。「いさを通信」は、劇団時代に生まれた習慣で、わたしの考えていることをそこにいるすべてのメンバーで共有できるようにするための方法の一つだった。そして、それが「俳優とスタッフへの一種のラブレターのようなものだ」とは、以前にブログに書いたと思う。

これから誰も知らないことを書くが、それが日記＝ブログのいいところだ。なぜなら、これから書くことはわたし＝高橋いさをの内面のことであって、数十年、同じ釜のメシを食った劇団員にもたぶん知らないことだからだ。これはわたしの儀式なのである。どんな儀式か。作家から演出家に変身するための儀式だ。

作家のわたしは作品を文字の配列によって完成させて、ある満足感の中にいる。そんな作家のわたしに冷や水をぶっかけるために演出家のわたしはノートを書くのである。「満足してんじゃねぇよ、このタコ！」と作家のわたしに蹴りを入れるために演出家のわたしはノートを書くのである。それを硬く言うなら、演出家の作品に対する「批評」ということだが、柔らかく言うなら、「作家に蹴りを入れる」作業という言い方になる。そんな緊張感に支えられて、わたし（演出家）とアイツ（作家）は三十年間、付き合い続けている。

■指令官

連日、昼から夜まで『隠蔽捜査』『果断・隠蔽捜査2』の稽古。出演者の欠席も減り、スタッフも加わり、稽古場にいる人の人数がだんだん増えて熱気が増す。多くの人々の前で采配をふるう演出家（わたしのことだ）は、さながら最前線本部の指令官である。

わたしの演出家歴もずいぶん長いが、いつも肝に銘じているのは、最終的に問われるのは、その演出家の人格だということだ。稽古が煮詰まった時、自分の全人格を賭けて役者と向き合わなければならない時があるからだ。

――「欠点を指摘して、人にはずかしい思いをさせるなんて事は、実に下劣なことです。素晴らしいのは、誰にも、はずかしい思いをさせないような人格だ」

若い時に読んで感動した山田太一《やまだたいち》さんの書いたテレビドラマ『早春スケッチブック』のなかで語られた台詞だ。世の中にそんな人格の人間がどのくらいいるのかわからないが、少なくともわたしも「かくあれかし」と念じて稽古場の演出席に座る。

さて、最前線の指令官の采配は兵士たちを敵の銃弾から守り、喝采という名の勝利へと導くことができるのだろうか。

■小説の舞台化①

今日から始まる『隠蔽捜査』『果断・隠蔽捜査2』という二つの小説を戯曲にし、舞台化するという作業をしてみて、非常に勉強になった。そして、小説と演劇の違いがわたしなりによくわかった。

○言葉

小説の台詞は書き言葉である。読者が目で読んで一番わかりやすいように書かれている。しかし、演劇の台詞は観客が耳で聞いて一番わかりやすい言葉でなければならない。また、小説の台詞は説明的な言い回しが気にならないが、演劇の台詞は俳優がしゃべりやすいものでなければならない。

○時間

小説の時間は比較的ゆっくりと流れるが、演劇の時間はもっと早く凝縮されていなければならない。なぜなら、小説は一日がかりで読んでも平気だが、演劇はだいたい二時間という観劇時間内ですべてを語らなければならないからである。

○空間

小説の空間は変幻自在だが、演劇の空間は限定されていなければならない。なぜなら、小説の登場人物は肉体を持たないが、演劇の登場人物は俳優が演じるので、肉体を持っているから。

それ以外に、わたしが最も意識的に原作小説に加えたのは、小説に書かれているもの以外に登場人物の身体表現を盛り込むという作業だった。小説の登場人物は「しゃべって」ばかりいるが、演劇の登場人物は「行動して」いなければならないと考えたからだ。いや、正しくは、登場人物を「――しながらしゃべる」ように改変したと言った方がわかりやすいか。言葉をしゃべることに熱心な一義的な小説の登場人物に二義的な行為を付け加えたという言い方もできる。要するに台詞＝言語を身体化させること。

どちらにせよ、今野敏《こんのびん》さんの有名な小説が、どのように舞台化されているかは、劇場に足を運んで確かめてもらうしかない。

■演出家の拍手

演出家は舞台が終わった後、余り拍手しない。その気持ちを分析した人間は、わたしが知る限りたぶん誰もいないと思うので、わたしが人類史上初めて（？）その分析を試みる。

演出家は、一応、演出家であるわけだから、その舞台の作り手である。だから、舞台を我が子と考えると、照れ臭いわけである。「てめえの作った舞台に拍手するのは身びいきじゃねえのか」という羞恥心のようなものもある。

我が子という喩《たと》えをしたが、自分の作った舞台を自分の子供とするなら、演出家はいわば結婚式における新郎新婦の両親に相当する。新郎新婦の両親は我が子の結婚式において余り熱心に拍手はしないと思う。演出家も同じようにそれを「僭越《せんえつ》だ」と思うからである。

しかし、結婚式における両親がそうであるように心のなかで一番大きな拍手を送っているのは演出家である。ただそれをあからさまに表現することに羞恥心を持つのである。だから、もし劇場でアナタの横に演出家が座っていて舞台を見終わった後に拍手をしていなかったとしても、それは舞台がつまらなかったのではないということを理解していただきたい。もっとも、そんなことを言いながらも、千秋楽だけはキャスト、スタッフと見に来てくれたお客様に対して感謝の意をこめてわたしは小さな拍手をする。目立たないようにだが。

■演出覚書①

昨日、名鉄ホールで『隠蔽捜査』と『果断・隠蔽捜査2』の本番を見る。東京公演を終えてからすでに三週間が経っているからずいぶん久しぶりに舞台に接した。わたしの関わった舞台なので、純粋な観客にはなれないけれど、かなり客観的に舞台を見ることができた。

『隠蔽捜査』の主な舞台は警察庁。物語は、主人公の警察庁の官僚・竜崎伸也（上川隆也）の親友である伊丹俊太郎（中村扇雀）が狂言回しになって進行する。対して「果断」は、竜崎が左遷されてやってきた警視庁大森署が主な舞台。狂言回しは大森署の巡査部長の戸高善信（小林十市）に変わる。

この二人の狂言回し＝回想者を作ったことがこの芝居の大きな特徴と言っていいだろう。賛否はあるだろうが、場面がさまざまな場所に変わる原作小説を舞台化する上では回想という手法は有効な方法であったと思う。

演出者が自作の解説をするのも野暮だとは思うが、最後なのでそれぞれの舞台の趣向についてちょっと言及すると、『隠蔽捜査』は、タイトル通り色々なやり取りが行われる基本舞台を何かで「覆い隠して」物語を進行させたかったのだ。タイトルの視覚化。その「覆い隠された」基本舞台が、最後に「取り払われる」ことによって真相の開示を視覚的に表現したかったのである。舞台を覆う警察庁のビルのシルエットにも見える巨大な背景パネルは、舞台美術家の加藤ちかさんのアイデアである。

■演出覚書②

今日は『果断・隠蔽捜査2』の演出上の趣向について言及する。

『隠蔽捜査』の演出上の視覚的趣向は、すんなり決まったが、『果断』の方はかなり難航した。そして、最終的には「果断」はタイトルが示しているように「決断」の物語だと考え、舞台宙空に左右に揺らすことができるオブジェをいくつも吊ってもらった。それらを揺らすことによって主人公の竜崎の「心の揺れ」を視覚的に表現できたらいいなあと考えたのである。

結果的にそういうイメージになったかどうか、それは見てくれたお客様の判断に任せるしかないが、少なくとも演出はそのようなイメージで舞台を造形した。宙空に揺れるオブジェにさまざまな光が当たると、変幻自在で美しく、イメージも広がったように思う。とても不思議な感じ。

名古屋公演も昨日で終わり、すべての公演が終了した。千秋楽は上川隆也《かみかわたかや》氏に呼ばれてカーテンコールの舞台に上がることに。ご来場くださったお客様に心から感謝します。ありがとうございました。またどこかでお目にかかれることを。

■野沢那智さんのこと

野沢那智《のざわなち》――そう言っても若いアナタは知らない人かもしれない。日本を代表する声優であり、劇団を主宰した演出家だった。残念ながら昨年、鬼籍に入られた。声優としてはアラン・ドロンをはじめ名だたるイケメン俳優の声を吹き替えた人だが、わたしにとっては舞台演出家であり、そしてラジオのパーソナリティとしての「なっちゃん」だった。

そもそもわたしが高校生の時、初めて舞台を自主的に見に行ったのは野沢さんが主宰する劇団薔薇座が公演した『アップル・ツリー』というミュージカルだった。出演していたのは、まだ若手だった戸田恵子《とだけいこ》さん、鈴置洋孝《すずおきひろたか》さん、中村秀利《なかむらひでとし》さん。

高校生のわたしは、大学を卒業したら劇団薔薇座に入ろうと思っていた。ずいぶん前に鈴置さん

（故人）と新宿三丁目で酒を飲んだ時、そのことを言ったら「入らなくてよかったですね」と笑顔で言われた。中村さんともその後、知り合い、家が近所だということがわかった。

野沢さんとは一度も会うことができなかったのが残念だが、わたしの演劇人生の最初の頁には野沢さんの舞台が強く刻まれている。

■師走と忠臣蔵

師走に似合う芝居と言えば、西洋だと『クリスマス・キャロル』だろうが、日本ならどう考えても『仮名手本忠臣蔵』だ。

現実にあった赤穂事件が、後に「独参湯《どくじんとう》」と呼ばれる大ヒット作に成長していく過程は松島《まつしま》栄一《えいいち》著『忠臣蔵～その成立と展開』（岩波新書）に詳しい。しかし、なぜ師走に「忠臣蔵」は似合うのか？　もちろん四十七士の敢行した討ち入りが十二月だったということもあるのだろうが、それだけだと今一つ説得力に欠ける。そんなわたしの疑問に応えてくれたのが丸谷《まるや》才一《さいいち》著『忠臣蔵とは何か』（講談社）だった。その論旨は原典を当たってもらうにこしたことはないが、とても面白い本だった。

ところで、わたしは若い頃に「忠臣蔵」を題材に芝居を書いたことがある。浅野切腹の報を受け、すぐに討ち入りを決行しようとする大石内蔵助《おおいしくらのすけ》の前に浅野《あさの》内匠頭《たくみのかみ》の亡霊が現れて「それだとドラマにならない」と言い放ち、討ち入りを長引かせるという内容だった。作品としては余りうまくいかなかった記憶があるが、アイデア自体は今でも面白いと思う。このアイデアに『ハムレット』を重ねて劇化したいというのが、今のわたしが構想する「忠臣蔵」である。

2012

■子供に演劇を

柄にもないようなことを言うようだが、「子供に演劇を見せなきゃいけないよなあ」と思う。そんなことを思ったのは、山手線の車内でゲームを熱心にやっているランドセルを背負った少年を見たからだ。ゲームがいけないという訳ではないが、小さい頃から演劇に親しめば、きっと変な犯罪を起こすような人間には絶対ならないと思う。

わたしの中学時代（一九七〇年代）の現代国語の教科書には木下順二《きのしたじゅんじ》さんの戯曲『夕鶴』が載っていた。わたしが戯曲というものを初めて読んだのは、確かそれだったと思うけれど、現在、教科書に戯曲は掲載されていないと聞く。わたしが文部科学省の大臣なら、小中学校の教科書に戯曲を載せる。

演劇には教育的な機能が確実にある。それは演劇が「協調性」を学ぶには最高の器であるからに他ならない。自分以外の人間と協力し合うことの大変さと、それを乗り越えて同じ目的を達成できた時の喜びは、子供の心に協調して生きていくことのすばらしさを刻み込むにちがいない。世のお父さん、お母さん、お子さんに演劇を見せましょう！　そして、やらせましょう！

■顔合わせ

来月末に公演する『旅の途中』の稽古が今日から始まる。今回の稽古場は吉祥寺だ。芝居の稽古の初日は、その芝居に関わる役者やスタッフが一堂に集まる。これを「顔合わせ」という。（歌舞伎の世界だと「顔寄せ」と言うらしいが）

初対面の緊張とその舞台に対する熱意が微妙に混じりあう顔合わせの雰囲気は独特である。その雰囲気は、たぶん幸福な結婚を切望する男と女のお見合いの席に似ている。

○仲人《なこうど》＝プロデューサー
○男＝演出家（スタッフ）
○女＝役者たち

仲人は二人の男女を持ち上げ、男と女は、それぞれの容姿や収入をシビアに値踏みしながらにこやかに歓談する。そして、仲人の仕切りで男と女が協力して作り出そうとしているのは、元気な赤ちゃん＝すぐれた舞台である。演出家を女、役者たちを男という見立てもできなくはないが、最終的に子供を作る（＝舞台に立つ）のは女なので、この見立てで正しいと思う。男＝演出家は、その手伝いをする人間に過ぎない。

赤ちゃんの誕生がそうであるように、二人が作り出す舞台というのは、希望や未来や活力の象徴であるような気がする。それがどんな悲惨な内容を描いているにせよ。

■稽古

本番に備えて行う芝居の練習のこと「稽古」という。英語だと「リハーサル（rehearsal）」に当たる言葉だ。お花の稽古、空手の稽古、相撲の稽古、踊りの稽古と「稽古」という言葉は日本語として馴染み深い言葉だが、芝居の練習のことをそう呼ぶことに軽い違和感がないではない。その違和感は、「稽古」という言葉の本来の意味を知るとわかってもらえると思う。稽古とは本来、以下のような意味を持っている。

○稽古
《稽古とは、古（いにしえ）を稽（考える）という意味であり、転じて学問を行うという意味で使われた。それが中世に入り次第に技芸の修練をも意味するようになった。

武道における稽古は、修行という概念にも通じ、技術的向上と共に精神的鍛錬という意味合いも強い》

大元は『古事記』らしいが、稽古という言葉には「肉体的な技術の習得」というだけではなく、「精神的鍛練」という意味合いがあるわけだ。違和感の正体はそのへんにある。芝居のリハーサルは、「精神的鍛練」などを目指していたりはしないように思われるからである。

とは言え、差し当たり、この言葉は演劇関係者の間で使われなくなることはないと思う。「稽古」に代わる使い勝手がいい新しい言葉が発明されない限り。

■打ち上げ

舞台公演がすべて終了し、舞台に関わったキャストとスタッフが公演中の苦労を労い合い、酒を酌み交わす宴会のことを「打ち上げ」と言う。

時々、芝居を見に来てくれたお客さんといっしょに終演後にやる飲み会のことをそう呼ぶ人がいるが、わたしの感覚だとそれは「飲み会」であって「打ち上げ」ではない。「打ち上げ」は、公演の途中に行われるのではなく、最終日（千秋楽という）の公演を終えた後に行われるものである。

芝居の用語は、だいたい歌舞伎からきていることが多く、「打ち上げ」もそんな用語の一つだと想像するが、その語感がすばらしい。他にどういう表現があるか考えたが、これ以外にしっくりする言葉がない。「公演慰労パーティー」では締まらないことこの上ない。ちょっと乱暴で捨て鉢なニュアンスのあるこの言葉が、エンゲキという汗臭い肉体労働者たちの別れの宴にはよく似合っている。
ちゃんと調べれば、その語源がわかるのだろうが、「打ち上げ」とは本来、何を意味しているのだろう？　「打ち上げ花火」という言葉があるから、夜空に花開く花火の様子から「美しいがはかないもの」というイメージでの命名か？

■ゲネプロ

ゲネプロとは、劇場で本番前に行う最終通し稽古のことである。わたしには馴染み深い言葉だ。しかし、この言葉の大元を知っている人は少ないのではないか？　ネットで調べたら、以下のように説明されていた。

《ドイツ語のGeneralprobe（ゲネラールプローベ）を略した言葉である。ドイツ語の〝General〟は「総合」、〝Probe〟は「稽古」という意味である。「ゲネ」や「GP（ゲーペー）」ともいい、「総舞台稽古」などと表されることもある。主に演劇界においては「ゲネ」と短く略し、シンフォニーでは「ゲネプロ」あるいは「プローベ」と略すケースが多い。因みに日本だけの用語で、ドイツ語圏で「ゲネプロ」と言っても通じない。なお、通し稽古のことを英語圏ではコスチュームを付けるのでドレスリハーサル（dress rehearsal）といい、日本の演劇界でも現在ではこちらを使うことの方が多いがコンサートでは使わない》（Wikipedia より）

わたしは芝居を三十年もやっているが、恥ずかしながらこの言葉の大元を正確にはわかっていなかった。いや、正しくは大学時代に教えてもらったが忘れてしまっていた。理由は覚えにくいドイツ語のせいだ。

■実験演劇

高校生の時、友人といっしょに見たその芝居を忘れることができない。今から三十年以上前の話だが。

演劇実験室「天井《てんじょう》桟敷《さじき》」が上演した『観客席』というタイトルの芝居である。場所は、今はなき渋谷のジァンジァン。キャパシティ一〇〇人くらいの小劇場である。舞台ではなく、観客席そのものを舞台に芝居をするという発想にびっくりした。暗転を多用して、真っ暗闇のなかで観客席に紛れ込んだ役者たちが、挑発的に観客に関わる演出が面白く、まだ初なわたしは心からドキドキした演劇体験だった。一種のお化け屋敷。

そして、最近はこういう演劇の枠組みそのものに攻撃を仕掛けるような演劇は余り目にしないようになった。ちょっと寂しい気もするが、当たり前だとも思う。こうした実験演劇を作るには、作り手のあくなき実験精神が必要だし、それを持続させるにはものすごいパワーがいるからだ。

この劇団を率いた寺山修司《てらやましゅうじ》という異才に改めて思いを馳せる。寺山さんが亡くなって、すでに四半世紀を越えた。

■理由の探求

最近、芝居を作るということは、つまるところ「理由を探求する」ことだとつくづく思う。舞台を見に来てくれる観客が感じる「なぜ？」という問いにいかに誠実に答えを用意できるか？　違う言い方をするなら、観客の「なぜ攻撃」に対していかに武装するかということである。それは戯曲のレベルにおいても、演技のレベルにおいても。

観客は、「わからない」ことを嫌う。もちろん「わからなさ」に魅力がある芝居もあることは認めるが、エンターテインメントとしての演劇は、本来的に「わかる」＝納得できるものであるべきである。わたしたちが、『ローマの休日』のラストシーンで、記者たちに「どの国を訪れたいか」と聞かれたヘップバーンが「絶対、ローマです」と答えるのに感銘を受けるのは、彼女がそう言う理由をよく知っているからである。

——「ドラマの構成とは、私に関する限り、本質的には理由の探求である」

これはアメリカのテレビドラマの脚本家として有名なパディ・チャイエフスキーという人の言葉だが、事の本質を見事に表している言葉だと思う。

■コメディ

今までたくさん芝居を作ってきたが、自作を「コメディ」と呼んだことがほとんどない。いや、正しくは使い勝手がいいので何度か使ったことはあるのだが、自分でそう言いながら軽い抵抗感を覚える。「そんなお洒落なものじゃないよなあ」という気後れのようなものもある。

「わたしはコメディなどというゲスなものは書いたことはありません」――心の師匠つかこうへいさんのこんな言葉もわたしに影響を与えている。そんな複雑な思いのある「コメディ」なのだが、今回、Nana Produce の新作『旅の途中』でわたしは初めて「コメディ」に挑戦する。そんな気分になったのは、よくも悪くも、わたしが恥も外聞もなく「何でもやってやるぜ！」という境地に達したからかもしれない。

まあ、見てもらうと「いつもと同じじゃねえか！」と言われるかもしれないけれど。

■喜劇と悲劇

英語で喜劇はコメディ（comedy）、悲劇はトラジェディ（tragedy）である。「コメディ」は使われる言葉だが、「トラジェディ」はほとんど使われない。つまり、「コメディ」は言葉として市民権を獲得したが、「トラジェディ」はそうなっていないということか。「ニール・サイモンのコメディ」という言い方に違和感はないが、「シェイクスピアのトラジェディ」という言い方は違和感がある。その場合、「シェイクスピアの悲劇」と言われる。「喜劇」は浅草の劇場に似合い、「コメディ」は渋谷のパルコ劇場に似合う。要するに「床屋」というと泥臭いが、「バーバー」というとちょっとお洒落な感じがするのと同じだ。

しかし、なぜ「コメディ」は言葉として定着し、「トラジェディ」は定着しないのだろう？ 不思議なことだが、「トラジェディ」としか呼びようのない現代的な悲劇が作られていないせいか？ あるいは、歯切れのいい「コメディ」という語感に比べて「トラジェディ」の方はベタっとしているせいか？

ところで、人生は喜劇か悲劇か？ 悲劇としか呼びようもない人生もあるのだろうが、少なくともわたしの人生は喜劇だと思う。

■詐欺と演劇

○顔合わせ↓○稽古↓○仕込み↓○本番↓○打ち上げ

これが一般的な芝居の製作過程だが、これとほとんど同じ製作過程を辿ると思われる仕事がある。詐欺行為である。

もちろん詐欺行為といってもさまざまな詐欺があるのだろうが、集団で行う詐欺行為は、ほとんど演劇行為に近いものだと思われる。近年、物議を醸す「オレオレ詐欺」などはいい例だ。あれなどは、電話ごしとは言え、騙《だま》す対象（＝観客）に対して、息子役、上司役、警官役、弁護士役と複数の詐欺師（＝役者）が出演する演劇公演のようなものだ。

そういう意味では、いい役者はいい詐欺師に通じ、いい詐欺師はいい役者に通じているということか。

しかし、詐欺師と違って役者の仕事がすばらしいのは、相手をうまく騙せば騙すほど、悔しがるのではなく喜んでもらえる点である。他人をうまく騙すことに快感を覚える反社会的な性質を持った人間が、詐欺行為ではなく演劇行為に打ち込んだがゆえに才能を発揮したとすれば、それこそまさにフロイトの言う「昇華」であろう。

■小劇場の魅力

『旅の途中』を中野の劇場ＨＯＰＥで上演中。劇場ＨＯＰＥはキャパシティ七十人の小劇場である。舞台から客席までの距離がとても近い。わたしが今まで使った小屋のなかでももっとも舞台と客席の距離が近い小屋だと思う。

こういう小屋のよさは、観客が舞台上の役者の演技の動物性エネルギーを直に受け止めることができる点だ。四〇〇人のキャパシティの中劇場、七〇〇人のキャパシティの大劇場で感じるものとは迫力が違う。演出的な観点から言っても、大劇場より小劇場の方が断然、観客を舞台に引き込みやすい。言うなれば、遠くから「おいでおいで」されて口説かれるより、すぐ近くの耳許で口説かれた方が彼女のハートを奪いやすいのと同じだと思う。

多くのお客様に舞台を見てほしい。結果、公演場所が大きくなる。しかし、小屋が大きくなると小劇場が持つ舞台と客席の距離＝親密度を放棄せざるを得ない。かと言って、小劇場だと多くの観客を収容しきれない。親密度を犠牲にしても小屋の規模を拡大せざるを得ない……この矛盾が演劇人の永遠のジレンマである。

中野の劇場ＨＯＰＥは愛を囁かれる空間としては申し分ない場所だ。もしも、アナタがこの小屋でわたしに口説かれなかったとしたら、わたしの男としての魅力が不足しているということだと思う。
このこぢんまりとした小劇場は、濃密な二人芝居などをやるには最適な空間である。

■関西弁

『旅の途中』には「大阪の先輩の山崎」という役があり、それを演じてくれるのは大阪出身の俳優、樽沢勇紀《たるさわゆうき》さんである。当初、標準語で書かれていた台詞を樽沢さんに全部、関西弁に直してもらった。例えばこんな風に。

山崎「面白いじゃねえか」
友也「え？」
山崎「それで二人が助かるならオレも手を貸そうじゃねえか」
　　　↓
山崎「おもろいやないかい」
友也「え？」
山崎「それで二人が助かるならオレも手を貸そうやないかい」

明らかにニュアンスが変化する。標準語では出せない関西弁のこの軽さはいったい何だ。旅をしないわたしのような人間には大阪も立派な異世界である。「何を当たり前なことを！」と言われそうだが、人々が関西弁をしゃべっていることにオドロく。

おいでやす。アホちゃうか。おおきに。なんでやねん。ちゃう言うてるやろ。せやせやせや——そういう言葉が飛びかっている世界は、やはりわたしには異世界としか言い様がない。

ところで、この前、樽沢さんと同じく関西出身で『モナリザの左目』に出演する上瀧昇一郎《じょうたきしょういちろう》さんがしゃべっているのをさりげなく観察した。意外にも、関西人でも初対面だと標準語でしゃべるのだということを知った。

■観劇の意味

ある人に芝居を見に来てもらうということは、大袈裟に言えば、その人の人生の一部をその舞台のために使ってもらうということである。だからその人のためにも、舞台を作る人間は日々精進を重ねて決して手を抜いてはならない。

映画を見ることも本を読むことも、基本的に同じことだが、演劇は観客とのやり取りが他のメディアに比べてより直接的である。映画の観客や小説の読者は不特定多数で、なかなか実体が掴みにくいが、舞台の観客は作り手に顔がきちんと見える。リアクションがストレートに伝わるのだ。

そもそも映画監督や小説家は、観客や読者が現金＝入場料を支払っている姿を余り見ることがないはずだが、舞台の作り手はいやが上にもそれを目撃することになる。受付という場所でゲンナマのやり取りが行われるからだ。

だからこそ、舞台の作り手であるわたしは、何を差し置いてもわたしの舞台を見に来てくれた人に心から感謝したい。

■失敗の過程

コメディ（喜劇）とは人間の行為の失敗の過程を描く形式ではないか――ふとそんなことを思う。わたしのカラオケの愛唱歌「気絶するほど悩ましい」（ＣＨＡＲ）のサビは「うまくいく恋なんて恋じゃない～」という歌詞だが（作詞は阿久悠さんだ）、これに倣えば「うまくいくコメディなんてコメディじゃない～」とでも言えようか。

人間がある目的をもって何かをしようとする。それは恋愛でも犯罪でも冒険でも何でもいい。しかし、何らの要因によって主人公の目的は達成できない。すなわち、失敗する。その失敗の過程を見せるのがコメディではないのか。

いや、これはコメディだけではなく、ドラマの法則と言ってもいいのかもしれない。問題は、その失敗＝うまくいかないことを描く作者の手つきが喜劇的か、そうでないかということなのではないか？　その手つきに作者の人生観が露呈する。

ハリソン・フォード主演の映画『インディ・ジョーンズ／魔宮の伝説』（一九八四年）はコメディではなく冒険活劇だが、主人公の失敗の過程が描かれているという意味では、件《くだん》の法則に見合っている。成功はなかなか笑えないが、失敗は描きようによって笑えるものだ。

■大きな演出

公演期間の間、劇場の客席に座り、多くの見知らぬお客様＝観客たちと一緒に自分の作った舞台を見る。だいたいは後方席である。

今日はAさんが来ている。Aさんは専業主婦で二人のお子さんがいる。上の息子さんは大学受験の真最中だ。彼女の視点で物語を追う。

今日はBさんが来ている。Bさんは長い間、闘病生活を送り、やっと退院して観劇に来てくれたのだ。連れの綺麗な女の人は奥様か。彼ならこの芝居をどう感じるだろう？

今日はCさんが来ている。Cさんは現在、離婚調停中と聞いている。幼いお子さんはどうなるのだろう？　彼女の目にこの舞台はどう映るのだろう？

いつからか、こんなことを想像しながら自分の演出する舞台を見つめるようになった。そして問う。「この舞台は彼らの現実と拮抗し、凌駕《りょうが》できるか？」と。本人に聞かない限り答えはわからない。しかし、劇場から出てきた時の彼らの表情がそれを雄弁に語る。

たぶんわたしはこういう作業を通して、単なるアーティストではないプロフェッショナルと呼ばれる演出家になっていくのだと思う。どのくらい多くの観客の視点で舞台を見つめ、その受け止め方を想像したか——。「大きな演出」というのがあるとしたら、それはそういうシミュレーションの果てにしか獲得できないものだと思う。

■劇場の殺し屋

「バラシ」とは舞台用語である。「仕込みとバラシ」というように、この言葉は「仕込み」という言葉と対になっている。仕込みが本番に備えて舞台装置や照明を作り込む作業であるのに対して、バラシはその解体と撤収作業である。

それにしても「バラシ」とはよく言ったものだ。解体を意味する「バラす」という動詞を名詞にしたものだと思うが、ほどほどに乱暴なニュアンスが、金槌の音がガンガン響き、ちょっと殺伐とさえしているあの解体・撤収作業にピッタリである。

ところで、人を殺すことも同様に「バラす」という。「バラしちまえ」とは「殺してしまえ」という意味だ。物騒な言葉だが、こちらは主にヤクザ関係の人たちが使う言葉だ。そういう意味では、芝居のバラシ作業の主犯に当たる「舞台監督」は、「劇場の殺し屋」と呼べる職種の人間である。

わたしが知る限り、舞台監督に転職した従順な殺し屋が、プロデューサーに「明日までにバラしてくれ」と頼まれて主演俳優を殺害してしまったという事件はまだ起こっていないが。

■アレ

わたしの書く台本の台詞にもし特徴的な点があるとしたら、それはどういう点か？　自分ではよくわからなかったのだが、それはどうやら「アレ」らしい。

柳田「何か……」
西条「何か何だよ」
柳田「何て言うか……」
丸山「何て言うか？」
柳田「つまり、その……」
西条「だから何？」
柳田「……アレね」
丸山「何言ってんだよ」

拙作『バンク・バン・レッスン』のオープニングの銀行員たちのやり取りである。「アレ」とは言葉で言い表せない何かを指している。だから「アレ」は「アレ」としか言い様のない何かのことである。日常生活でも「アレ」はしばしば顔を見せる。「遅くなるから夕飯はアレしといて」――この場合、「アレ」は「一人で食べて」という意味だが、人間はこのようにしゃべっていると思う。「歯医者でアレしてから行くからちょっと遅くなるかも」――この場合、「アレ」は「治療する」という意味だが、意味はこれで通じる。

わたしが「アレ」を多用してしまうのは、現実の人間の会話により近いやり取りを目指しているからだと思う。もちろん、目指しているのはそれだけではないのだが……。

■芝居の台詞

わたしは、自分の書く芝居の台本の笑い声は「ハハハハ」と表記する。「ははは」ではなくカタカナで「ハハハハ」。含み笑いは「ふふふふ」である。「フフフフ」と書く時もあるが、ひらがなの方が柔らかい感じがする。下卑た感じを出す時は「ヒヒヒヒ」で、大喜びは「うひゃひゃひゃひゃ」である。恐怖や驚きは「ひいッ」「ひょえーッ」「ほえーッ」で、殴られたり拳銃で撃たれたりすると「ぐふッ」「ぐおッ」、掛け声は「てやあ！」「トア！」になる。

「これ以外はない！」と思うのでそう表記するわけだが、こういうところが劇作家と小説家の大きな違いのような気がする。

小説家はそういう表記を余りしないような気がする。例えば、三島由紀夫《みしまゆきお》の小説にこういう表記は似合わない。唯一、わたしが知っているそういう小説家は筒井康隆《つついやすたか》さんで、筒井さんの小説ではよく登場人物がけたたましく「はははははははははははは」とか「けけけけけけけけけけけけ」と笑う。

しかし、劇作家は台詞を書く仕事というより音譜を書く仕事だと考えると、両者の違いがハッキリする。小説家はそうではないような気がするが、劇作家は俳優が発声する「音」を前提に台詞を書いているからである。「芝居の台詞はポップ・ミュージックの歌詞のようであれ」というのがわたしの持論である。

■演出家の三つのタイプ

——「鳴かぬなら鳴くまで待とうホトトギス」　徳川家康
——「鳴かぬなら鳴かせてみせようホトトギス」　豊臣秀吉
——「鳴かぬなら殺してしまえホトトギス」　織田信長

三人三様の性格を表した有名な句だが（これらの歌は肥前国の平戸藩主である松浦静山の随筆「甲《かっ》

子夜話《しゃわ》」に書かれているという）演出家にはこの三通りがいるというのがわたしの考えである。
家康タイプは、役者がいい芝居をするまでじっと待つ演出家。秀吉タイプは、何とかして役者にいい芝居をさせるように手を尽くす演出家。信長タイプは、いい芝居をしないと役者を交代してしまう演出家。わたしは間違いなく家康タイプであると思う。

本来なら秀吉や信長のようにやりたいとも思うが、自分でも「他力本願演出家」と名乗るように、秀吉タイプの手練手管も信長タイプの決断力にも欠けるのだ。だから、わたしのような演出家は若者の演技指導などには向いていないようにも思う。（向いているのは秀吉タイプだろう）「学校で演技を教えているのに何だ！」と叱られそうだが、「黙って役者のやりたいことをじっと見つめ、首を傾げることも、負けん気の強い能動的な役者には最大の演技指導なのだ！」と自己正当化しているのだが……。

翻って、これは演出家の三つのタイプと言うより、リーダーの三つのタイプと言えるかもしれない。

■心の金持ち

先日、知人の芝居を見に行って、びっくりした。キャパシティ三〇〇人の劇場に観客が二十人くらいしかいなかったからである。こんな光景を見ることはまれである。他人事《ひとごと》ながら「制作はいったい何をしている！」と怒りの感情が沸いてきた。

さらに、その芝居に出演している知人の役者さんに終演後にこんな話を聞いて、さらに驚いた。その劇団の主宰者は、経済的に貧窮極まり、ご飯を食べるお金もないという。「そんなに貧窮してまで芝居をやるなよ！」と言いたいが、たぶんその人はどんなに貧窮してもその芝居をやりたかったのだろう。その情熱にはほとほと感心するが、何かもの悲しいものを感じる。加えて、先に言った通り客席はガラガラである。この劇団の行く末を心配せずにはいられない。

一般論だが、小劇場で演劇をやる人間は基本的にみな経済的に貧しい。悲しいかな、演劇興行のシステムが、人々をして貧乏にさせるようにできているからである。

しかし、毎日の食事に困るような人が作った芝居を誰が見たいと思うだろう？　演劇は人々に夢を与える仕事だとするなら、演じる側はいろんな意味でリッチでなければならないとわたしは思う。そもそも、そんな人といっしょに芝居をしなければならない共演者たちの気苦労を考えてほしい。それでは酒を呑みにも行けないではないか！

矛盾したことを言っているようだが、少なくとも観客の前でお金をもらって何かを表現する側は「心の金持ち」でいてほしい。そして、「ボロは着てても心は錦」のスピリッツを秘めながらも、そのためには、やはりある程度、経済的にも豊かな生活を送る必要がある。すぐに「それができれば苦労はないんじゃい！」という貧乏劇団の主宰者の声が聞こえてきそうだけれど。

■回想形式

最近わたしの書く芝居は、ほとんど回想形式である。物語を起こった順に語るのではなく、すべて終わった時点から回想者が振り返っていくという形式。『父との夏』しかり、『わたしとアイツの奇妙な旅』しかり、『モナリザの左目』しかり、『旅の途中』しかり。

なぜかくも回想形式を愛好するかと言うと、スムーズに場面転換をしやすいというのが技術上の大きな理由なのだが、本当の理由は別にあるような気がする。

わたしは現在五十歳である。いつまで生きるかわからないが、常識的に考えて寿命は後三十年くらいか。つまり、わたしはすでに人生の後半戦にいる。だから回想することができる過去を持っているのである。つまり、わたしの生きてきた時間が、わたしをして回想形式を選ばせているのかもしれないと思い至る。そういうわたしは二十代、三十代に書いた芝居に回想形式のものはほとんどない。若いわたしの人生がまさにそうであったように、わたしの書く芝居も現在進行形でハイスピードで疾走していたのだ。

回想形式を好む今のわたしの作品が退行したのか、前進したのか自分ではよくわからないが、こういう気分であることは確かだ。拙作『あなたと見た映画の夜』(『真夜中のファイル』所収/論創社)のなかの台詞である。

女「ちょうど真ん中辺りってとこよ、あたしたち」
男「真ん中?」
女「そう——人生の」
男「……」
女「だから、過去も語れるし、未来も語れる。そういう年齢じゃない?」
男「……まあな」
女「そう考えると、人生で一番楽しい時かもしれない」

■芸術家の人生

前にわたしの世界との付き合い方は、偏っていると書いた。わたしは自分の体験すること、見ること、聞くことのほとんどすべてが創作=舞台のためにあったりするからだ、と。舞台のための人生。そして、そういうわたしの態度を自虐的に「本末転倒」だと評した。そう開き直って生きてはいるが、それが素晴らしい人生だとは思っていない。

演劇のための人生というのは虚しい。やはり演劇は人生のためにあってほしいと思ったりもするのだ。人生が演劇に奉仕するのではなく、演劇が人生に奉仕すべきだと考えるからだ。

だから、実生活では幸福な家庭があり、経済的にも豊かな生活を送りながら、それでなおかつ面白い芝居が作れれば、こんなにいいことはないはずだ。芝居はあくまで豊かな人生を送る一つの手段にすぎない。

しかし、余りに実生活が幸福だと、「何かを作ろう!」という創作意欲が沸いてこなかったりする点がややこしい。人生に満ち足りたヤツが作る芝居は、時に箸にも棒にもかからないナマクラな芝居だったりすることが多いから。そうそう「家庭の幸福は諸悪の本《もと》」と言ったのは太宰治《だざいおさむ》だった。だから、見る側=観客ではなく作る側=芸術家の人生は難しい。

■山車と原体験

わたしが生まれ育った東京都下のO市では、毎年五月に地元の神社の奉納の祭が行われる。市内にいくつかあるそれぞれの町内の山車《だし》が出て、それらを人々が綱で牽《ひ》きながら駅前の大通りを東西に練り歩く。

通りの両脇には、たこ焼き、焼きそば、お好み焼き、りんご飴、あげもち、ベビーカステラ、バナナチョコ、じゃがバター、ぶた玉焼き——などさまざまな露店が並び、香ばしいソースや綿飴の匂いがたちこめた通りは行き交う老若男女で溢れる。

山車の上ではキツネやタヌキなどの仮面をつけた踊り手が太鼓と笛のリズムに乗って踊り、舞う。

山車の方向を決めたり、発車や停止を司る係の人は、一歩間違えると事故になるので、鋭い警笛を吹きながら必死に山車を操作する。久し振りに実家へ帰り、そんな風景を眺めていると、山車そのものから放出される非日常的でダイナミックなそのエネルギーに興奮してしまう。

わたしのような舞台関係の仕事をしている人間ですらそう思うのだから、普通の暮らしをする人たちにとって、この祭はさぞかし非日常的な時間なんだろうなあと思う。

「ハレとケ」というのは民俗学で使われる言葉で、簡単に言うと、「非日常と日常」という意味だが、この日はまさに庶民にとっての「ハレ」の日である。

そして、わたしの演劇の原体験は、少年時代に体験したこの祭にあることを改めて再認識する。

■均衡＝バランス

誰のために舞台を作るのか？　もちろん、舞台を見に来てくれるお客様のためである。お客様がいるから舞台は舞台として成立する。それは、例えば、煙草を買いに来てくれるお客様がいるから煙草屋が成り立つのと同じだ。需要と供給。

しかし、若い頃は余りそんな風には考えなかった。では、誰のために舞台を作っていたかと言うと、劇団の役者のために作っていた。正しくはわたしと彼らのためだ。お客様のためという意識は、まだそんなに強くない。いや、むしろ観客のために芝居を作るなんて本末転倒だと思っていた。あくまでわたし（たち）の芸術のために、わたし（たち）の芸術的な幸福のために舞台を作っていた。そして、作った舞台が観客から評価されれば万々歳だが、評価されないとそれは「自己満足」「マスターベーション」と呼ばれる。

では、今のわたしはどうかと言うと、半々でやっている。半分は観客のため、半分は役者と自分のためである。わたしの場合、このバランスを獲得するのに三十年かかったと言える。よって、わたしの今作る芝居はたぶん昔よりずいぶん口当たりがいいはずである。なぜなら見に来てくれるアナタのことを考えて作っているからだ。

しかし、わたしは自戒する――たぶんここに落とし穴がある、と。口当たりのよさなど一切考えずに作った若い頃のわたしの芝居は、万人には受けなかったかもしれないが、一部の熱狂的ファンを生んだと考えると、口当たりのよい大衆レストランのメニューのような芝居など糞食らえと思う時がある。

■会社勤め

先日、とある芝居を見た後にわたしと同世代の数人の役者たちと飲んだ席でのこと。役者を辞めて今は普通の稼業をしているかつての役者仲間の話になった。そして、その話の流れでわたしは彼らに質問した。「もし役者にならなかったら、自分はサラリーマンとして会社勤めができたか、否か?」と。

「そうもできた」と答える役者もいれば、「いや、これしかできなかった」と答える役者もいた。

まあ、それは人それぞれだろう。では、わたしはどうか?

わたしは役者ではないが、気持ち的には「これしかなかった」と言いたいところがある。しかし、たぶんわたしもサラリーマンとしてやってもいけたような気がする。わたしの父親は車の技術畑のサラリーマンである。ただ、わたしは若者らしく無謀にもエンゲキというわけのわからない世界に身を投じる道を選んだのだ。そして、心の師匠のこんな言葉を思い出した。

——「私としては、本当の演劇は、歌えもしない、踊れもしない、楽器もひけない、さりとて、会社にも通えない、亭主になる才能もない、何のとりえもない人こそが、やる意義があると思われる。私も、定期を持って毎日会社に通える才能というものがなかったから、芝居などを選んだのかもしれない」(つかこうへい『あえてブス殺しの汚名をきて』角川文庫)

心の師匠の言葉はいつも逆説に満ちている。

■一冊の本

よく雑誌などで「わたしの人生を変えた一冊」というようなアンケートをやっている。わたしもいい年齢なので、そういうアンケートの依頼がきても全然おかしくないのだが、一向にその気配がないので、今日は自分でその一冊について書く。

『夕鶴・彦市ばなし他二篇～木下順二戯曲選Ⅱ』木下順二著　岩波文庫

わたしが初めて読んだ戯曲である。正確に言うと、文庫本ではなく、わたしの中学時代の現代国語の教科書に載っていたもの。田舎の中坊は、この作品を通して世の中に戯曲なるものが存在することを知ったのだった。

ヒロインのつうが鶴に変身するにもかかわらず、その姿を見せず観客に想像させるという手法。つうが夫の与ひょうが金儲けに加担していくにしたがって彼の言葉を理解できなくなるという演劇的な仕掛けの作り方。ファンタジーの体裁を借りながら、人間性の本質を描くその表現形式。

一九七五年、水島新司の野球漫画に熱中していた十四歳の中坊にとって、そのすべてが新鮮だった。そして文化祭で上演された『夕鶴』でつうを演じた同級生のKさんの美しさ……。つまり、わたしの演劇の原体験の一つはシェイクスピアでも歌舞伎でもなく、日本の民話を元にしたファンタジーだったのである。

最後に一つ提言を。日本の演劇を世界に誇れるものにしたいと日本国政府の為政者が望むなら、小・中・高校の国語の教科書に戯曲作品を掲載することは文部科学省の急務であるとわたしは考える。演劇を子供たちに親しませるための最良の方法は、そこから始まるのではないか。

■登場人物の名前

今日は、登場人物の名前について。わたしの書く芝居の登場人物はどのように名付けられるか――と書いておいて言うのもナンだが、確たるルールがあるわけではない。強いて言えば、その名前が「心地よい音かどうか」を選択の基準にしているとは言える。

Nana Produceが上演した『モナリザの左目』の主人公の名前は「佐野孝一郎《さのこういちろう》」という。とある殺人事件の容疑者として起訴され、裁判にかけられる不動産会社の経営者である。年齢は四十代。これがなぜ「町田大輔」でも「小林貴士」でも、ましてや「西園寺光」でもないかというと、「サノコーイチロー」という濁音の混じらない音が誠実な彼らしいとわたしが直感しているからである。

殺された男の名前は「西沢卓也《にしざわたくや》」という。過去に犯罪歴がある前科者である。犯罪者らしい名前とか、被害者らしい名前というのは別にないわけだから、この役は普通の名前でよかった。けれど、発声した時に「ニシザワタクヤ」なら耳に心地よいし、濁音があるので、ちょっと耳にひっかかる。普通、フルネームは会話のなかにそう頻繁に出てこないものだが、この芝居では、フルネームが検察官による起訴状朗読場面で読み上げられるので、特に配慮した名前だ。

わたしには子供がいないが、もしも子供に名前を付けるとしたら、「タカハシ」というスカスカした音の名字とのバランスのなかで、濁音を入れた心地よい音を探すと思う。

■ピンタレスク

前のブログにハロルド・ピンターという劇作家の名前が唐突に出てきた。今回はまったく専門的な話になるがご勘弁を。

ハロルド・ピンターはイギリスの劇作家である。（近年に亡くなった。二〇〇五年にノーベル賞を取っている）代表作は『バースデイ・パーティ』『管理人』『料理昇降機』など。日本では余り知られていない劇作家だが、わたしは、若い頃にこの人の作品に熱を上げた。リアリズムを徹底していくと、現実は複雑怪奇に歪んだ不条理の世界に見えることをこの劇作家の作品を通して知ったからだ。小難しい言い方だが、そういう「リアリズムの逆説」とでも言うべきピンターの世界観にショックを受けたのだった。「メタ・フィクション」とは、こういう世界を指すのではないかと思った。

そんなピンター熱が高じて、劇団を旗揚げして間もない頃、ピンターの作品を上演したことがある。作品名は『恋人（The Lover）』という。今、思うと、とても若者の手に負える代物ではないのだが、当時、わたしはピンターに深く傾倒していたので、劇団員の反対を押し切って（？）強引に上演した。結果は聞かないでほしい。しかし、ピンター劇を喜劇として上演するには、演出にも役者にも相当な力量がいることはよくわかった。

確か「ピンターのよう（＝不確か）」という意味で「ピンタレスク」という形容詞ができたらしいが、わたしも「イサヲレスク」と言われるような独自の作法を持つ劇作家になりたいなあ。

■拙作の脚色・改変について

毎年、多くのグループが拙作を上演してくれる。わたしが書いたテキストが同時代を生きる俳優たちの身体を借りて舞台化されることは、作者としてはとてもうれしく、ありがたいことである。

ところで、拙作の上演に際して、いつも上演団体の方々が悩むのではないかと想像するのは、作品の脚色・改変に関することである。特に高校演劇などの場合、本来は十人で演じる演目を役を減らして五人でやるなどということがあったりする。また、内容的なことも演じる役者に合わせて人物や台詞が大きく改変される場合も想定される。

それを「断じて認めない！」という作者がいて全然おかしくないが、わたしはそういう脚色・改変を基本的に認める人間である。きちんと手続きさえしてくれれば「後はどうぞ、お好きに」という考えである。現場の人間関係のややこしさや団体固有の複雑な事情をわたしなりに理解しているつもりだからである。

まあ、こういう作品に対する放任主義的な態度は、時に自作を貶《おと》しめるような結果を招く場合もあるような気がするが、冒頭に記した通り、わたしは数ある作品のなかから拙作を選んでくれた時点で、上演団体に感謝している。だから後は我が子（作品）を可愛がってくれることを望むだけだ。ただし、一つだけ注文をつけるとしたら、脚色・改変した場合は脚色者の氏名を明記して公演してもらいたいと思うだけだ。

■劇団主宰者・変人論

いきなりこう決めつけるのはどうかと思うが、世にある小劇場系の劇団の主宰者はだいたい変人である。

ここで言う変人とは、何も髪型が尋常でないとか奇妙な言動をとるとか、そういう意味ではなく、自閉傾向が強く、人見知りで社会性に乏しいというような意味である。かく言うわたしもその例外ではなく、そのような性質を持つ。

元々そういう性質を持つ人が劇団の主宰者になるとアナタが考えるなら、それは間違いである。劇団主宰者は元々は普通の人間である。しかし、劇団という奇妙な組織の力学が、その普通の人をして変人にさせるのである。

なぜ劇団主宰者は、自閉傾向が強く、人見知りで社会性に乏しくなってしまうのか？　それは、劇団主宰者は芸術を生み出すアーティストでありながら、同時に実務を担う社会人であることを要求されるポジションにあるからである。彼は芸術と実務（要するに金だ）の間で真二つに引き裂かれる。そして、引き裂かれ傷付いた自我が、先に書いた性質（病）を進行させるのである。

「劇団主宰者」と呼ばれる人たちに傍目から見ると変人が多いのは、以上のような理由に拠る。彼らは元々変人だったのではない。組織のなかで変人にさせられるのである。

もうおわかりだと思うが、今回のブログの内容はわたしの自画像である。

■身体の教養

若い役者が出る芝居を見に行って、いつももの足りなく思うのは、彼らに演劇的な教養が感じられない点である。

演劇的な教養とは演劇に関する知識のことであるが、知識と言っても必ずしも難しい演劇用語や演劇論をよく知っているというようなことではない。舞台に立つ役者たちの身体に教養がないと感じるのである。

身体の教養などと言うと、どうしても抽象的な言い方にならざるを得ないのだが、頭と同様に身体にも教養はある。舞台への登場の仕方ひとつ取ってみても、その空間における身のさばき方にその役者の身体の教養がにじみ出る。

では、なぜ若い役者に身体の教養が乏しいかと言うと、彼らはすぐれた先達たちの舞台を余り見ていないからである。見ていないから板の上の役者の身体がどのようにあるべきかをイメージできないのだと思う。彼らはすぐれた歌舞伎役者の身体を知らないし、すぐれた新劇役者の身体を知らないし、すぐれた小劇場演劇の役者の身体を知らない。

だから、若者はたくさんのすぐれた先輩の舞台における身体の教養を我が物にすべく劇場へ足を運ばなければいけない。そこには、ゼニを取って人前に身をさらしてきた人間だけが持つ身体の教養がある。よいか、若者よ、よく聞け。それはタダでは手に入らないのだぞ。

■自然と不自然
——「Nature calls me」


この英文を何と訳すかご存知か？　「自然がわたしを呼んでいる」ではない。正解は「ちょっとトイレへ」である。聞けば「なるほど」と思えるが、なかなか洒落た言い回しだ。

ところで、舞台を作っていると、時々、「わたしたちは何と不自然なことをしているのだ！」と心密かに感嘆することがある。それが端的に表れるのは「食事の場面」である。

とある家族が朝飯を食べている場面を作るとする。献立はご飯、味噌汁、焼き魚にお新香。映像ならともかく、舞台でこれを完璧にリアリズムで描くのは至難の技である。だから、そういう場面を作ることをあらかじめ排除するわけだが、仮にそれを舞台で実現しようとすると数々の困難に直面する。

まず食べ物（舞台用語で「消えもの」と言う）の調達に苦労する。ホカホカのご飯、温かい味噌汁を用意するだけでもスタッフは大変である。しかし、一番の問題は俳優のお腹が必ずしも空いていないという点である。なぜなら、朝という設定であるにもかかわらず上演時は朝ではないからである。しかも、衆人の見守るなかで（つまり劇場で）バクバクとご飯を胃袋に入れるのは不自然極まりないことである。

演劇の作り手たちが、完璧な嘘（幻影＝イリュージョン）を観客に提供しようとしても、どうしても自然に勝てないと思うのはこういう時である。それはトイレの場面（＝尿意）も同様である。なぜなら、それらは「自然がわたしを呼んでいない」時に行われるからだ。

妊婦のキモチ

妊娠が判明した女の人はどんな気持ちなのだろう？　新しい生命が自分の内部に宿り、それが日一日と成長していく時の気持ち……。わたしは男なので、その感覚をリアルに体験することはできないが、新しい芝居を作る時の感覚に少しは似ているかもしれないと想像する。

台本を書くことを引き受ける。台本の締め切り日を確認する。その日までに台本を書き上げなければならない。受胎を知る。出産予定日を医者に告げられる。その日までに赤ん坊を産まなければならない。まだ台本は形になっていない。あるのは漠然とした輪郭だけである。「もし書けなかったらどどどうしよう！」という大きな不安に襲われる。

まだ赤ん坊は形になっていない。あるのは、漠然としたお腹の違和感だけ。「もし産めなかったらどどどうしよう！」という大きな不安に襲われる。日一日と締め切りが近づいてくる。台本は少しずつ形になってくる。「イケるかもしれない」とちょっとだけ安堵する。しかし、まだ油断してはならない。

日一日と出産予定日が近づいてくる。腹がせりだし赤ん坊は少しずつ形になってくる。「大丈夫かもしれない」とちょっとだけ安堵する。しかし、まだ油断してはならない。

締め切り日がやってくる。無事に脱稿。胸に大きな喜びが広がる。出産日がやってくる。無事に出産。胸に大きな喜びが広がる。やはり、両者はとても似ているような気がする。

■複雑な気持ち

先日、「拙作の脚色・改変について」と題して、拙作の上演に関するわたしの考えを述べた。基本的には、手続きさえきちんと踏んでくれれば「どうぞ、お好きに」というスタンスだ、と。そんな矢先に、この夏、『淑女のお作法』を上演してくれるとある演出家から以下のようなメールをもらった。

「またのちほどご報告させて頂きますが、吾郎のキャラクターを、だいぶひ弱ベースの脚色をさせていただいております！　許可は一応頂いているのですが、色々と追加シーンなど、結構いじらせていただいております。宜しくお願いします！」

「どうぞ、お好きに」と言いながら何だと言われそうだが、そういう風にズバリと言われると、ちょっと胸がざわつく。なぜざわつくかと言うと、やはり作品が可愛いからだと思う。脚色・改変の理由が「やむにやまれず」という場合は、それを認めることはやぶさかではないが、単なる脚色者の好みや気まぐれで脚色・改変されるのは、作者としてはやはり快いことではない。なぜなら、作者は「これがベスト！」と思う形で作品を完結させているからだ。それがやむにやまれない改変か、そうでないのか――上演される舞台を見てみないと、そのへんはよくわからない。
何回も仕事をして、信頼している演出家ならまだいいが、まったく未知の団体の見知らぬ演出家から同じことを言われたら「いじるのはやめてください！」と言いたくなる可能性は大いにある。まったく作品を他人に提供する作者の心は複雑である……。

■決意の職業

戯曲集は小説のように売れないものだが、読者が想像力を使うことに関しては小説よりすばらしい器であるはずだ。そして、その特性は演劇そのものの魅力にも繋がっている。

それにしても「わたしは劇作家なのだなあ」と改めて思う。「何を今さら」と言われるかもしれないが、齢五十にして実感としてそう思う。それはわたしがたくさん戯曲集を出版しているせいでもあるが、そういう既成事実が、わたしにいやが上にも劇作家たらんとする自覚と決意を促しているのだと思う。

劇作家などというのは「決意の職業」であって、特別な資格も何もいらないが、劇作家としてだけで「食って」いる人はマレだと思うし、わたしもその例外ではない。しかし、それでもわたしが劇作家を名乗るのは、わたしがもう後戻りはできない年齢だからである。わたしは三十歳ではない。つまり、わたしは億千万の可能性を棄てて「何者か」になってしまったのである。しかし、幸福なのは、それは、わたしが若い頃に志し、そうありたいと望んだ職業であることである。後悔は微塵もない。

わたしが死んだ時、もしも新聞に小さく名前を載せてもらえるなら、肩書きは「劇作家・演出家」としてもらいたいと希望する。

■世界観の提示

それが戯曲であれ、シナリオであれ、小説であれ、オリジナル作品を書くということは、すなわち、その作者の世界観を自分以外の第三者に提示するということに他ならない。

世界観とは、その作者独自の世界の捉え方のことである。作者は我々の生きるこの世界をどのような視点で切り取り、どのような人物のどのような行動を通してどのように語ろうとしているのか？　それが世界観だと思う。ある人がある作品を読むか見るかして「世界観がスキ！」という感想を持った時、その人はその作品の作り手の世界の捉え方に共感するということだと思う。

「この世は何とすばらしい世界なんだ！」という楽天的な世界観の作者の作ったものと、「この世は何とくだらない世界なんだ！」という厭世的な世界観の作者の作ったものは、自ずと作品のテイストが違ってくる。

思うに、わたしはそのどちらでもあり、どちらでもないような気がする。理想的には「この世はくだらないけれどすばらしい」「この世はすばらしいけれどくだらない」という複眼の視点を持って世界と付き合い、それを作品にできたらいいなあと思っている。前者の気分の時、作品はハッピーエンドになり、後者の気分の時、作品はアンハッピーエンドになるのかもしれない。

とは言え、「この世はまったく生きるに値しない糞溜めだ！」という世界観をそのまま提示しても、観客（読者）は喜んでくれないとは思うけれど。

■汚しをかける

舞台用語に「汚《よご》しをかける」というのがある。舞台装置の壁や柱などをわざと汚して、質感を古く感じさせるように仕上げることを指す。

ところで、ずっと前に演劇集団キャラメルボックスの人たちと合同公演をやったことがある。ふと、その時の当日パンフレットに「心の汚れた三十男」と題した文章を書いたことを思い出した。確か一九九二年のことだったから、わたしは三十一歳である。今思うと、何とも恥ずかしいタイトルだが、当時は大真面目だった。

なんでそんなタイトルの文章を書いてしまったのか、余りちゃんと覚えていないのだが、確か世の中のいろいろな矛盾に直面し、それを解決するわけでもなくただやり過ごすだけの自分自身を自嘲したい気分だったのだと思う。まあ、よくも悪くも潔癖だったのだ。

あれから二十年が過ぎ、わたしは三十男どころか、五十男になってしまったが、そんなわたしの心は当時と比べてどうなったか？　あの時よりもっと汚れたか？　色合いとしては汚れたかもしれない。しかし、気分としては汚れたというより、いい具合に「汚しがかかった」と思いたい。わたしの心は新築ではないけれど、それなりに汚れて、よく言えば「年季が出た」とも言えるし、もっとよく言うと「風格が出た」とも言える。

生きていくことは、清新さを失い、心が汚れていく過程であるとも考えられるが、よく言えば、いろいろな経験を積み、心が多彩な色合いを獲得していく過程であるとも言えるはずだから。

■瞳の深さ

もう十年以上前の話だが、敬愛する劇作家・演出家の永井愛《ながいあい》さんの芝居を見に行った後、下町・森下の居酒屋で永井さんがちょっと嘆くようにこうつぶやいたのを覚えている。

――「瞳の深い演出家がいないのよね、日本には」

どういう文脈でそういう話になったか覚えていないが、確かすぐれた外国人の演出家についての四方山《よもやま》話をしていた時だったような気がする。とても印象的な言葉だったので今でも時々思い出す。

思うに「瞳の深さ」はそう簡単には獲得できない。さまざまな修羅場を潜《くぐ》って、自他ともに人間の弱さと愚かさを知り、なおかつそれらを肯定できる包容力がないと、なかなか瞳は深くならないような気がする。いや、修羅場だけたくさん経験していてもダメだ。修羅場の反対に位置するような美しくすばらしい場面もたくさん立ち合って、自他ともに人間の強さと気高さを知らないと、瞳は深くならずに目付きが悪くなるだけだと思う。瞳が深いとは「透徹」という言葉と同義である。

つまり、瞳が深くなるためには、この世で起こるすばらしいことも悲惨なことも自分のこととして経験し、なおかつ、そんな我々の住むこの世界を愛することができる心の豊かさを持っていないといけないということだと思う。平和日本で、そんなドラマチックな体験をしている演出家はなかなかいないように思う。だから、永井さんが口にした日本人の演出家に関する感想は極めて正しいと言わざるを得ない。

あれから十数年。ふと永井さんのそんな言葉を思い出し、自宅の洗面所の鏡に映った自分の顔を見る。そして、その瞳を覗き込む。わたしの瞳は……つぶらだ。

■タイトルについて

タイトル（題名）は、その作品の内容を一言で集約したものである。タイトルは作品の顔と言っていい。

○『父との夏』
○『正太くんの青空』
○『わたしとアイツの奇妙な旅』
○『プール・サイド・ストーリー』
○『モナリザの左目』
○『旅の途中』

この二、三年に上演した拙作のタイトルである。自分で言うのもナンだが、みな内容を簡潔に言い表したいいタイトルであると思う。

○『パラノーマル・アクティビティ』
○『REC／レック』
○『サベイランス』
○『インソムニア』
○『アンノウン』

最近見た外国映画のタイトルである。自作と比べて言うのもナンだが、よくわからないタイトルである。なぜ意訳して興味をそそる邦題にしないのだろう？

ところで、ずっと前に『エグゼクティブ・デシジョン』（一九九六年）という映画があった。航空パニック映画としてとても面白い映画だったが、タイトルは最悪（「最終判断」という意味）である。だから、わたしが新しい邦題を勝手につける。『オーシャニック３４３を迎撃せよ！』……いかが？

■幸福の真ん中

GeKi 地下 Liberty さんのご厚意で劇場で稽古している。本来、芝居の公演の仕込みは、本番の二日前くらいに行うが、わたしたちの座組の仕込み作業はすでに始まっている。

居酒屋ベースボールは、男性九人のグループ。彼らは劇団員だけで舞台装置を作る。彼らが手分けして金槌片手に舞台装置を作っている姿を客席から一人ボンヤリ見ていて、何とも懐かしいような、愛しいような感情を持った。

ペンキと汗と埃にまみれて仕事する彼らはどんな気持ちだろうか。

――「朝からこきつかわれて疲れたぜ」

――「今月の家賃、どうしよう？」

――「今日は風呂屋が開いてる時間に帰りたい」

――「風俗、行きてえなあ」


しかし、彼らはたぶん気付いていない。この時間の何にも代えがたい尊さとすばらしさを。この時間の切ないまでの幸福を……。

いや、わたしがそんなことを言うのはおこがましいとも思う。なぜなら、わたしの視線がそこになければ、彼らの幸福は幸福とは呼べないかもしれないから。しかし、劇団にせよ、結婚にせよ、会社勤めにせよ、およそ人間が共同で同じ目的を遂げようとした時、その幸福の真ん中にいる人間は、一度それを失わないと、自分が今まさに幸福の真ん中にいることになかなか気付かない。健康を損なって初めて健康のすばらしさがわかるのと同じ理屈である。

つまり、この世に生きる人間が体験する幸福とは、現在形で語れるものではなく、常に過去形でしか語れない種類のものなのかもしれない。何と言う皮肉！

■メメント・モリ

居酒屋ベースボール番外公演『八月のシャハラザード』の当日パンフレットに載せた文章は以下

の通り。

《「どうせみんな死ぬんじゃないか!」折に触れて、そんな言葉が胸のうちにふと浮かぶ。

そんな言葉が浮かぶのは、自分を含めた人間たちのとるに足らない愚行に出会った時だ。例えば、電車のなかで起こる些細なトラブルを目撃した時。例えば、挨拶をキチンとしない同僚にムカッとする時。例えば、些細なことで仲違いした昔の友人との再会をためらう時。例えば、不快なことを言われて「コイツとは二度と会いたくない」と心秘かに思う時。例えば、親しい友人同士が反目し合うのを知ってしまった時。例えば、くだらないことで連れ合いと口喧嘩してしまった時……。そんな些細なことに思い悩む自分に直面すると、ボッコリとその言葉が胸に浮かぶ。――「どうせみんな死ぬんじゃないか!」

まったくその通りである。死ぬという現実の前では、そんな些細なことは人生の豊かさを疎外するどうでもいいくだらないことなのである。にもかかわらず日常とはそんな些細なくだらないことの連続で成り立っている。健康なからだを持ち、死から遠いところに生きているからそういうことになるのだ。そして、開高健のエッセイに出てきたこの言葉を胸に刻む。

メメント・モリ(Memento mori)。これはラテン語で「自分がいつか必ず死ぬことを忘れるな」という意味の警句である。居酒屋ベースボールで『八月のシャハラザード』を上演することになった。この芝居もきっとわたしにとっての「メメント・モリ」という内容の芝居である。

■講評

年齢のせいか、キャリアのせいか、専門分野に関する講評をすることが多い。学生の演技、学生の劇作、学生の芝居――それらに関して常にコメントを求められる。例外はあるが、大抵は「ふーむ」と苦しい唸り声から講評が始まることが多い。

相手が学生でなくプロの人たちでも、芝居を見た後に演技や芝居の出来について感想を求められることも多い。それは講評ではなく、ただの感想であるが、そういう場合も、大抵は「ふーむ」という唸り声を出してしまうことが多い。間髪を入れず「最高だったよ！」と即答できる芝居はめったにないからである。

しかし、稀にだが、見ている最中から誉め言葉が次から次へと溢れてくる演技や劇作や芝居もある。「鮮やか」「美しい」「簡潔」「巧い」「感動的」……。そういう場合は、講評が苦痛ではなく、それどころか講評する悦びを強く感じる。「他の人が何と言おうと、コレを正統に評価できるのは、この世にオレしかいない！」という気持ちにさせられる。

もちろん、わたしの好みというものがあるので、講評の対象がどこまで普遍的にすぐれているかは保証できない。偏った講評をしてしまうことも不可避的にあると思う。けれど、講評する側の勝手な言い分を言わせてもらうなら、褒めるに足る、評者が悦んで講評できるような演技、劇作、芝居を見せてほしいとつくづく思う。先方から「講評しなくていいです」と言われても、「いや、講評させてください！」とこちらから頼みたくなるような……。

■幻に出会う

わたしの通った高校は立川にある。都立北多摩高等学校である。毎年、この時期になると文化祭があり、三年生はクラス単位で演劇公演を行う。公演場所は彼らがふだん授業をしている教室である。卒業生ということもあり、わたしはここのところずっと、その演劇公演の審査員を務めさせてもらっていた。しかし、来年からは都の方針で中高一貫校になるので、北多摩高校としての文化祭の演劇公演は、今年が最後ということである。残念ではあるが、それはそれで仕方ない。

演劇の「え」の字も知らない高校生たちの芝居は、まあ、ハッキリ言って稚拙だが、みんなで協力しあって一つの目的を遂げようとするその姿はとても美しいものである。

今年の発表は全部で四クラス。そのなかの一つに拙作『バンク・バン・レッスン』があった。わたしより三十三歳も若い高校生が演じる『バンク・バン・レッスン』を見ることは、照れ臭くもあり嬉しくもある。

審査を終えて、校舎を後にする。ここに来ることもたぶんもう二度とないと思うと、ちょっと寂しい気もするが、オトナになってから母校の催しに関わることができて光栄だった。そして、審査のために母校を訪れるわたしの秘かな楽しみは、この学校に出入りすることで、ふとした瞬間に明日を夢見る三十三年前の自分の幻に出会うことができる点だった。さよなら、我が母校。

■朗読劇の方法

新作『父さんの映画』を執筆中。十一月に内幸町ホールで行われる「ぶれさんぽうず」の公演のための台本だが、これは通常の劇とは違い、朗読劇である。

「ぶれさんぽうず」は、女性四人の朗読劇のグループで、わたしは昨年、初めて参加して台本と演出をやらせてもらった。さまざまな人々が読んだ「弔辞」を元に構成した朗読劇だった。

朗読劇というのは、基本的に俳優が台本を持って役を演じる。「台本を持って」というところが普通のお芝居と違うところで、そのスタイルが、下手をすると、観客を劇のなかへスムーズに誘い込むことを阻むような気もするが、利点もある。それは、演者が長い台詞を比較的、楽にこなせるという点である。

普通の演劇の場合、長台詞《ながぜりふ》と呼ばれる台詞の量は、多くても原稿用紙三枚くらいというのがわたしの感覚だが、朗読劇の場合、平気で十枚くらいはイケる。いや、極端に言えば、一人で一二〇分しゃべり続ける量の台詞を書くことも可能だ。言うまでもなく、朗読者が台詞を「覚えてしゃべる」のではなく、台詞を「そのまま読め」ばいいからである。（もちろん、演劇には「一人芝居」というある意味で究極のスタイルがあるが、あれは相当の力量を持った役者でないと成立しない）

わたしの朗読劇への認識はまだまだ浅く、これから勉強しなければならないことがたくさんあるにちがいないが、こういういつもとは違うスタイルの芝居を書けるのは、書き手としてはよい腕試しになる。

■ゴリラ

アニマル・エクササイズという演技の方法がある。ある役を演じる時に、その役を動物に喩《たと》え、その動物のしぐさや行動の仕方などを演技に採り入れて役作りする方法である。この演技の方法を広く一般的にしたのは、映画『ゴッドファーザー』におけるマーロン・ブランドの演技だろうか。彼は同作品においてマフィアのボスを演じる際に、ゴリラの動作を取り入れているということだ。

ところで、昨年、今野敏さん原作の『果断・隠蔽捜査2』を上演した時、そのすぐれた例を目撃した。その芝居に出演していた近江谷太朗《おうみやたろう》さんの演技である。

近江谷さんのやった役は「野間崎」という名の警察官（第二方面本部管理官）の役なのだが、近江谷さんは「ゴリラ」のしぐさや歩き方を採り入れて役作りしていた。近江谷さんが演じることを前提に、わたしが台詞に「あのゴリラ野郎」と書いてしまったせいもあるかもしれない。その台詞を膨らませてああいう演技になったのだとは思うが、（原作にそのような描写はない）大いに笑わせてもらった。

ところで、主観と客観は時に大きくズレる。主観的には自分は「猫」だと公言してはばからない女性が、本質的には「ゴリラ」だったりするケースはままある。大切なのは、真の己の姿をクールに見ることができる客観性である。しかし、これがなかなか難しい。

■夢のまた夢

芝居を見るには動機が必要である。それは殺人を犯す人間に何らかの動機があるのと同じである。もちろん、カミュの『異邦人』を例にするまでもなく、動機なき殺人というのも世の中にはあるように、動機なき観劇というのもあるのだろうが、それはやはり例外である。

わたしがある芝居を「見てみよう」と思うのは、その作品に興味があり、観劇する動機を持っているからに他ならない。その興味とはだいたい次のようなものである。

①作者に興味がある。
②演出家に興味がある。
③出演者に興味がある。

④関係者に義理がある。
⑤ご招待していただいている。

本来、①〜③の動機で観劇したいものだが、現在は④と⑤の動機が圧倒的に多い。芝居作りが職業になってしまった人間の宿命のような気がするが、自らの純粋な興味で観劇することはまれである。

翻って、「人気がある芝居」とは、①、②、③の動機で人々がこぞって観劇してくれる芝居のことであろう。一度でいいから「チケットありますか？」というお客様に、「残念ながら即日完売です」とのたまわってみたいものであるが、今のところ、それは夢のまた夢である。

■オムニバス

連日、『クリスマスの悪夢』の稽古。今回の稽古場は新宿である。オムニバス形式の芝居なので、個々の作品の稽古をそれぞれ少人数でこぢんまりとやっている。

ところで、オムニバス形式（いくつかの短編を並列的に描く物語の形式）の語源になっている「オムニバス」とは何のことだか、アナタはご存知か？　以下の三つからどこで「・」をつけるのが正しいか、正解を選べ。

①オ・ムニバス
②オム・ニバス
③オムニ・バス

正解は——③である。「乗り合い自動車」という意味を持っているらしい。オムニバス形式の映画は、古典では『舞踏会の手帖』が有名だが、思い付くままに挙げると、『運命の饗宴』『世にも怪奇な物語』『ミステリー・トレイン』『フォー・ルームス』などか。これらには決まって狂言回し役が登場するのが通例だが、狂言回し役が小道具であったりする場合もあるから面白い。『クリスマスの悪夢』の狂言回しは地獄の大王サタンである。

■乞食から王様まで

シェイクスピア劇の魅力は、主人公の劇的境遇の作り方のすばらしさや劇中劇を巧みに織り込んだ作劇術だけにあるわけではない。それは登場人物の多彩さである。シェイクスピアの芝居には、わたしたちの住むこの世界がそうであるように、乞食《こじき》から王様まであらゆる階層の人々が出てくるからだ。わたし風に言うと「天皇陛下から浮浪者のオッサン」までが登場する。

シェイクスピアは、それらの人物たちをどちらかに深く思い入れて描いていず、均等な距離感で描いているように思える。つまり、乞食から王様までを同じように憎み、同じように愛しているのだ。そこがシェイクスピアをして稀代の劇作家たらしめている最大の要因だとわたしは思う。

わたしにそんな芸当ができるかどうかまるで自信はないが、少なくとも「かくあれかし」と思ってわたしは世界と付き合っているつもりだ。しかし、だからと言って、浮浪者のオッサンや天皇と同じように付き合うには、とてつもない達観が必要だが……。

■無償性

公演のために熱心に芝居の稽古に取り組んでいると、よく芝居とは関係ない仕事をしている人からこう言われることがある。——「好きじゃなきゃやってられないね」

確かにそうかもしれないと思う。稽古の苦労も、予算の少なさも、本番を見に来てくれたお客さんの満足そうな顔を見るとすべて帳消しになるのがこの世界である。そして、当たり前だが、演劇の世界はそういう「芝居好きたち」の情熱によって基本的に成り立っている世界であると思う。

しかし、よく考えると「好きじゃなきゃやってられない」のは、何も演劇の世界だけの話ではなく、どんな分野においてもそう言うことができるのではないか？　例えば、料理に何の興味も愛情も持っていないヤツが料理人になるだろうか？　例えば、人体に何の関心のないヤツが医者になるだろうか？　例えば、正義に興味のないヤツが弁護士になるだろうか？　例えば、子供が好きでないヤツが保母さんになるだろうか？　例えば、宇宙に興味がないヤツが宇宙飛行士になるだろうか？

楽観的すぎるかもしれないが、そう考えると、すべての仕事は、多かれ少なかれ「好きじゃなきゃやってられない」のである。すなわち、すべて人間の行う行為の根本にあるのは、無償性なのである。人間はそれをお金がほしいからやるのではなく、したいからするのである、きっと。

■男と女

興味深いタイトルだったかもしれないが、色っぽい話ではない。時々、演出家と役者の関係は、男と女の関係によく似ていると思うことがある――という話である。演出家が男で役者は女である。より正確に言うと、演出家は旦那で役者は愛人である。そう思う根拠は以下に因る。

女性を貶《けな》してばかりいるとふて腐れるように、役者も貶してばかりだと成長しない。時には「きれいだよ」と褒めてあげないといけない。女性が「わたしのことだけ見ていて！」と思うように、役者も演出家に対して根本的にはそのように思っている。女性が愛する男の一言にとても敏感であるように、役者も演出家の一言にとても敏感である。愛人が旦那の本妻を気にするように、役者も演出家が愛する別の役者に対してひどく嫉妬深い。

異論もあるかもしれないが、わたしにはそのように思えて仕方ない。つまり、もしも、わたしの考えが正しいなら、演出家とは男性的な仕事であり、役者とは女性的な仕事であるということだと思う。「旦那に愛されないと食いっぱぐれる」という点も両者は似ていると思うが、いかが？

■内面と外面

スタニスラフスキーを旗頭《はたがしら》として、演技における俳優の内面的なものを重視したのが近代という時代だったと考えていいような気がするが、そんな近代の潮流のなかで、演技における俳優の外面的なものを重視する人々も少数派ながらいる。

ローレンス・オリヴィエが、そういう外面重視型の俳優であるらしいことをとある本で知ったのは最近である。ローレンス・オリヴィエと言ってもアナタは知らない俳優かもしれないが、イギリス出身の名優と呼ばれる役者で、日本で言えば歌舞伎俳優の松本幸四郎《まつもとこうしろう》さんのような人である。オリヴィエはハッキリと「役作りで重要なのは、内面より外面である」という意味のことを発言している。シェイクスピア劇の映画化作品で知られるが、『マラソンマン』（一九七六年）で演じたツルツル頭のナチの残党の歯医者などを見ると、オリヴィエが外面に凝った役者であることはよくわかる。直感的に書くが、古典芸能に精通している俳優ほど、内面より外面を重要する傾向があるのではないか？　オリヴィエにおけるシェイクスピア、幸四郎さんにおける歌舞伎というように。

思うに、どっちがいいとか、悪いとかの問題ではなく、両者を対立的に捉えるのではなく、内面も大事だが外面も大事という視点が、現代演劇の俳優には求められているようにわたしは思う。

■虚実皮膜

江戸期の狂言作者・近松門左衛門《ちかまつもんざえもん》は、俳優の演技の極意は「虚実皮膜《きょじつひまく》のなかにある」という言葉を残している。わかったようなわからないような言葉だが、わたしはこの言葉をこのように解釈する。

――「舞台の演技は全部ウソではダメだ。だかと言って全部ホントでもダメだ。そのウソとホントの微妙な塩梅《あんばい》がすぐれた演技を作り出す」

江戸期ではなく平成期の現役の演出家としての意見だが、その通りだと思う。そして、わたしのベスト・テレビドラマの一つ『淋しいのはお前だけじゃない』(市川森一脚本)のこんな台詞を思い出した。このドラマは、借金返済のために大衆演劇の一座を作った人々が、サラ金会社を仕切るヤクザの親分を芝居で騙すという内容を持つが、その一座に大衆演劇の女座長(木の実ナナ)と女形の男優(梅沢富美男)がいる。彼らの言う台詞。

月之丞「嘘か真《まこと》か」
政吉　「真か嘘か」
月之丞「どっちつかずの時計の振り子……」
市太郎「(ニタリ) それが、芝居さ」

これも近松と同じことを言っていると思う。

■嘘なんですよ

『クリスマスの悪夢』の出演者たちと稽古の後に酒を飲んでいたら、アニメの話になった。今回のカンパニーにはテレビ・アニメ『ドラゴン・ボール』のベジータ役の堀川《ほりかわ》りょうさん、『ちびまる子ちゃん』のブー太郎役の永澤菜教《ながさわなお》さんがいるのだから、事のなりゆきとしては当たり前の話題である。けれど、前にも書いたが、わたしはアニメというものにほとんど関心を持たない人間である。

その席でこんな話を聞いた。人気の声優さんのコンサートにおけるファンの熱狂ぶりはハンパでないらしい。熱狂するファンたちは、二次元のアニメの登場人物と声優さん本人を同一視しているからそういう熱狂が巻き起こるということだ。こう言うと反感を買うにちがいないが、何と幼稚なファンたちだろうと思わずにはいられない。アニメのキャラクターと声優本人を同一視するとは……。声優さん本人がそれをまったくの幻想＝嘘とわかっていながら、あたかもそうでないように振る舞い、ファンから金を巻き上げる。これは誤解を恐れず乱暴に言えば、ある種の詐欺行為である。

しかし、とすぐにわたしは思う。わたしを含めた芸能に携わる人間は、程度の差こそあれ、そういうファンに支えられて生活しているのだ。そんなファンたちが身銭を切って騒いでくれるから、わたしたちは芸事に関わっていけるのだ。そんなありがたいファンたちを非難することは、イコール自分自身の仕事を否定することに直結している。

翻って、わたしの作る舞台にアニメ・ファンのような熱狂的ファンがいず、いつも観客動員にヒーヒー言っているのは、わたしが詐欺師としては誠実すぎ、「これは嘘なんですよ」と騙す相手に要らぬ心配をするからだと思う。

■お別れの仕方

芝居が終わると、最後に本編の内容とは関係なく、出演者たちが舞台に並び、観客に対して頭を下げる。所謂、カーテン・コールである。長く芝居に関わってきたので、たくさんのカーテン・コールを（演出）したし、また見てきたが、カーテン・コールには、そのカンパニー（座組）の特徴がよく出るものだと思う。

カーテン・コールを見れば、そのカンパニーが「お客様とどう別れるか」がよくわかる。極端に言えば、その芝居の作り手と観客の「死別する時の態度」が、カーテン・コールに集約される。クールに別れを告げ、潔く棺桶の蓋を閉じるか、何度も棺桶を開け直して、故人との別れを惜しむのか？

わたしは断然、前者でありたい。最初のコールで暖かく大きな拍手をもらったら、サッと別れるのが理想だ。何度も何度もカーテン・コールをする観客と演者の舞台に遭遇すると、その未練がましい関係に辟易する。

そう思うようになったのは、演劇は芸術作品でありながら、同時に観客が支払った入場料に見あう商品でもあるという認識が強くなったからだと思う。うまい焼肉を食べたら、店員に「うまかったです」と一言だけ言って店をサッと出たいのであって、店員と余計な話をグダグダとしたくないのだ、少なくともわたしは。

とは言え、鳴り止まない拍手というのは、作り手にとっての最大の喜びであることも、また事実なのだが……。

■営業能力

営業が下手《へた》である。もちろん、わたしは営業マンではなく作・演出家だが、作・演出家も営業能力を試される時がある。どういう時に？　上演する芝居のチケットを売る時である。

わたしは、これまでに、会った人に公演のチラシを渡して「よかったら見に来てよ」と、あくまで恥じらいながら観劇をお願いしていたが、そのくらいだと相手はなかなか芝居を見に来てくれないことがよくわかった。以来、誘い方がだんだん変化していき、「見に来てください」「是非、見ましょう」「見ないと損するよ」「見るべきだ」「見ないと家族に危害を加えるぞ」とエスカレートしている。もちろん、最後の台詞は冗談だが、誘い方に工夫を凝らさないと、なかなか人は劇場に足を運んでくれない。作・演出家であっても、こういう局面において芸術的な能力ではなく、その営業能力が問われるのだ。

作・演出家という一つの人格にこだわるから葛藤するわけで、それとは別の商売人の人格にスイッチを切り替え、口八丁手八丁の営業マンに変身し、「奥さん、これを見とかんと流行に乗り遅れまっせっ！」と関西弁で営業トークができるようになれば一番いいのだが……。そう、観劇への誘い文句は、好きな女性を口説くのと同じで、モジモジやってもダメで「あんたがめっちゃ好きやねん！」とハッキリ言い切らないと功を奏さない。

■劇場

公演のために毎日、劇場へ通う。そして、ふと今までに何度こうして劇場と呼ばれる場所に通ったのかなあと考えた。自作の上演だけでなく、他人の芝居も見るわけだから、普通の人よりその数は断然多いはずだ。

それにしても、よくよく考えると「劇場」とはよく言ったものだ。そこに行けば、劇があるから「劇場」なのだ。たぶんそこには平穏な日常生活のなかでは決して味わうことができない刺激的な何かがある場所にちがいない。

劇場は激情である。
劇場は死である。
劇場は愛である。
劇場は真実である。

わたしにとって劇場は、日々の生活のなかで忘れてしまいがちな人間世界の真実をフィクションを通して確認する場所である。わたしは根っからの芝居好きのせいか、「劇場」という言葉自体にドキドキしてしまう。ワクワクしてしまう。ときめいてしまう。その感覚は、例えば、徹底したマゾヒストが歴史の教科書に出てくる「無条件降伏」という言葉にさえ性的興奮を覚えてしまう感覚と似ているかもしれない。あるいは、徹底したサディストが「南京《なんきん》大虐殺」という言葉に、徹底した淫乱症の女が「ソーセージ」という言葉に悶えてしまう感覚と似ているかもしれない。劇場……ああん！

■白い皿の肉料理

――「ホラーとはアポロン的存在のなかでディオニソス的な狂気が芽生えるさまを克明に描いたものであり、それがもたらす恐怖はディオニソス的な狂気が駆逐されてアポロン的な常態が回復するまで続く」

これはスティーヴン・キングの書いたとても面白いホラー小説・映画論『死の舞踏』（福武文庫）の中にあった一節。深くうなずく一節である。ディオニソス的とは悪魔的、アポロン的とは理性的と考えてよい言葉だと思うが、これはホラー小説だけではなく、あらゆる小説、映画、演劇に関して共通する普遍的なセオリーであるとも言えるのではないか？

キングは、その好例として映画『エクソシスト』を挙げ、その構造を紹介しているが、『エクソシスト』に限らず、観客がわくわくドキドキする物語は、たいていこういう構造を持っていると思う。

○常態→○異常事態発生→○回復のための戦い→○常態回復

そういう意味では、面白い物語とは「異常事態の発生」を描くものと言える。その異常事態が非現実的なものである場合、それはファンタジーやＳＦになり、現実的なものである場合、さまざまなタイプのドラマになるという言い方もできる。上演中の『クリスマスの悪夢』は、真っ白なファンタジーの皿に血生臭いリアルな殺人物語の肉料理を盛り付けたものである。器が白いぶん肉の赤味は濃いはずである。

■演出家の仕事

舞台演出家というと、俳優の演技にあれこれ注文を出すのが仕事であると思われているフシがあるが、舞台演出家のすべき本質的な仕事は俳優の演技指導ではないとわたしは思う。では、何か？　それは作品の世界観を視聴覚的に観客にわかりやすく提示するということである。その世界観の提示の仕方が、その演出家の特徴を決定づける。だから、演技指導はあくまで二次的な仕事である。

Ｗｉｔを引っ張るＩＫＫＡＮさんは、すぐれた演技指導者である。わたしがＩＫＫＡＮさんと一緒に舞台を作って助かるのは、俳優の演技指導的なことをすべてＩＫＫＡＮさんが引き受けてくれるからである。ＩＫＫＡＮさん自身は「演技プランナー」という言い方をするが、氏はどういう背景を持っていればその役がそういう感情になるかを具体的に提案してくれるのだ。残念ながら日本の演劇のスタッフには、歴史的にその名で呼ばれる役職が存在せず、強いて言えば「演出助手」ということになってしまう。この事実をＩＫＫＡＮさんは嘆いていた。

プロ野球に例えると、演出家は監督であり、演技プランナーは投手のピッチング・コーチ（あるいはトレーナー）に当たると思う。そう、演劇では長いこと演出家が監督とピッチング・コーチ（トレーナー）を兼任してきたのである。わたし自身はコーチ的な指導が苦手ということも手伝って、演技に関してはほとんど口を出さないようにしている。こういうわたしの演出家としてのスタイルが、わたしと相性の悪い役者には怠慢に映るようで、「あいつは演出家と名乗りながら何もしない！」と思う人もいるようだ。その批判はその批判として謙虚に受け止めようとも思うが、前にも書いた通り、演出家がすべき本質的な仕事は「演技指導」ではなく「作品の世界観の提示」だとわたしは思っている。

■演出意図

Ｗｉｔ公演『クリスマスの悪夢』が終わってしばらく経った。自分が演出する舞台に関して、公演中にアレコレ言うのは、見苦しい気がするので控えていたが、時間が経ったので、今日は、ご来場いただいた方々への感謝をこめて、あの舞台の舞台造型上の演出意図を書いてみる。

①背景の黒いパネルに十字架を模《かたど》った空白があり、そこに白いプラスチック版を貼ってもらった。このプラスチック製の十字架が、登場人物が「殺意」を持つと赤く染まる。
②その十字架の足許から舞台前方の床面に向かって赤いビニール・テープで十字架を描いた。床面は黒いリノリウム。つまり、登場人物が赤い十字架を踏みつけながら芝居する。
③舞台下手《しもて》にクリスマス・ツリーを飾り、通常は普通のツリーだが、人々が殺人を犯すと真っ赤に染まる。
④舞台上手《かみて》上部に電飾で彩られた「Hasta La vista」と書いた看板。この看板の点灯と消灯によって場面転換、及び店の開店・閉店を視覚的に表現する。
⑤残虐な殺人場面に美しくロマンチックなクリスマス・ソングを使うこと。

この五点が『クリスマスの悪夢』の舞台造型上の演出意図である。手前味噌な発言だが、これらの趣向は、なかなかうまくいったのではないかと思っている。演出意図さえ明快であれば、大掛かりな舞台装置がなくても大きな効果は得られると再認識した公演だった。

立ち位置

かつては、他人から「職業は何ですか?」と問われて「劇作家・演出家です」と答えることに大きな抵抗感があった。あの抵抗感の正体は以下のようなものだったにちがいない。

——「劇作家・演出家なんて言ったってしょせんは虚業じゃねえか。その仕事だけで食っている人は稀だし、浮き沈みの激しい演劇の世界。こんな仕事は安定することのない水商売みたいなもんだ。それにたいした実績も自分は残してないし」

つまり、わたしは他人に「劇作家・演出家です」と明言するだけの豊かな実体のようなものが、自分の内部にあるとは思えなかったのだ。だから、決意や願望として「劇作家・演出家です」と言ったことはあっても、実体のある職業としてそう言ったことはなかった。

けれど、最近、わたしはそんな葛藤なしにスンナリと自分の職業を「劇作家・演出家です」と言えるようになった。年齢を重ね、自分の内部に劇作家・演出家としての実体がともなったからか？そうではない。世界に対して開き直ったのだ。「虚業だろうが水商売だろうが、オレはこういう風にしか生きられねえんだ！」と。かくして、わたしの世界での立ち位置は、この年齢にしてようやく決まった。今ならある内面的リアリティをもってその台詞が言える。つまり、わたしは何者かになったのだ。

■アート

大阪のホテルに宿泊。わたしはほとんど旅をしない人間なので、旅先のホテルという場所がまだ非日常の意味を持っている。上演中のNana Produceの『旅の途中』は、大阪へ逃亡した駆け落ちカップルを追う探偵の物語だが、『旅の途中』とはよく言ったもので、この劇に登場する探偵の沢木同様、わたしは今まさに現実に「旅の途中」にいる。

ところで、現実に切り取ってきたとある人と時間と場所が、見ようによればその時代とか社会を豊かにイメージさせることがある。その代表例がわたしにとっては『十二人の怒れる男』（レジナルド・ローズ作）だったりするわけだが、そういう作品は最終的にエンターテインメントを突き抜けてアート＝芸術になる。

『旅の途中』にどれだけ芸術性があるかどうかわからないが、作者としては「沢木の大阪への旅」

に「沢木の人生の旅」のイメージを重ねているつもりではある。それは中年期のただ中にいるわたし自身の姿にも重なる。それらが見事に重なれば、『旅の途中』は単なるコメディを越えた何かになるのだろうが……。

どちらにせよ、アート＝芸術というものは、具体的な人なり場所なり時間を描いて、それがまさに人間の世界の普遍的な核心に迫れた時に生まれるものだと思う。長年の経験から言うと、なかなか書こうと思って書けないのがそういう作品である。そういう作品は大抵の場合、偶然に生まれるからだ。

■わたしの出演作

時たま「いさをさんは舞台に出ないんですか？」と人に問われることがある。以前はちょっとした嫌悪感を顔に漂わせながら「ふんっ。出ないよ」とクールに答えていたが、この二、三年でちょっと状況が変わった。いくつか舞台に出演したからである。

わたしの初舞台はパニック・シアターの『ワン！　ワン！』（ローラン・トポール作／二〇〇四年）での「冷蔵庫」の役。演出の中村《なかむら》まり子さんに口説かれて出演することになったのだ。と言っても声のみの出演だが。

ちゃんと出演したのは、下北沢のバーで上演した拙作『あなたと見た映画の夜』（二〇〇九年）

での「高橋」役。作者本人という役で当て書きした役だが、進行役だったので台詞はたくさんあった。

続いて出演したのはＷｉｔの『正太くんの青空』（二〇一〇年）での「岡林」役。いじめをめぐって対立するるり親たちと先生たちの会議を傍観している隣町の小学校の教師役。台詞はほとんどないが、出ずっぱりの役だった。日替わりゲストの一人として出演した。

『あなたと見た映画の夜』を神保町で再演した時（二〇一一年）は、「高橋」役を「映画好きなバーのマスター」に改変。その役を演じた。台詞の量は前回同様たくさんあった。

そして、Nana Produceの『モナリザの左目』（『知らない彼女』改題／二〇一一年）での拘置所の看守役。台本にはない役だったが、急に出たくなって制服姿で出演。台詞はないが進行役の弁護士と微妙な視線を交わす。（出たい時に出るという勝手な出演だった）

以上がわたしの出演作のすべてである。今後の出演予定はまるでない。しかし、「乞食と役者は一度やったらやめられない」という言葉は本当であるような気がする。だからと言って、役者になるつもりは微塵もないが。

■始まりは物真似

「すべての始まりは物真似だよなあ」と思う。それは演劇に限らず、音楽も美術も写真も料理もどんなジャンルにも共通して言える真実ではないか？

作・演出家としてのわたしが若い時に熱心に真似たのは、つかこうへいさんである。その発想、その台詞まわし、その演出、その方法、その生き方……。同世代の作・演出家である横内謙介《よこうちけんすけ》氏もそんな一人で、彼は一時期つかこうへい風のサングラスまでかけていたらしい。わたしは外面まで真似ようとは思わなかったが。

物真似をして「○○の亜流だ」と批判されながら、それでもその人が情熱をもってその仕事を続ければ、いつしかそれは亜流ではなく本道になる日が来るはずだ。それは横内氏もわたしも同じではないか？

翻って、人間は誰にも影響されずに大人になれるほどしっかりした生き物ではない。子供の人生は、まず自分の父親や母親の人格をコピーすることから始まるのだ。そして、子供は成長の過程のなかで、両親以外のさまざまな他人の物真似＝コピーを繰り返しながら人格を形成していく。つまり、もともと人間は、物真似などしなくても生きていけるオリジナルな生き物ではなく、不可避的に物真似を必要とし、それなしには生きていけないシュミラクル（模造）の生き物なのである。そういう意味では、本人がそういう関係をよしとするかどうかは別にして、世の中には基本的に「師匠と弟子」しかいないと言える。

■回想の方法

今年も残すところあとわずか。この一年を振り返ろうとした時に、わたしのような仕事の場合、上演した作品によって一年を振り返ることができるのでなかなか便利だ。何月にどこで誰とどんな芝居を上演したか――それが、わたしの一年の主筋＝メイン・ストーリーであり、それ以外のことは副筋＝サブ・ストーリーであるから。また、さらなる年月を経て今年（二〇一二年）を思い出す時の一番の目安は、わたしの場合、公演である。

しかし、公演をやっていない人……例えば、床屋さんは何を尺度に一年を振り返るのだろうと思った。一年中、お客の髪を切っているわけだから、わたしのような節目を想定しにくいような気がする。もちろん、わたしたち日本人は、季節感というすばらしい節目を持っているが、髪を切るという行為に季節感は直接的に反映しない。

――「ふふふ。そんなことないですよ。わたしら床屋にも一年の節目というものはあるんです」

キチンと取材をすれば、ある床屋さんはそのように答えてくれるかもしれない。わたしが想像できないような床屋さんだけが知る細やかな節目が。

翻って、茫々たる時のなかで、その一年を振り返る時、何を基準にその一年を振り返るのか――そこにその人間の本質があるように思う。それが仕事の人もいるだろうし、趣味の人もいるだろうし、家族やペットとの出来事の人もいるだろうし、恋した異性の人もいるだろうから。わたしのメイン・ストーリーは大晦日に書こうと思う。

■予測不能

すぐれた演技とは何かを言葉にするのは非常に難しいが、ふとその秘密の一端がわかったような気がするので、今回はそのことを書く。

わたしたちは、日々生きていくなかで、常に葛藤と決断を繰り返している。葛藤と決断の連続が人間の一生を形作る。熱があるので仕事を休むか否かというような小さなそれもあるが、時には就職とか結婚とか退職とか離婚とか大きなそれもある。そして、その決断を行動に移す。しかし、その決断は「段取り」で決まっているわけではない。

つまり、すぐれた演技は予測不能なのである。ある人物がある人物を平手打ちにするとして、ダメな役者は叩くという行為が段取りになるが、よい役者は叩く瞬間までその人物の行動が予測できないのである。ゆえに観客は息を殺してその人物の行動を見つめることになるのだ。そして、その人物は行動に移るまでに葛藤を経るわけだが、すぐれた俳優は、その葛藤を劇的想像力を使って大きな葛藤に育てることができるのだ。

行動が行動を起こすその瞬間まで予測不能であること——これがすぐれた演技の正体であると思われる。予測不能ということは、つまり、次の行動が一通りではなく、二通り、三通り、あるいはそれ以上の可能性を持って舞台で相手役と向き合うことができるということである。まあ、口で言うのは簡単だけれど……。

2013

■ラーメン屋

役者志望の若者に映画を見ることを薦める。わたしの好みに走ったものではなく、名のある俳優がすぐれた演技を披露している過去の作品に限定している。わたしの前口上はこうだ。

――「君らは美味《うま》いラーメン屋になりたいと言っているラーメン屋だ。ならば、すでに行列ができているラーメン屋のラーメンの味をいくつも自分の舌で確かめるしかない。その味を知った上で、自分の店独自のラーメンの味を出せ！」

キチンとわたしが薦めた映画を見て、感想を言ってくれる学生もいるが、なかなか見てくれないのが現実だ。まあ、学生にもいろいろ事情はあるのかもしれないが、わたしに言わせると「いつか見るようにします！」では遅いのだ。

そう思う理由は、心の柔軟性に由来する。若くまだ世界に真っ直ぐな姿勢で向き合える柔軟な心で見る映画と、オトナになって斜めにしか世界に向き合えない柔軟性を失った心で見る映画は別物のように思うからだ。これは身体にも言えることで、若いうちに身体を鍛えるのと、オトナになってから身体を鍛えるのでは、そこに大きな差があるのと同じ理屈である。

■舞台の警備員

プロとは何か――それを定義するのは難しいが、以前に舞台監督としてわたしの作る舞台に関わってくれたTさんがこんなことを言ったのは印象的でよく覚えている。

――「わたしはトラブった時にちゃんと対処できるかどうかがプロとアマの差だと思います」

通常通り行われる舞台の進行は誰にでもできる。しかし、突発的なハプニングが起こった時に、舞台監督としての手腕が問われるという意味だ。なるほどなと思う。ハプニングに対処するためには、どんなハプニングが起こり得るか事前に想定しておく必要がある。その想定の範囲の幅がプロとアマでは違うのだと思う。また、ハプニングが起こってからの対処法の数がプロは多彩だがアマは貧弱であるにちがいない。これができるようになるには経験がものを言う。

舞台監督という仕事が、舞台における警備員のようなものだとすると、すぐれた警備員がそうであるように、すぐれた舞台監督は、そのすぐれた対処法によって舞台という場所をハプニングという不審者から徹底してガードする仕事と言えよう。（まあ、わたしは以前に書いたブログで舞台監督を「殺し屋」に喩《たと》えてもいるが）

最後に普通の読者のために解説するが、演劇における「演出家」と「舞台監督」は違う職種である。演出家は稽古場において舞台作品の芸術的な方向を決める仕事、舞台監督は劇場において出来上がった舞台の進行をすべて司る仕事である。

■舞台の感想

芝居を見に行って、終演後に楽屋を訪ねると、出演者を囲んだお客さんが、興奮した口調でこう言っている姿を目撃することがある。

――「いやあ、面白かったですよ！」

もちろん、わたしもそのように言いたい舞台がないわけではないが、九割は暗鬱なため息が出るようなものばかりである。だから、そんな気持ちが顔に出ないように、精一杯の笑顔を作って楽屋へ行き、出演者と当たり障りのないことをしゃべってお茶を濁す。

一度、とある舞台をいっしょに見に行った連れの男が、舞台が始まってしばらくするとグーグー寝ているのを目撃した。彼が起きたのは終演間近だった。芝居が終わってそいつといっしょに楽屋を訪ね、そいつがどんな感想を言うのか興味深く見守った。彼は出演者に握手を求め、ニコニコ顔でこうのたまった。

――「いやあ、面白かったですよ！」

一瞬、そいつに飛び蹴りを食らわしてやりたい衝動に駆られたが、躊躇していると、そいつはわたしに向かってニッコリと微笑みかけて「お前も何か言えよ」と舞台の感想を促した。一瞬、そいつに回し蹴りを食らわしたい衝動に駆られたが、当たり障りのない感想を述べてその場をしのいだ。これだから観客は信用できない。

■せっかち

野田秀樹《のだひでき》さんが、昨年に亡くなった中村勘三郎《なかむらかんざぶろう》さんについて書いた追悼の文章で、勘三郎さんがとてもせっかちな人だったらしいことを知った。エレベーターがすぐに来ないと、待てなくて階段を使って移動してしまうような……。一面識もないわたしが言うのもナンだが、さもありなんと思う。テレビを通して見る普段の勘三郎さんの語り口は非常にテキパキしていて、まさにそのように行動する姿が目に浮かぶからだ。

勘三郎さんと引き比べるのもおこがましいが、わたしも相当なせっかちである。例えば、わたしはＤＶＤで映画を見る時、予告編だけではなく、映画会社のオープニング・クレジットも飛ばしたい方だ。一刻も早く映画を見たいからである。しかし、作品によってはブロックがかかっていて場面を飛ばせない場合があり、それだけでイライラしてしまう。また、人に待たされるのが嫌いだ。五分の遅刻でも不快になる。食事にかける時間も相当早い。一人でない時は、さすがに相手に少しは合わせようとするが、一人なら五分くらいで済ませてしまう。

「あなたは食事を楽しむということができない」——連れ合いにいつもそのように叱られる。まったくその通りで、反省しないでもないのだが、なかなかせっかちな性格は直らない。

その割には、稽古場でキレたりすることはほとんどないが、シーンがなかなか進行しないことにイライラすることは多い。俳優とともに演技のリアリティをめぐって着実な稽古を積むことが必要なことはよくわかっているのだが、せっかちな性格ゆえに早く完成品が見たくてたまらないからだ。

■つか節

今や伝説の領域の話だが、つかこうへい作・演出による『熱海殺人事件』の幕開きは、チャイコフスキーのピアノ協奏曲で始まる。場面は警視庁捜査一課の部長刑事の部屋。富山県警からやって来た熊田留吉《くまだとめきち》刑事を木村伝兵衛《きむらでんべえ》部長刑事は部屋へ迎え入れる。

「チャイコフスキーはお好きですかな。年に零度を上回る日が幾日もないと言う酷寒のシベリア大地では、火の酒ウォッカは必要不可欠なものであると聞いています。が、彼は執拗なまでに地中海の空にも似たワインを嗜んだという。あのシベリア熊でさえ恐れをなすという酷寒のツンドラ大地で、これだけ軽薄な前奏を五線譜に刻みつけられるルドルフ・チャイコフスキーという男、とんでもないイカサマ野郎だと思います。が、好きです、わたしは、その鼻持ちならなさが！」

部長刑事は、大音量の音楽のなかで、およそそのような台詞を言い放つ。いや、言い放つと言うより、吠える。まさに、つかこうへい節が全開している台詞であり、場面である。

わたしを含めて、当時、つかこうへいの芝居に熱狂した若者は多かったと思うが、つか芝居の大きな魅力の一つは、その独特の台詞回しにあった。リアリズムで描くと、この場面は、次のような台詞になる。

「わざわざご足労かけました。どうぞこちらへ」

これがあのような大げさ極まりない台詞になるのである。何の変哲もない日常のヒトコマが、流麗なレトリックの台詞によって非日常の劇的場面に変貌する。つか芝居の醍醐味は、まさにそのような素敵な大仰《おおぎょう》さにもあった。わたしがこの場面に出会ってから、すでに三十三年余りの時間が経った——。

■壊したスピーカー

来月の頭に専門学校の卒業公演として上演する『淑女のお作法』の照明は、劇団ショーマの照明をずっと担当していたSくんがやってくれる。わたしとそんなに年は変わらないので、Sさんと呼んだ方がいいのだが、大学の後輩でもあるのでそう呼ぶ。久しぶりに会ったので、昔話に花が咲く。

——「いさをさんはよく昔スピーカーをとばしてましたよね」

稽古後に彼と飲みながら、そんな話題になった。思い出した。確かにそうだった。わたしは大音量が好きでいつも「もっとデカく！　もっとデカく！」と音響に注文して、最終的にはスピーカーをとばして（＝壊して）しまう演出家だった。その犠牲になったスピーカーは数知れず。

なぜそんなにデカい音を要求したのか？　思い当たるフシがないではない。つまり、舞台への思いが大きすぎたのだ。その思いの大きさが音量の大きさに比例したということだと思う。下世話な例えをするなら、彼女を深く愛する余りに、彼女の体のことなど一切お構いなしに、行為に及んでしまう精力絶倫の男のようなものだ。そのあげくに、彼女の体（スピーカー）は、破損し、傷つけられる……。

そういう過去の苦い経験を経て、わたしも少しは彼女の体を気遣ってことに当たるようになったが、それでも基本的には大音量を音響に求める傾向は変わっていないような気がする。

今思えば、わたしが壊してしまったのは、必ずしもスピーカーだけではなかったにちがいないと思い至る。わたしの演劇への思いの強さゆえに、壊してしまった役者や人が何人も……。そう考えると、若くエネルギーがあり、舞台への愛が大きいということは、なんと罪深いことだろう。

■チョイ役

連日、『淑女のお作法』の稽古。場面はだいたい固まりつつあり、今は精度を高める毎日。今回の芝居は、一回の舞台に総勢六十人余りの出演者が登場する。ろろろろ六十名！

文句なくわたしが作った舞台のなかでも最多の出演者である。

ところで、わたしは今まで、チョイ役＝出番の極端に少ないどうでもいい役というのを作ったことがない。どんなに小さな役でも、その役を演じる役者が演じがいのあるような芝居作りを心掛けてきたつもりだ。そんな信念があったせいもあるが、わたしは今回の芝居の稽古初日に学生たちの前で言い放ってしまった。

——「チョイ役は一つも作らない」

何のプランも勝算もなく、そう言ってしまったのである。しかし、後は演出家として全力でその言葉に責任を取るだけだ。果たして、高橋は、その言葉に責任を取ることができるのか？　そして、ふと何日か前に「やるか、やらぬか？」と題して書いたブログの記事を思い出す。

——「何かに迷ったなら危険な方に賭けて行動せよ」

——「もしも、アナタが今、やるかやらぬか迷っているなら、躊躇わずやる方に賭けよ」

それは、紛れもなく自分への言葉であり、弱音を吐きそうな自分への鼓舞だった。そして、これはわたしの抱えるそれ以外の問題に関しても言えることにちがいない。

■影響

「チョイ役を作らない」というのがわたしの芝居作りのポリシーである。そう考えるようになったのは、わたしが劇団という組織で芝居を作る道を選んだせいだと思うが、根本的にはつかこうへいさんの影響である。

――「田舎から両親が芝居を見に来ると知れば、徹夜してでも、その役者のために台詞を増やして、見せ場を作ってやる」

つかさんの言葉である。若いわたしは、凄いなあと思ったものだ。なんて優しい人なんだろうと思った。

つかこうへいに関する逸話は数多いが、劇場に届く花輪の撤去も感心した話の一つだ。公演をやると、役者に大きな花輪が届くことが多い。つかさんは、そのすべてを撤去させたという話を人づてに聞いたことがある。花輪が届くのは、売れている役者で、そうでない役者には花輪は届かない。そういう役者たちに惨めな思いをさせたくないという理由での花輪撤去だ。

またしても同じ感想を持つ。なんて優しい人なんだ、と。そして、その優しさは、自らが不遇時代に体験した屈辱感に根差しているのだと想像する。同時にかつて在日韓国人として受けたであろう数々の差別に……。

「思えば恥の多い人生でございました」――つかさんが残した遺書の冒頭は、そのような書き出しで始まる。若くして数々の賞を取り、演劇界の寵児《ちょうじ》として常に華やかさに包まれていたつかこうへいの言葉とは思えない意外な書き出しである。偽悪的な言動で物議を醸したつかこうへいの生身を見るようで、その胸のうちを想像すると、目頭がちょっと熱くなる。

■砂の上のダンス

明日、六行会ホールで上演する『淑女のお作法』のクライマックスは、主人公の若い男女による社交ダンスである。二人はワルツのリズムでロマンチックなダンスを踊る。稽古場でそんな二人のダンスを見ながら、山田太一さんの書いた『砂の上のダンス』という戯曲のタイトルをふと思い出した。

わたしは、地人会によって上演されたこの舞台を見ていないが、このタイトルを折に触れて時々思い出す。これほど、男女の付き合いを詩的に美しく表現した言い回しをわたしは他に知らない。男女が付き合うとは、砂の上でダンスを踊っているようなものだ。足元はしっかりした床ではなく、崩れやすい砂……。その点が男女関係、あるいは、夫婦関係の脆《もろ》さや危うさを詩的に表現していて、すばらしいと思う。崩れやすい足元の砂地の危うさで、二人は下手をすれば転倒＝別れを余儀なくされる。

転倒しないためには、男性の力強い腕力が必要だし、女性のしなやかな柔軟性が必要だという点も男女関係のデリケートな真実を見事に表現し得ている。そして、人生における男女関係の熟練とは、社交ダンスのアナロジーで語るとわかりやすい。それぞれの躍り手のテクニックや相手に対する思いやり。そのダンスが美しいハーモニーを奏でるためには、さまざまな要素が必要になるという点も両者は似ている。

かつて『ル・バル』という男女のダンスだけで構成されたフランスの芝居があったが、わたしは映画化されたそれを見てとても感動した。『ル・バル』は、わたしに言わせると、究極の舞台劇の一つである。

■喝采の記憶

本日は、ワタナベエンターテイメントカレッジの卒業公演。演目は拙作『淑女のお作法』。わたしの担当する学生たちは、みな二十歳前後なので、わたしはちょうど彼らの両親の世代である。つまり、彼らは、わたしの息子や娘であって全然おかしくない年齢なのだ。本日、観客席に座り、熱い視線を舞台に送るであろう人々は、わたしと同世代の彼らのお父さん、お母さんである。

そういう意味では、演出家にとってこれほど力強い観客はなかなかいない。出演者が少しくらいしくじっても大目に見てもらえるし、こちらが余計な心配をする前に、観客は出演者に限りなく好意的で感情移入しているから。つまり、芝居が「受ける」下地はすでに出来上がっているのである。

思うに、俳優が「舞台にハマる」のは、こういう初舞台の構造に起因するのではないかと思う。初舞台を見に来るのは、両親とか親戚とか知り合いとか、そういう身内の者である。そういう人たちの前で演じられた舞台は、大したことはなくても、非常に「受ける」ことが多い。舞台に立った俳優にとって至福の経験になる。その喝采の記憶が、以後、俳優を舞台に執着させる原動力になるのではないか？

わたしは俳優ではないが、演出家として似たようなことをかつて観客席で体験したことがある。それゆえに舞台作りをやめられないという意味では、わたしもまったく同じ穴のむじなである。そして、下手をすると、それゆえにその人間は舞台のために人生を棒に振ることになる。げに恐ろしきは喝采の記憶である。

■隣の観客

先日、とある芝居を見に行った。年齢のせいか、「むむむっ。こ、これは！」と身を乗り出すように見る舞台は稀で、大抵は時計を気にして終演を待つ舞台が大半である。その舞台もわたしにとってはそんな舞台であった。しかし、ふとわたしの隣りにいる女性の観客が鼻をグズグズさせて、ハンカチで涙を拭っていることに気付いた。彼女はその舞台に感動して泣いていたのだった。

長い観劇体験の中では、こういう局面に出会うことは何度もある。涙だけでなく、笑いに関しても同じ。わたしにはちっとも面白くないのに、隣の観客はよく笑う。そういう経験をするたびにわたしは彼我《ひが》の違いにちょっと呆然としてしまう。二人の人間が何かを見て同じ感想を持つことは稀であると考えれば、これは少しもおかしなことではない。しかし、いざ自分がそういう場面に直面すると、とても不思議な感覚に襲われる。

なぜそういうことが起こるかと言うと、人間はそれぞれまったく違う体験とまったく違う記憶とまったく違う感受性を持っているからである。件《くだん》の女性は、わたしとはまったく違う体験とまったく違う記憶とまったく違う感受性を持っていたから、わたしにはピンと来ないその場面に涙したにちがいない。そのように考えると、劇場にいるすべての観客を泣かせる舞台を作るなど、とても不可能のように思えてきて絶望的な気持ちになる。

ところで、以前に『父との夏』（二〇一〇年）という芝居をやった時に、観客はよく笑いよく泣いてくれたように思ったが、その芝居は家族劇であった。家族劇というのがポピュラリティ（大衆性）を持ちやすいのは、観客全員にどんな形にせよ、家族がいるからにちがいない。

■『殺人の追憶』の戯曲

DVDで『殺人の追憶』（二〇〇三年）を再見する。わたしが食わず嫌いの韓国映画を見るようになったのは、この映画の影響も大きい。

ポン・ジュノ監督による本作は、世評が高い映画だが、実話を元にしている（華城連続殺人事件）とは言え、物語の構造は、決して真新しいものではない。とある殺人事件の犯人を対照的な二人の刑事が追うという構造の作品は、それこそ腐るほどある。しかし、本作の従来型の作品と一線を画するのは、件《くだん》の殺人事件が最終的に解決しないという点である。

実際の事件も未解決とのことだが、主人公の刑事たちが必死で追跡した殺人犯を捕まえることができないという結末は、娯楽映画としては著しくストレスが溜まる結末である。にもかかわらず本作が味わい深いのは、作者の視点が謎解きミステリ世界よりもっと高い位置にあるからである。だから、ラストシーンで、わたしは何とも言えない人間ドラマを見た感情を味わう。

Wikipediaによると、本作の原作は戯曲だという。映画を見る限りそんな匂いは少しもしないので、どんな風に書かれた戯曲なのか想像するしかないが、予想では警察の取調室を舞台にした密室劇ではないか？　合計三人いる容疑者を二人の対照的な刑事が時代を追って取調べていく……というような。少なくとも、わたしが『殺人の追憶』を舞台化するなら、そのように物語を組み立てると思う。まあ、それであのラストシーンの味わいをどう出すかは大問題だが。

■『カサブランカ』の戯曲

先日、このブログで扱った映画『殺人の追憶』の元になったのが戯曲だったことを知る人は余り多くないと思うが、アナタもよく知っているあの名作映画の元が舞台劇だったこともほとんど知られていないのではないか？　『カサブランカ』（一九四二年）である。

わたしもそんなことは全然知らなかったが、ある時、古本屋で『カサブランカ』（ハワード・コック著／新書館）というタイトルのシナリオを見つけて、その本を通して本作の元が戯曲だったことを知った。ハンフリー・ボガートがイングリッド・バーグマンに「君の瞳に乾杯！」というキザったらしい台詞を吐くのが有名な本作は、第二次世界大戦下のモロッコを舞台に描かれる男女の三角関係を軸としたメロドラマである。監督はマイケル・カーティス。

戯曲の本来のタイトルは『みんながリックの店にやってくる』。映画のシナリオを書いたハワード・コックは、前述書において「映画にできるストーリーとはとても言えたものではなかった」と書いているが、たぶん戯曲はリック（ハンフリー・ボカート）が演じた酒場の亭主）のバーだけで展開すると思われる。

ところで、わたしはかつて舞台劇の映画化作品だけを集めて論じた『ステージ・ストラック〜舞台劇の映画館』（論創社）という本を出版した。舞台劇がどのように脚色されて映画化されているかを考察した内容である。しかし、わたしが知らない舞台劇の映画化作品はまだたくさんあるにちがいない。いつかパート2を作りたいと思う。

■ドラマのリレー

アナタは、劇作家が台本を執筆している姿を見たことがあるだろうか？　たぶんないだろう。劇作家と言ってもさまざまであるし、調子のいい時、悪い時といろいろだが、調子のいい時の劇作家は傍《はた》で見るとほとんど精神異常者であると思う。

彼はカタカタとキーボードを叩くと、おもむろにケケケケと笑ったりする。そうかと思うと、いきなりドッと目に涙を溢れさせ、オイオイ泣き出したりする。彼は指先に力を込めてキーボードを叩きながら、作中の人物に共感し、反発し、怒り、笑い、喜び、悲しみ、涙を流す。彼は、日常生活のなかで抑圧していた感情に今まさに紡がれる台詞を通して出会っていくのだ。

そして、執筆の段階で劇作家が体験するこれらの感情が、劇場で観客が体験する感情のベースである。言うなれば、劇作家は、ドラマのリレー競技におけるトップランナーなのである。劇作家は、その感情のバトンを次に演出家に渡す。次に演出家はそのバトンを役者に渡し、最後に役者は劇場という場所で観客に手渡す。その渡し方は丁寧であれば丁寧であるほどよいのもリレー競技と同じだ。

わたしの経験から言うと、劇作家が一人孤独に自室で体験した感情が大きければ大きいほど、たくさん人が集まる劇場で観客が体験する感情も大きい。そういう意味では、劇作家は、ドラマを体験する最初の観客でもある。わたしは、演出も兼ねることが多いので、そのリレー競技がうまくいったかどうかを確認してこの三十年を過ごしてきたとも言える。

■奉仕活動

わたしは劇作家は俳優に奉仕する仕事だとずっと思って演劇活動に関わってきた。なぜ俳優が劇作家に奉仕するのではなく、劇作家が俳優に奉仕しなければならないのは不思議な気もしないでもないが、それが伝統というものなのかもしれない。今もその気持ちに少しも変わりはない。「俳優が目立たなくて何の演劇だ！」という言葉に、わたしは強い説得力を感じる。

ところで、こういう主従関係は、何も演劇の世界にだけにあるのではなく、我々のごく身近に存在する。例えば、夫婦関係というものも、伝統的には妻が夫に従い、夫を敬い奉仕するべきものであろう。いくら男女差別が少なくなった現代とはいえ、理想的な夫婦というものを想像した時に、そういう夫婦像はやはり美しいのではないか？

それぞれの立場の人間が、それぞれの立場の権利を主張し合い、新たな関係を獲得していくことも決して無意味なことではないと思うが、世の中には平等という理念だけでは括《くく》りきれない人間関係もあってしかるべきなのではないかと思う。不平等であるからこそ成り立つ美しい関係というものがあるのだ。

話を元に戻すが、わたしも劇作家を名乗る人間の一人として、劇作家が不当な扱いを受けることをよしとはしない。けれど、劇作家と俳優の関係は必ずしも対等でなければならないとは少しも思わない。両者の関係がたとえ傍目《はため》にはイビツに見えても、問題は彼らが協力し合って作る舞台がいかにすぐれているかどうかだと思うからである。それは、夫婦にとって最大の問題が、夫婦の関係の在りようではなく、二人の幸福の問題であるのと同じだ。もしかしたら、日本とアメリカの関係も……。

■追悼 河竹登志夫さん

河竹登志夫《かわたけとしお》さんが亡くなったことをネットの記事を通して知った。河竹さんと言ってもアナタは当然知らないだろうが、わたしは知っている。大学時代の教科書だった『近代演劇の展開』（新NHK市民大学叢書）の著者であり、早稲田大学の先生であり、多くの演劇評論を書いた演劇研究家である。一度だけわたしの大学時代の恩師の葬儀でお顔を見かけたことはあるが、面識はない。

わたしにとって『近代演劇の展開』は特別な本である。専門家ではなく一般的な読者層を想定して書かれているので読みやすいということが第一の特徴だが、何よりわたしはこの本の趣旨に大いに啓発され、自分のやるべき道を見定めたのだ。それは演劇という未知の大海原へ漕ぎ出す若いわたしにとって、正しい航路を示す海図のような本であった。

ここでその内容を詳しく語ることはしないが、「日本の近代の二重性」というのがこの本のキーワードであり、それをいかにして克服するかが現代演劇の課題であるとするその論旨に、わたしは今でも全面的に共感し、それを自分の演劇活動の根本にしたいと望んでいる。この本を読まなかったら、わたしの航路は、もっと別の方向を目指していたかもしれない。

ふと思い出したが、大学時代に創作ではなく演劇研究の道へ行こうと思ったことがある。結局、わたしは創作の道を選んだが、そう思ったのも河竹さんの著者に触れ、大きな刺激を受けたからである。謹んでご冥福を御祈りする次第である。

■体力

わたしが書く芝居は、だいたい二時間以内で上演できるものばかりだ。書き出す前からそのくらいの時間で上演できるものを心掛けているので、長くなりようがない。一度くらいは『ゴッドファーザー』のような長い年代記を書いてみたいとは思うが、元々がせっかちなせいか、なかなかそういうものを描こうという気にならない。

若い頃はそんなことはなかったが、最近はとみに芝居の上演時間を気にするようになった。開演前に受付の人に上演時間を尋ね「九〇分です」と言われるとホッとする。逆に「一五〇分です」と言われると憂鬱になる。なぜ短いとホッして、長いと憂鬱になるかと言うと、自分の身体（体力）がそのような反応を促しているのだと思う。

まったく人間というものは勝手なもので、自分の体力を相手も同じように持っていると考えがちである。かく言うわたしもその例に漏れず、自分の体力を基準にして、役者に無茶なことを要求した時代があった。今でもその傾向がまったくないかと言うとそんなことはないのだが、昔より無茶を言わなくなったのは、わたし自身の体力に変化があったからだと思われる。

現在、わたしが理想とする上演時間は一〇〇分から一二〇分である。九〇分だと短く感じ、一三〇分だと長く感じる。これがラブ・ホテルの経営者が設定する休憩時間と対応していることは興味深いことである。下世話な喩《たと》えで申し訳ないが、要するに健康な人間が誰かとキチンと「一戦を交える」時に要する最適な時間は、そのくらいであるということだと思う。

■彼らのその後

新しい戯曲を書く時に登場人物の名前を作る。言うまでもなく、この世に実在しない人間の名前である。

○新井延子
○佐野孝一郎
○吉田ともみ
○中嶋一平

これらは、みなわたしの書いた戯曲の主人公の名前である。上演を経た今でこそ、この人物たちはある実在感を持ってわたしのイメージのなかに存在するが、台詞を一行も書いていない時のこれらの人々の頼りなさ＝実在感のなさは圧倒的で、ほとんど作者をして絶望的な気分にさせる。それもそのはず、彼らはまだ世の中に実在しないからである。台詞を書いて戯曲が完成しても、彼らはまだ具体的な人間としてわたしの目の前に存在しない。

配役がされて、その役を演じる役者さんと稽古をして本番をやり終えた時に、彼らは初めて具体的な人間としてわたしの目の前に実在するのだ。その実在感を支えてくれるのは、その役を演じてくれた役者さんたちの肉体に他ならない。そんな彼らが幻のように舞台上に存在した記憶が、彼らをわたしにとって親しみある友人にする。

現実には、わたしには親しい友人がほとんどいないが、自作の登場人物も友人に数えていいなら、かなりの数の親しい友人がいると言える。『正太くんの青空』の新井延子《あらいのぶこ》さんは元気にやっているだろうか？『モナリザの左目』の佐野孝一郎《さのこういちろう》さんは、たぶん有罪判決を受けて服役中だと思うが、元気だろうか？『淑女のお作法』の元不良の女子校高生の吉田《よしだ》ともみちゃんは美容師になれただろうか？『プール・サイド・ストーリー』の中嶋一平《なかじまいっぺい》くんは大学を卒業して社会人になっていると思うが、恋に落ちた伊佐岬《いさみさき》ちゃんとはうまくやっているだろうか？そんな風に登場人物たちの今を想像するのは楽しいことである。

■試合の最中

このブログには、本当の（？）わたしの日常は書かないようにしている。わたしの本当の日常は、とるに足らない小さな悩みと浅はかな欲望の連続で、とても人様に紹介するようなことがないからだ。そもそも自分の苦労話をここに書くほど、落ちぶれていないつもりだ。しかし、今日はその禁を破ってそれを書いてみる。

わたしは現在、新作を執筆中である。しかも、一本ではない。四本の新作を同時に構想し、書いているのだ。それがどんな内容なのかは言わぬが花だが、かつてこんな多忙なことはなかった。当たり前だが、題材は全部まったく違う。だから、頭の切り替えが大変である。

前にも似たようなことをこのブログに書いているが、新作執筆中の劇作家はとてもナーバスである。思うように作品を書き進んでいる時は、この世が薔薇色の素晴らしい世界に思えるが、そうでない時は、絶望的に残酷な容赦ない世界に思える。人間がいかに主観的な生き物かがよくわかる。その残酷な世界を己の内なるエネルギーによって薔薇色の素晴らしい世界に変えることができるか、どうか？　それが最大の問題であり、そこがその劇作家の力量であると言いたい。そういう意味では、劇作家は、リングに上がり、待ったなしの勝負を繰り広げるボクサーによく似ている。そこは、強い者だけが生き残る弱肉強食の世界である。そして、そこでは、今時珍しい純粋な「孤独」というものがハッキリとした輪郭をもって身に迫ってくる。後はノックアウトされるか、敵をリングに沈めるか——結果はそのどちらかしかない。

アナタにわたしの試合をお目にかけられないのが残念だが、わたしは現在、残酷な世界を薔薇色の世界に変えるべく、目に見えぬ手強い対戦相手のボクサーの隙をついて猛烈にラッシュをかけている最中である。

■役者先行、企画先行

戯曲を書く時の最初のとっかかりは役者である。

どんな役者がそれを演じるか？　男か女か？　若いのかそうでないのか？　特技があるのかないのか？　でかいのか小さいのか？　明るいのか暗いのか？　何が好きで何が嫌いか？　そういうその役者個人の個別性がすべての出発点である。そして、どんな役をその役者さんにやってもらうと一番「嵌まる」か、いや、その役者本人がその役をノッてやってくれるかどうかを考える。内容はそれが決まった後、追いかけて作られる。

もちろん、企画先行で作品を作ることもある。企画先行とは、役者が先に決まっているのではなく、内容が先にある場合である。例えば「病院を舞台に余命いくばくもない中年男の最期の一年を描く」というようなもの。原作小説の劇化などはこれに当たる。で、作品＝脚本ができてから主人公の中年男をどんな役者にやってもらうかを決める。本来、作品の在り方としては、こちらの方が正しいように思う。

しかし、そんな悠長なことを言っていられるのは、製作資金が潤沢な大きな製作母体だけであって、そうでない市井《しせい》の弱小団体は、たいていの場合は前者の方法で舞台を作っているのが現状であると思われる。

企画先行で丁寧に作られた作品を見て羨ましく感じることも多いが、ゲリラ的に役者先行で作られた舞台には、時に企画先行型の作品には到底真似できない、その役者の「嵌まり役」を創造できる可能性がある。

いずれにせよ、わたしの場合、戯曲を書く時の最初のとっかかりは役者である。

■エロは強し

先日、夏にやる芝居のキャスティングをするために、プロデューサーといっしょにネットで出演候補の女優さんたちを検索した。さまざまなタイプの女優さんがいるが、そういう経験を経て思うのは、「エロは強し」ということだ。

肌を露出する傾向の強い女優さんは、そうでない女優さんに比べてダントツにネットにおけるヒット件数が多い。つまり、エロの力である。正直に言うと、内心「安売りしてるなあ」と思ったりするのだが、多くの人たちに関心を持ってもらうという意味では、自分を安売りしない女優さんよりそういう女優さんの方が断然、知名度や注目度が高い。エロの力である。

これはその女優さんの生き方の問題なので、一概にどちらがいいとか悪いとか言えるものではないと思うけれど、自分を安売りすれば、注目度は高まるが周りから軽く扱われ、安売りしなければ、軽く扱われないがまるで注目されず……たぶん現代の女優さんはそういう二律背反に直面すると想像する。まったく難しいものだが、わたしの実感で言うと、現代の芸能界は、前者に優しく、後者に厳しい状況にあるのは事実である。つまり、ある程度、安売りしないと仕事を取れない。

それにしてもエロは強い。それは人間というものが、普段は隠していても、基本的にとてもエロい生き物だからにちがいない。

■短歌と演劇

昨日は、お茶ノ水のホテルジュラクで短歌の同人誌「日月《じつげつ》」主催の講演会。人前で九〇分もしゃべり続けるのは、やはり精神的には大きなプレッシャーがある。そもそも、わたしが『I―note 演技と劇作の実践ノート』とか『映画が教えてくれた～スクリーンが語る演技論』とか、そういう本を作ったのは、新人劇団員や学生の前で、事の本質を口頭でしゃべるのが苦手で、文字にして手渡した方がわかりやすいと思ったからである。

とは言え、劇作や演技の先生を始めてもう十数年にもなるから、自分で言うのもナンだが、語り口はだんだん洗練されてきているように思う。さすがに「落語のように」とはいかないが、余分な言葉が省かれて、より適切な言葉の選択をしてしゃべれるようになったような気がする。講演会の前口上は、以下のようなもの。

「タイトルは『制約は創造の母』です。わたしは演劇に関わってもう三十年になりますが、一貫してこの言葉はわたしの座右の銘と言っていいかもしれません。それはきっと演劇という表現メディアが、他のどのジャンルよりも制約が多いメディアだからだと思います。わたしは短歌についてはまるで素人ですが、短歌も何らかの風景を通して、その人間の心情を五七五七七という制限のある文字数のなかに押し込めるという意味では、制約を前提としている表現形式だと思います。そういう制約という共通点を踏まえ、短歌が身近なみなさんにも普遍的なことが語れればうれしいのですが……」

さて、わたしの講演の出来は——。

■音二郎と貞奴

川上音二郎《かわかみおとじろう》と言ってもアナタは知らない人だろう。貞奴《さだやっこ》も同様。しかし、演劇の歴史を学んだことがある人は、この名前に聞き覚えがあるはずだ。川上音二郎は、近代演劇の創成期に活躍した俳優兼プロデューサーである。貞奴はその妻で、日本初の女優と言われる。なぜそんなことを書いているかと言うと、貞奴を主人公とした一人芝居を書いたからである。タイトルは『海を渡って〜女優・貞奴』である。この芝居は、今年の九月に三越劇場で上演されるもので、主演は品川恵子《しながわけいこ》さん。

わたしが川上音二郎のことを知ったのは大学時代である。近代演劇の歴史の授業に出てきたのだ。当時、わたしは劇団を作ったばかりの頃だったので、川上音二郎がとても他人とは思えなかった。「明治時代にも俺と同じようなことを考えてたヤツがいたのだ！」と勝手に思い込み、この人に強い共感を覚えたのだった。明治時代にアメリカやヨーロッパに日本の演劇を紹介し、なおかつ外国人に「受けた」という点が凄い。また、積極的に海外の作品を翻案して日本で上演したことも。こんなに凄いことをやった人たちであるにもかかわらず、音二郎と貞奴の日本の演劇史のなかでの評価は今一つ低いように思う。

いつか川上音二郎のことを芝居にしたいと思っていたが、こんな形でそれが実現することになった。もっとも、貞奴の一人芝居なので、音二郎は登場はしないのだが。

■『マクベス』の年齢

今年も半分があっという間に過ぎ去った。まったく「光陰《こういん》矢のごとし」とはよく言ったものだ。歳を取ると、一年が経つのが早くなると言うが、まったくその通りだ。

人生の時間と演劇の時間を対応させてみると、わたしの人生は、三幕ものの芝居の二幕目の半ばくらいであろうか？　クライマックスは三幕目に来るのが好ましいので、まだその場面はきていないはずだ。それがやって来るのは、たぶん六十代の終わりくらいか。

わたしは根っからの演劇人のせいか、このように自分の人生を芝居の構成に準じてイメージすることが多い。誕生は人生という舞台の幕開き、死は人生という舞台からの退場、あるいは、幕が下りる時である。

――「消えろ、消えろ、つかの間の灯火《ともしび》！　人生は歩きまわる影法師、あわれな役者だ、舞台の上でおおげさにみえをきっても、出場《でば》が終われば消えてしまう。白痴のしゃべる物語だ、わめき立てる響きと怒りはすさまじいが、意味はなに一つありはしない」（小田島雄志訳）

シェイクスピアの『マクベス』のなかにある有名な台詞である。いい台詞である。しかし、影法師だろうが、哀れな役者だろうが、白痴のしゃべる物語だろうが、意味がなかろうが、わたしたちは生きて前に進むしかない。思うに、わたしは今まさに『マクベス』の年齢にいる。

■上演料の問題

演劇の専門学校や俳優養成所へ演技のレッスンのために行くと、そこで学ぶ若い俳優志望者から「昔、いさをさんの作品をやらせてもらったことがあります！」と言われることが多い。確かに毎年、多くの団体が拙作を上演してくれている。なぜ多くの団体がわたしの作品を上演してくれるのか？　それはたぶんわたしが自作の上演料をほとんど取っていないからだと思う。

ところで、かつてわたしはとある作家の方の小説を勝手に脚色し、無許諾のまま学校と俳優養成所の発表会で上演し、それがネットの記事を通して作者の目に触れて連絡をもらい、すぐに謝りに行ったが話がこじれ、著作権侵害の裁判になった経験がある。裁判は最終的には和解という形で終わったが、とても大変な経験だった。それ以来、わたしは自分以外の作者の作品の上演に慎重になった。と言うか、手を出さなくなった。

そんな経験ゆえに、わたしの知らないグループによる拙作の上演に対して敏感になったところもあるが、根がおおらかなのか、いい加減なのか、たとえそれが無許諾の公演であったとしても、どうしても強い関心を持てない。それはわたしが直接、上演依頼を受けて上演料のやり取りをしていないせいもあるが、（窓口は劇団がやってくれている）わたしの作品を上演してくれるのは、だいたい高校生かアマチュア劇団なので、口角泡を飛ばして上演料をアレコレ言いたくない気持ちが強い。だからといって、まったく無料で全面的に自作を自由に上演することを認めてしまうのにも抵抗がある。下手をすると自作をいたずらに貶《おとし》めることにもなるからだ。

わたしの作品は、小中高校の公演は基本的に無料、有料公演の場合は要相談の上、その興行に見合う額をもらうことにしている。どちらにせよ、現役の作家として言わせてもらえるなら、上演料で食おうとは全然思っていない。

■無菌室の喫煙者

最近、わたしが通っているとある俳優養成所は、新宿の高層ビルのなかにある。俳優養成所が高層ビルのなかにあっても全然おかしくはないのだが、稽古場は高層ビルの一室である。そこは、もちろん稽古場として作られたものではなく、会議室のような部屋である。床面には絨毯が敷いてある。多人数の人間が集まれる大きな部屋であるにはちがいないのだが、わたしはその稽古場が不思議と居心地が悪い。違和感を覚える。なぜなのだろうと考えた。

芝居の稽古場というのは基本的に汗臭いものである。演じるという行為は肉体労働に他ならず、役者という仕事は何だかんだ言って肉体労働者だ。そんな役者の肉体が「高層ビルの一室」という空間にどうにもこうにも生理的に馴染まないのだ。言ってみれば、新生児が保護される無菌室でタバコを吸うような違和感。そもそもその部屋へたどり着くために小綺麗な高速エレベーターに乗るというのもわたしの違和感の要因の一つである。

そればかりではない。わたしの違和感は、そこにあるべき匂いを感じられない点にもある。いい稽古場には独特の匂いがあって、それはちょっと汗臭い人間の匂いである。それがない稽古場は人間たちの息づかいが感じられないのだ。

贅沢なことを言っていると思うが、案外、芝居の稽古をする場所＝演劇を作る環境というのは、そこで製造される製品＝芝居に大きな影響力を持っているとわたしは思う。小難しい言い方をすれば、高層ビルの会議室という空間は、俳優の身体表現にある抑制を無意識に強いるのだ。

■一回性

わたしは好きな映画は何度でも見るが、過去に上演した自作の芝居のビデオやDVDをほとんど見返さない。なぜそうなのか自分でもよくわからないが、たぶん「演劇とは一回性の芸術であり、科学技術によって再生されたものは演劇ではない」という風に考えているからだろう。格好よく言えば、演劇とは「風に書かれた記録」である。

しかし、わたしは自作の戯曲の書籍化には熱心で、すでに戯曲集は十四冊も出している。一回性の魅力などと言いながら、戯曲は形として残している。これはわたしの作家としてのエゴなのだろうか？

しかし、ちょっと言い訳をさせてもらえば、戯曲は衰えるということはないが、俳優の肉体は衰える。その時にはできたことが十年後にはできないということはザラである。だから、わたしは演劇は常に現在形でしか語れないものだと思う。だからこそ儚《はかな》いし、貴重である。演劇興行の値段の高さには色々な要素があるが、「一回こっきりで同じものを二度と見ることができない」という意味では、映画より観劇料が高くて当たり前なのかもしれない。映画は何度でも再生可能な芸術だが、演劇は再生できない一回性の芸術だからである。それはちょっと冠婚葬祭に似ている。

■監督と演出家

時々、芝居作りの現場で「監督」と呼ばれることがある。わたしは舞台の演出家なので、そのように呼ばれることに違和感があるが、映画関係の仕事もする役者さんやスタッフさんだと、そのように呼ぶことが当たり前なのだと想像する。

「監督」とは「社長」「部長」「主任」「支店長」などと同じで、そう呼んでおけばとりあえずは間違いないという種類の呼称である。本来は名字をつけて呼ぶべきところを、そこを省略して「偉い人」という地位だけをクローズアップして使われる呼称である。（キャバレーの呼び込み係にとって

は、お客はすべて「社長」である）

けれど、不思議なのは、舞台の演出家を「演出」と呼ぶと敬称のニュアンスは消え失せるということである。助監督が「監督、みんな揃いました！」と言うのは全然おかしくないが、演出助手が「演出、みんな揃いました！」と言うと、場合によっては張り飛ばされる。これはとても不思議なことだ。

では、舞台の場合、演出家は何と呼ばれるか？「○○さん」と呼ばれるのが普通であると思われる。わたしも「高橋さん」とか「いさをさん」と呼ばれることが多い。映画は「監督」で通るのに、舞台は「○○さん」……。こういう映画界と演劇界の用語の違いは、その世界に身を置かないとなかなかわからないディテールである。

■音響効果

舞台劇における音響効果とは、劇の進行に合わせて、適宜、音楽を入れたり、状況を表す背景音を入れたりして、俳優によって演じられるその場面を観客に印象的に感受してもらうことを目的に行われる。間もなく開幕する居酒屋ベースボール番外公演『近づく星の光うるわし』（村松みさき作）では、以下のような背景音を使用している。

○犬の鳴き声
○豆腐売りのラッパ
○寺の鐘
○カラスの鳴き声
○新幹線の通過音
○電車の通過音

これらの音は、台本の指定ではなく、わたしが聞きたいので使っているのだが、こういう背景音は、その音が聞こえることによって場面の空気をそれまでと違うものにしてくれる。まったく音は侮れない。

先日、「闇の力」と題して、夜＝暗いという視覚が人間の精神に与える影響について考えたが、同様な意味において音が人間の精神に与える力も小さなものではないと思う。例えば、公演が冬に行われるとしても、舞台に半袖の人物が登場し、背景に蟬が鳴いていたりすると、空気は一気に夏の日になるのだから。

翻って、舞台演出とは、観客の視覚と聴覚を効果的に刺激し、舞台空間という幻影＝イリュージョンを現実化する仕事だと思う。

■酒量と舞台成果

本日、居酒屋ベースボール番外公演『近づく星の光うるわし』の幕がGeki地下Libertyで開く。舞台劇は幕が上がらないと、つまり、観客の目にさらされないと、それがどんな芝居かわからない性質がある。だから、この芝居が観客にどんな風に受け入れられるのか、あるいは、受け入れられないかは幕が上がらないとわからないところがある。

ところで、わたしは長年の経験から、その芝居の舞台成果と稽古期間に出演者たちが飲んだ酒の量には関係があることに気付いた。「何を非科学的なことを！」と言わないでもう少し聞いてほしい。それを数式化すると以下のようになる。

酒量＝舞台成果。つまり、酒量の多さが舞台成果を決める。もちろん、実証科学的にこの法則を証明することはできないのだが、経験から導き出した答えである。いい舞台の稽古場は楽しい。毎回、発見があり、新鮮な驚きと笑いがある。そんな楽しい稽古場でともに時間を過ごす出演者やスタッフたちは、どうしてもまっすぐ家に帰りたくなくなる。稽古後に居酒屋に寄って「ちょっと一杯」ということになる。酒を飲みながら芝居の話に花が咲く。その時に飲まれる酒量の多さが最終的な舞台成果を決める。「根拠のない戯言《ざれごと》だ！」とアナタは言うだろうか？　しかし、演劇の神様と酒の神様は同じ＝バッカス（ディオニソス）である。芝居の稽古を通じて飲まれる酒とは、要するにバッカスという神を奉納するためのお神酒《みき》のようなものなのである。さて、今回、我々の座組のメンバーが飲んだ酒量は――。

■目つぶし

舞台用語における「目つぶし」とは、俳優が相手役の目をVの字にした指で突き攻撃することではない。舞台用語における「目つぶし」とは、舞台上の照明を客席側に向け点灯し、観客の目が眩しいという状態を作り出すことを意味する。わたしは舞台に関わってずいぶん長いので普通に使う言葉だが、よく考えると凄い言葉だ。何せ「目つぶし」である。他にも「バラシ」とか「タタキ」とか舞台用語には物騒な言葉が多い。しかし、誰が言い出したか知らないが、言い得て妙、これ以外の言い回しは考えられない。

わたしが初めて「目つぶし」という言葉に出会ったのは、確か『ボクサァ』という芝居をやった時だったと思うから、二十代の頭である。『ボクサァ』は、安アパートを舞台に階下に住む謎の男をめぐって人々が限りない妄想の世界に陥っていく様を描く芝居だが、最後の最後に階下の男（ボクサァ）が登場する。

――「ここは目つぶしでやりましょう」

当時、照明をやってくれていたSくんがわたしにそう言ったかどうかは定かでないが、舞台中央奥にあるドアが開くと、向こう側から客席に向けて大量の光が投げ掛けられて、この芝居は終わる。長時間、これを続けると観客から文句が出る手法だが、一瞬の「目つぶし」は、なかなか効果的な照明の使い方である。上演中の『近づく星の光うるわし』にも、タイトルが示すようにそういう場面がクライマックスにある。

■思いやり

役作りとは、自分の演じる役を体験と想像力を使って作ることだが、自分の役を作るとは、すなわち、自分と他者との関係を創造することである。

すべてとは言わないが、若い俳優はこのへんのことをよく理解していない。だから、彼らは自分がどう演じるかばかりに関心が行き、相手役と自分の関係のことを深く想像することをしないのだ。若い俳優は、大概において共演者を無視した「一人芝居」をしてしまう傾向があるが、なぜそうなるかと言うと、つまるところ自分のことしか考えていないからである。

わたしは最近、「役作りとは思いやりのことである」と思うようになったが、思いやりとは他者との関係のなかでしか発揮できないわけだから、以上のことは、その言葉にも一脈通じている。

とは言え、これは若い俳優に限ったことではなく、若者というのはそういう生き物なのではないかと思い至る。わたし自身、若い頃にどれだけまわりの人々との関係を重視して生きていたか考えると、とんでもなく自分本位の、独善的な生き方をしていたように思うから。つまり、「一人でも生きていける！」と考えるだけの浅薄さと愚かさ、同時に体力とエネルギーを若者は持っているということである。

■劇場と女

今月、品川恵子さんの一人芝居『海を渡って～女優・貞奴』を上演するのは日本橋の三越劇場である。わたしにはほとんど馴染みのない劇場で、行ったことは数度しかない。しかし、所在地のせいか、三越というブランド名のせいか、どことなく高級感が漂う劇場である。和服姿のお金持ちの夫人がたくさんいそうなイメージ。

ところで、わたしが今までに使わせてもらった劇場は、例えば以下のようなものである。

○シアターグリーン
○新宿シアタートップス
○ザ・スズナリ

○駅前劇場
○本多劇場
○シアターアプル
○シアターサンモール
○中野ザ・ポケット
○東京グローブ座
○ルテアトル銀座
○シアター 1010

わたしはこのような劇場で演出として公演を行ってきたわけだが、時々、劇場というのは女のようなものだなと思うことがある。卑俗な言い方で恐縮だが、わたしはこのような女と「ヤった」経験があるという比喩が使えると思うからだ。そもそも演出という仕事は、その空間を支配することを企てる仕事である。わたしは以上のような空間＝女を支配せんとして知恵をあれこれ絞って攻略しようと努力してきたとも言える。そして、わたしの抱擁に悦んでくれた女もいれば、白けた女もいる。そういう意味では、男と女がそうであるように、演出家と劇場にも確実に相性のよしあしがある。

さて、和服の似合う三越劇場は、わたしの抱擁に歓喜の声をあげて悦んでくれるだろうか？

■ころがし

舞台用語における「ころがし」は、男優が共演している女優を次から次へと「食って」しまうことではない。舞台用語における「ころがし」とは、舞台上部のバトンに照明機材を吊りこむのではなく、舞台面そのものに照明機材を置き、俳優の足元から明かりを当てることを意味する。この手法による舞台照明は、舞台にいる人物が不気味に見えるという特徴がある。わかりやすく言うと、懐中電灯を顔の下から当てると顔が不気味に見えるのと同じ原理である。

なぜ明かりを下から当てると人間が不気味に見えるかは不思議なことだが、日常生活における照明は、大概、上から当てられていて、わたしたちはそれを自然に思っているが、それとは全く違う方向性の明かりの当て方が意外に感じられるからにちがいない。それはちょっとした日常からの逸脱である。

先日、舞台照明における「目つぶし」について書いた時にも出てきた拙作「ボクサァ」は、「ころがし」が似合う芝居である。それは、『ボクサァ』が喜劇的でありながらどこかホラーの要素を持っているからにちがいない。ホラーと「ころがし」は相性がいいのだ。そういう意味では、昨年、上演した『クリスマスの悪夢』（『真夜中のファイル』のクリスマス・ヴァージョン）は、「ころがし」がよく似合う芝居である。それは、その芝居にはさまざまな人間のさまざまな暗い殺意が描かれているからだ。

■実在の人物

わたしは今まで過去に実在した人物を主人公にした劇を書いたことがなかったが、今回取り組んだ『海を渡って〜女優・貞奴』は、初めて過去に実在した人物を真ん中に据えた芝居である。主人公は川上音二郎の妻で、日本初の女優と呼ばれる川上貞奴。

わたしが過去に実在した人物が主人公の劇に手を出さなかったのは、調べるのが面倒くさいからである。井上ひさしさんの書いた一連の評伝劇はどれもこれもみなとても面白いが、ああいうホンを書くには相当な勉強が必要である。だから、今までは似たような設定を現代に作り、あくまでフィクションとして芝居をこしらえるという方法を採った。

今回の芝居は、必ずしも「新しい解釈によって史実を覆す！」という種類の内容ではないが、資料を読み、史実に沿いながら随所にわたしなりのフィクションを盛り込んで書いたものだ。だから、作品はまぎれもなくフィクションに他ならないが、主人公の夫はあの川上音二郎である。こう言うと傲慢かもしれないが、この人の心中を誰よりも理解できるのはわたし以外いないと言いたいところがある。

どちらにせよ、こういう機会を得て、こういう作業ができたことはとても貴重な体験だった。

■一人芝居

本日、品川恵子ひとり芝居『海を渡って〜女優・貞奴』の幕が三越劇場で開く。この芝居は一人芝居である。上演時間は一〇〇分。この時間を一人芝居でもたせるのだから演者は大変だ。

一人芝居とは、たぶん究極の演劇の形の一つである。幕が上がると舞台にいるのは一人の役者のみ。助けてくれるものは誰もいない。その孤独感と不安は相当なものであろうと想像する。小心者にはとても務まらない舞台である。

稽古を重ねてよくわかるのは、俳優にとって一人芝居は最も難しい形式であるということだ。それは例えば、無対象演技が難しいのに似ている。無対象演技とは、「ないものをあるように扱う」こと。水の入ったコップはないが、あたかもそれがあるように扱う演技のことだ。しかし、モノはモノとして扱えばよいが、人間はそうはいかない。相手役がいれば、相手役の表情や動き、感情を受け取ることはできるが、その相手役さえ演者にとって無対象なのだ。その時にものを言うのは、一人芝居を演じるその俳優の限りなく豊かな想像力だけだ。

そして、もしも、舞台に実際にはいないその架空の相手役が観客に見えた時、その一人芝居は一人芝居の枠を越えて豊かな演劇に変貌する。アナタの興味を引くためにネタバレを承知で書いてしまうが、今回、舞台に登場する川上貞奴以外の人物は以下の人たちである。

○川上音二郎
○伊藤博文（総理大臣）
○亀吉（貞の養母）
○櫛引弓人《くしびきゆみんど》（プロデューサー）
○おしづ（音二郎の愛人）
○川上一座の座員

出てこない彼らがアナタに見えるか、否か？

■縮図

先日、幕を閉じた芝居の観客席で不思議な光景を目にした。わたしは自作の舞台の本番を観客席で見るが、大抵は後方の席で見ることが多い。その日のその回は母が観劇に来ていて、母を席まで誘導した後、劇場の出入り口で別の御客様を迎え入れていた。再び母のいる座席に目をやると、母の右隣りにわたしの友人の中年男女が、左隣りにとある芸能プロダクションの重役が座っているのがわかった。彼らは当然互いに面識がないが、みなわたしの関係者である。そんな人たちが互いに意識しあうことなく、わたしの作った舞台を見ていることに何とも言えない不思議な感覚を覚える。

もっとも、こういう光景を目にするのは、これが初めてのことではなく、今までにも何度もあったことだ。その度にそんな不思議な感覚に襲われる。わたしの人間関係の縮図をいきなりハッキリと見せられた気恥ずかしさと困惑を混ぜ合わせたような気持ち。

どんな場合もそんな不思議な感覚に襲われるのは確かだが、母が観劇に来ている時が一番不思議に感じるのは、母はわたしを作った人だからだと思う。

わたしがいつも舞台を作る時に頭の片隅にあるのは「この舞台は母に理解できるかな？」ということである。母は一九三一年生まれ。現在、八十二歳である。

■文化の違い

地元の居酒屋で役者のIさんとバッタリ出会い、歓談。Iさんはわたしと同世代の役者さんで、演劇好きのアナタなら絶対に知っている有名な役者さんである。と言っても、キチンとしゃべるのはこれが初めてのような気がする。酔っ払ったわたしが珍妙な発言をすると、すかさずIさんから突っ込みが入る。その突っ込みは、長い間、第一線の舞台に立ち続けた人ならではの早さと鋭さだ。

Iさんは早稲田系の劇団出身の役者さんだが、わたしが知る限り、早稲田系の劇団出身の役者さんはみな突っ込みが鋭い。わたしは日芸系の劇団出身だが、日芸系の劇団出身の役者は早稲田系の劇団よりものんびりしているような気がする。文化の違い。言うなれば、早稲田系の劇団出身の役者さんは大阪的で、日芸系の劇団出身の役者さんは東京的とでも言うか。これはわたしの偏見だろうか？

それにしてもIさんの佇まいを見ていると、「骨の髄《ずい》までこいつは役者やなぁ」と思わずにいられない。舞台という虚構の世界に身も心も捧げて生きてきた人間特有のオーラを強く感じるのだ。そのオーラは若い役者には簡単に出せない。大袈裟に言えば、いくつも修羅場をくぐってきたやくざの、あるいは、いくつもの戦場を命がけでかいくぐってきた歴戦の戦士のそれ。Iさんはとても魅力的な役者さんである。

■途中退席

つまらぬ芝居を見ると、時計が気になって仕方ない。チラチラと腕時計を見て「やっと三十分……やっと一時間……後三十分……後十分……もうすぐだ。もうすぐこの苦痛から解放される！」とそんなことばかり考える。「そんなに苦痛なら席を立って劇場を出てしまえばいいじゃないか！」とアナタは言うだろうか？　その通りである。しかし、映画と違って芝居は生身の役者が目の前で演じているのである。しかも、知り合いの役者が出ているとなればなおさら。それを振り切って席を立つということは、ほとんどその芝居の関係者に喧嘩を売るに等しい行為である。大袈裟に言えば、芝居の途中退席は、宣戦布告を意味する行為なのである。

しかし、だからと言ってつまらぬ芝居を我慢して最後まで見ることがすばらしいことだとわたしは言っているわけではない。むしろそういう観客側の優しさが、舞台を作っている演劇人たちを堕落させる元凶にもなりうる。下手をすると彼らは自分たちがやっている芝居が面白いと勘違いするからである。そういう意味では、結果として喧嘩を売ることになろうが、宣戦布告だろうが、つまらぬ芝居は容赦なく席を立ち、演劇人たちに己《おのれ》の実力を思い知らせる必要がある。

演劇に関わって長いので、今までわたしの作った舞台において、本番中に途中で席を立った観客を目撃したことは何度もある。そんな時、その舞台を作った演出家としては、忸怩《じくじ》たる思いを噛み締める。それは提供した料理を全部食べずにレストランを出て行ってしまうお客さんを目撃した料理人の気持ちと同じだ。そういう現実をキチンと受け止めて、次なる料理＝作品に取り組むしかないのだ、ポピュラー・アートを目指すものは……。

■臨床経験

「臨床」というわたしには余り馴染みのない言葉を知ったのはいつ頃で、何を通してだったか？

「臨床」とは以下のような意味を持つ。

○臨床（りんしょう　英語：clinic）

《狭義には医学・歯学・看護学等の医療分野において、また最近では心理学・教育学・社会学・法学等の学問領域においても、医療・教育・カウンセリングその他の介入を行う「現場」、あるいは「現場を重視する立場」を指す》（Wikipedia より）

つまり、臨床経験とは、机上の空論ではなく、医者や看護師が実際に患者さんと向かい合い、その病状を細やかに観察し、治療を施すことを意味する。臨床経験の多い医者は、その病理における原因と治療に関する理論を導き出す際にも、実際に自分が診断した実例を元にするわけだから、観念だけに終始せずに理論を構築することが可能である。

わたしの著した『I—note　演技と劇作の実践ノート』（論創社）がどれだけいい本かは著者であるわたしには正確に判断できないが、この文脈で言えば、この本は、わたしの臨床経験をベースに書かれている。すなわち、芝居作りの現場において、生身の患者の病状＝役者たちの演技を見て、聞いて、感じてわたし自身が結論づけたものである。

もしも、臨床医と舞台演出家が根本的に同じような仕事だとするなら、わたしは確かに経験豊富な臨床＝演出経験を持っている。まあ、この本を上梓してから、すでに十年以上経っているから、新しい『I—note』にそろそろ取り組まないといけない時期かもしれないが。

■見せ場

演劇は、総合芸術だと言われる。確かにその通りであると思う。演劇には次のような職種がある。

○脚本　○演出　○出演　○美術　○照明　○音響　○衣裳　○舞台監督　○制作

これらの職種の人々が渾然一体となり、舞台は作られるのだ。そして、ふとすぐれた舞台は、これらの職種の人々それぞれに「見せ場」があるものだよなあ、と思う。

脚本や役者だけが突出してすぐれている舞台もあるにはあるが、舞台は彼らの仕事だけで成り立っているわけではない。それぞれの職種の人々のキメの細かい仕事があってこそ、その舞台は総合芸術としてのクオリティーの高さに達するのだ。照明の一切変化しない舞台や音響効果を一切使わない舞台、衣裳も普段着、美術もない裸舞台で、舞台監督も幕を開けると一切やることがない舞台にすばらしい舞台がないとは言わないが、やはり、すぐれた舞台はそれらの人々が活躍できる内容を持っていると思う。いい作品は、役者はもちろん、スタッフをやる気にさせるのだ。その要《かなめ》にいるのが演出家という役割を担う人間であるのは言うまでもない。

いい作品には、そこに集う人々をやる気にさせる何かがある。別の言葉を使えば、人々に「見せ場」を与える力を持つ作品がいい作品である。「作品」という言葉を「会社」とか「家族」とか「チーム」とかいう言葉に置き換えても成り立つという意味では、ありうべき人間集団の理想形がそこにある。

■小説の舞台化②

――「これ、なにゆえ舞台にしたの？　ツマンナイわけではないけれど、舞台化の意図が判らない。ドラマか映画でいーじゃん！　むしろ映像の方が、面白味を増すと思うんだが……どうだ？」

前にわたしが演出した舞台『隠蔽捜査』『果断・隠蔽捜査2』（今野敏原作）に対する感想の一つである。（ネットの記事で見つけた）この舞台は、わたしが「是非とも舞台にしましょう！」と熱望して企画されたものではなく、プロデューサーからの依頼を受けて取り組んだ仕事である。けれど、観客がこういう風に思ったとすると、その舞台は、小説の舞台化に失敗していると言える。

しかし、すべてのプロデューサーが原作小説を読んで「むむむっ。この小説は舞台になる！」と思って小説を舞台化しているわけではない。むしろ、そんなことは稀なことであって、だいたいは、「この小説は売れてるみたいやから舞台にもして一儲けしようやないかい！」という極めて実利的な理由で行われる場合が多いような気がする。

これはこれで原作小説を舞台化する立派な理由ではあると思うものの、そんな企画ばかりになると、上記のような感想を持つ観客が増えて、舞台芸術は衰退するにちがいない。舞台化を待ち望んでいるような小説も世の中には存在するにちがいないが、それは極めて稀有な存在である。

しかし、もしも小説も演劇も一つの「物語」であることには変わりないという視点で考えるなら、舞台化できない小説はない。問題は、二次元芸術である小説を三次元芸術である舞台で俳優の肉体が演じてしかるべき物語に変換させることができる作り手の演劇的な想像力である。

しかし、本音を言えば、小説は映画とは相性はいいが、演劇とはなかなか相性が合わない場合が多いように思うのも事実だが。

■違う視点

――「以下の五本の映画を見て、その映画に共通する作劇術を四〇〇字詰め原稿用紙五枚以上で論ぜよ」

○『お熱いのがお好き』
○『トッツィー』
○『天国から来たチャンピオン』

○『デーヴ』
○『天使にラブソングを…』

わたしが大学で劇作を学ぶ学生に出す課題である。映画好きなアナタはわかると思うが、これらはみな本来の自分とは違う人間を演じなければならなくなった人間の物語である。今まで生きてきた視点とは一八〇度違う視点で世の中を見ることを余儀なくされた主人公の物語。なぜこんなことを書いているかと言うと、わたしが今、まさにそういう事態に直面しているからである。

わたしは演劇に関わって三十年くらいになるが、ほとんど初めてわたし以外の作・演出家の元で役者をやる。今まで観客席から世界を見てきた人間が、初めて舞台上から世界を見るのである。そこにはわたしが見てきた世界とは違う世界があるにちがいない。

女の気持ちは女になってみないとわからない。金持ちの気持ちは金持ちになってみないとわからない。大統領の気持ちは大統領になってみないとわからない。シスター（尼僧）の気持ちはシスターになってみないとわからない。役者の気持ちも同様である。医者は自分が病に犯されて初めて患者の気持ちが心からわかるのだとするなら、わたしは今、まさに病に侵された医者の心境である。あるいは、今まで容赦なくM女に鞭をふるってきたS男が、逆に鞭をふるわれる立場になった時の不思議な心境。

わたしは、来年の年頭に上演されるサンモールスタジオ新春特別公演『30才になった少年A』

（鮒田直也作・演出）に役者として参加する。稽古は始まった。

2014

■二義的な行動

新年になってからの『30才になった少年A』の稽古はサンモールスタジオでやっている。すでに舞台装置は完成している。つまり、ほとんど本番と同じ条件で稽古をしているのである。これがどんなに贅沢なことかは、一度でも公演経験のある人ならわかるだろう。小劇場演劇の場合、通常は仕込みの日は一日、多くて二日間で本番を迎えるからだ。こういう環境があれば、芝居のクオリティは確実に上がる。

役者をやってわたしなりによく理解できたのは、二つ以上の神経を舞台上で使うことの難しさ。もちろん、わたしの俳優経験の少なさに問題の根幹はあるのだが、どうしても台詞に神経が行ってしまい「二義的な行動」がぎこちなくなる。「二義的な行動」とは、台詞を言うこと以外の身体表現のことである。人間は尻をかきながら会話したり、くしゃみをこらえながら会話したり、頭痛に悩まされながら会話したり、肩こりをほぐしながら会話したり、汗を拭きながら会話したりするものだが、そういう身体への意識がどうしてもおろそかになってしまう。なぜおろそかになるかと言うと、舞台の上という特殊な状況に緊張するからである。まったく「緊張は演技の最大の敵」というのは本当である。舞台上での俳優の心の余裕が、より現実に近いナチュラルな演技をさせるのだ。

演出家の鮒《ふな》田《だ》直也《なおや》さんはわたしの演技に関してはほとんどダメ出しをしない。わたしが演技に関しては素人だということがわかっているから、下手にダメ出しできないということはよくわかっているつもりだが、何も言ってもらえない役者の孤独や不安も、こういう経験をするとよくわかる。まったく役者というのは、愛情に餓えた女である。旦那から「素敵だ!」と言ってもらえないとやってられないのだ。プロデューサーの佐山泰三《さやまたいぞう》さんはそのへんの役者の心理を熟知しているのか、「こんな感じで大丈夫ですか?」というわたしの問いに一言。――「最高だよ!」と。そんな言葉をもらい、ふと、ウディ・アレンの『アニー・ホール』のなかの台詞を思い出す。

――「わたしを入れてくれるようなクラブには入りたくない」

■バンジー・ジャンプ

演劇に関わって三十数年にもなるが、舞台袖《ぶたいそで》(舞台への登場のために出演者が待機している場所)はわたしにとっては未知なる場所である。いや、未知なる場所と言っても、まるで知らない場所ではない。芝居が固まり、演出家として客席から舞台を見ることに飽きると、時々、舞台袖から舞台を見ることがあるからである。今まで正面から見ていた世界を横から見ると、舞台の印象はまったく違うものになる。わたしは窃視者(要するにピーピング・トム=日本語にすると〝出歯カメ〟だ)としての自分の変態的な欲望を昇華して舞台演出家になった男だから、舞台袖こそ、わたしの邪《よこしま》な欲望を心から満足させることができる秘密の場所なのである。

しかし、今回、わたしはその袖から舞台へ踏み出す役割を担っている。だから、わたしの舞台袖での感慨も今までとはまるで違う。自分の出番が来て、舞台袖から舞台へ出ていく時のあのえもいわれぬ緊張感は、バンジー・ジャンプに臨む人のそれに似ているかもしれない。もしかしたらしくじるかもしれないが、あとはやるしかないのだ。

わたしはかつて芝居の稽古場を「夫婦の寝室」に喩《たと》えたことがあるが、舞台袖は演出家でさえ決して介入することができない、舞台で身を削る役者たちの最もひめやかな息遣いが感じられる場所である。

舞台袖は、基本的に狭く薄暗い場所だが、輝く光に照らし出された舞台と薄暗い舞台袖の関係は、我々の住むこの社会や世界のからくりを極めて具体的に垣間見ることができる魅惑的な場所である。

わたしのバンジー・ジャンプは明日からサンモールスタジオにて！

■憑依の能力

「当て書き」とは、台本作者が特定の俳優を想定して台詞を書くことを意味する。世の中には、まったく空想ですばらしい台詞を書ける作家もいるかもしれないが、わたしの経験から言っても、真に名台詞と呼べる台詞は、その特定の俳優の肉体と不可分に結び付いていて、俳優の肉体が台詞の真実を支えている場合が多い。

「みんな死ぬんだ。自分だけ特別なようなことを言うな」――山田太一さんの書いたテレビドラマ『今朝の秋』のなかに出てくる台詞である。癌に犯されて闘病中の息子（杉浦直樹）に老いた父親が言う台詞である。この父親を演じているのは笠智衆《りゅうちしゅう》さんである。この役を笠智衆以外の俳優が演じていたら、この台詞はわたしの胸にこうまでジンワリと染み込んだかどうか――。

「俺は若い奴が嫌いだ」――これまた山田太一さんの『男たちの旅路』で、鶴田浩二《つるたこうじ》さん演じる元特攻隊員の警備員が年若い部下（水谷豊）に言う台詞。これも鶴田浩二以外の俳優が言っても全然よくないように思う。

「この田舎の似非インテリが！」――これまた山田さんの『想い出づくり。』で、佐藤慶《さとうけい》さん演じる田舎の父親が、児玉清《こだまきよし》さん演じる父親に投げつける台詞である。もう何と言うか、堪らなくすばらしい。

思えば、山田さんは当て書きの名手であるが、すぐれた脚本家に共通する特性は、当て書きが巧い点である。たぶんすぐれた脚本家は、その役を演じる俳優に憑依《ひょうい》して、その俳優の肉体を通して台詞を紡ぐことができる人のことだ。すぐれた女優は、どこか巫女《みこ》的な資質を持つように思うが、すぐれた脚本家も同様に自分以外の人間に憑依できる巫女的な資質を持つのではなかろうか？

■選挙と公演

ずいぶん前の話だが、『MIKOSHI～美しい故郷へ』という芝居を演出したことがある。作者は樫《かし》田《だ》正剛《しょうご》さん。主演は田中幸太朗《たなかこうたろう》くん。劇場は東京グローブ座。フジテレビの製作。北海道の小都市を舞台に若き市長候補が選挙戦に打って出るという話だった。

その時に、選挙というものをわたしなりに調べたが、演劇の公演と選挙はよく似ていると思った。どんなところが？

選挙戦で問題なのは有権者の投票率である。どれだけの票を集めることができるか。それがその候補者の力であり、投票率が悪ければ当選できない。それと同じで演劇の公演において問題なのは集客率である。何人の観客がチケットを買って芝居を見に来てくれるか。その集客率が悪ければ、興行として失敗する。つまり、選挙も公演もモノを言うのは候補者、あるいは俳優や作者や演出家の人気である。選挙も公演も、人気がないと目的を果たすことができないという意味では、両者はとても似ている。

大きな人気を得るための方法の一つがマス・メディアへの露出である。新聞やテレビへの登場。多くの人にその存在を知ってもらい、自分の魅力をアピールするにはこれほど有効なものはない。

候補者がメディアで自分の意見をアピールするのはとても効果的なことである。マス・メディアが「第四の権力」と呼ばれるのもうなずける。アドルフ・ヒトラーは、マス・メディアの力をとても重要視した政治家だったらしいが、さもありなんと思う。残念ながら、わたしにはヒトラーのような能力が著しく欠落しているようだ。

■「邪魔だ！」

サンモールスタジオ新春特別公演『30才になった少年A』は無事終了。稽古、公演に俳優として参加して学んだことはいろいろあるが、なかでも舞台袖の過ごし方はわたしにとって最も印象的なものの一つだった。そこは、観客に見えざるもう一つの作品世界であった。

わたしは芝居を見に来た観客の感覚で、日によって見たい場面になると、平気で俳優が通過する舞台袖にあぐらをかいて座って舞台を見たりしていたが、これはよくないことだと知った。決して邪魔になるような行為をするわけではないが、いつもと違う何かがそこにあると、舞台袖で待機する他の俳優たちに小さな影響を与えてしまうのだ。下手をすると、わたしのそのような勝手な行為によって、これから舞台に出ていく俳優が台詞を間違えたり、集中力を妨害してしまう可能性があるからだ。また、舞台裏の通過も、細心の注意を払っていないと不用意に足音を立ててしまう。だから、舞台裏の俳優たちは息を殺して、みな泥棒のようにこっそりと足音を忍ばせて移動している。

その姿はある意味でかなり滑稽でもある。暗転中の舞台移動も慣れていないと、大いに戸惑う。まったくの暗闇でまさに手探りの状態で決められた位置に行かなければならないのだから。

舞台での表現の邪魔にならないように細心の注意を払う舞台裏の共演者たちの姿を垣間見ると「観客に見えざるもう一つの作品世界」がそこにあったと言うわたしの感想も少しはご理解いただけるのではないか。

わたしは今回の座組のなかでは最年長だが、わたしの本業が俳優でないことをみんな知っているから、口には出さないものの、共演者の人たちは心のなかでこう思っていたにちがいない。——「邪魔だ！」と。

まったくもって申し訳ないことをしてしまったと反省している。この場を借りて深くお詫びする次第である。

■二つの主題

——「シェイクスピアは二つのことしか書かなかった。それは誰が誰を殺すのかという芝居と、誰が誰を愛するのかという芝居です」

大学時代に演出家の出口典雄《でぐちのりお》さんがシェイクスピア劇についての講義のなかでおっしゃった言葉

だ。こういう風に言ってもらえると、巨大なシェイクスピア山脈もとても登りやすくなる。出口さんはこの後に「そして、人間はこの二つが大好きなのです」と続けた。

アガサ・クリスティという女流のミステリ作家も「愛と復讐」を主題に数々の小説や芝居を書いたという意味では、シェイクスピア山脈に連なる山脈に位置している作家だと思う。誰が誰を殺し、誰が誰を愛するのか？　シェイクスピアなどに比べるとずいぶん口当たりはいいけれど。

ジェームズ・M・ケインの一連の小説——例えば、『郵送配達は二度ベルを鳴らす』もまぎれもなく「誰が誰を殺し、誰が誰を愛するのか」という内容を持つ。都合四回も映画化されたこの原作の普遍性。そして、これらの劇作家、小説家たちは知っていたはずだ。「美女と拳銃」（＝セックスと暴力）が読者や観客を最も熱狂させるものだということを。

これらの作家に名を連ねるのもおこがましいが、昨年、出版した『モナリザの左目』（論創社）という戯曲は、そのような物語であったのかもしれない。ともあれ、そういう人々を熱狂させる芝居を作りたいものだ。

■査読

毎年、この時期になると、わたしは学生の書いた戯曲をたくさん読む。大学が刊行する戯曲集に掲載する作品を応募作のなかから選ぶためである。その数はだいたい三十余り。短篇もあるが、全部読みきるまでにだいたい数日はかかる。さらに一編ごとに講評を書くので、所要時間はさらにかかる。苦労話をするようでちょっと気が引けるが、まあ、大変な作業である。この作業を査読《さどく》という。

机の上に置かれた応募作は、積み上げると三十センチくらいの高さになる。その分量の多さに溜め息も出るが、「もしかしたらこの作品のなかに傑作があるかもしれない！」と自らを鼓舞して査読を始める。

そうは思いながらも、傑作は滅多にないわけだが、何年かに一度くらい査読をしながら作品への賛辞が次から次へと沸いてくる作品がないではない。そういう作品に出会うと、査読はとても楽しい作業になる。

前にこのブログに書いたことと重複するかもしれないが、よい作品は、読むものを能動的にする。次から次へと褒め言葉が沸き上がり、作品に積極的に言及したくなるのだ。逆に徹底してダメな作品もある意味では、同じ心境になる。貶《けな》し言葉が次から次へと沸き上がるからである。一番厄介なのは、よくもないが悪くもないという中途半端な作品で、読み終わった後に「……」という状態になる。つまり、批評すべき言葉が浮かばないのだ。

査読を担当するようになってずいぶん経つが、当初、「個人の評価には片寄りがあるから、わたしに貶されても落ち込まないでほしい」というような言い訳をしていたが、最近は開き直った。「わたしがダメということは、誰が読んでもダメということなのだ！」と。ずいぶん乱暴な意見だとも思うが、こう開き直らないと、書きたいように講評を書くことができないのだ。もちろん、いたずらに学生を傷付けるような書き方はしないが、今まで書いた講評のなかで使った一番キツイ言葉は「ゴミ箱へ直行」という言葉だったと思う。

翻って、わたしの観劇後の芝居や俳優の演技に関する感想のパターンもだいたいこの態度に準じている。

■嵐は静かに待て

芝居を見に行くと、開演前に舞台上に役者やスタッフが登場し、開演前の注意事項やロビーで販売しているグッズの紹介などを行う場合がある。いわゆる「前説」である。時々、開演前に延々と前説をしているグループに遭遇する。

もちろん、前説には前説のメリットがあるとは思う（＝観客をリラックスさせる）ものの、わたしはどちらかと言うと、前説に批判的である。「余計なお世話だ」と思うからである。開演前のワクワクして開幕を待つわたしの気持ちに水をさすようなことはしないでほしいと思うのである。わたしは前説を熱心にやるグループに遭遇するたびに、「サービス過剰」という言葉を思い浮かべる。

思えば、小劇場演劇の前説文化が始まったのはそんなに昔ではない。その先駆的劇団が演劇集団キャラメルボックスだったように思うから、一九八〇年代の半ばくらいからである。（彼らは前説を一つの劇団のスタイルにまで高めたと思う）それまでの演劇は、いろんな意味でもっとストイックだったように思う。まあ、実際問題として携帯電話はまだなかったし、時計のアラームもなかったし、劇団のグッズをロビーで販売するという発想をする制作者もいなかった時代だ。だから、開演前にぐちゃぐちゃと余計なことをしゃべり、観客を盛り上げようとする前説はまったく必要なかったのだ。

とまれ、問題は前説ではなく、その舞台がいかにすぐれているかである。そう考えるわたしは、自分の演出した舞台で今までほとんど前説をやってもらったことはない。頭が固いと言われればそれまでだが、わたしは前説は演劇に必要だとは全然思わないし、むしろ邪魔だとさえ思っている。開演前に前説を通して主催側となごやかに交流する観客たちを目の当たりにするにつけ「嵐は静かに待て」と言いたくなる。

■映像化不可能

二〇一〇年に三田村組が上演した拙作『父との夏』（論創社）をテレビドラマ化するという話があった。舞台を見に来てくれたとある女性監督が作品を気に入ってくれたからである。その後、何回か打ち合わせをしたが、結局、ドラマ化の企画はたち消えた。理由は映像化が非常に難しい内容だったからだ。

とは言え、『父との夏』は未知の惑星を舞台に何世紀に渡って対立する民族の争いをスペクタクル性豊かに描くというような壮大な内容のものではない。とある普通の家庭の居間を舞台に、老いた父親が息子に戦争時代の思い出を語るという内容のささやかな家族劇である。にもかかわらず映像化には向いていない。それはなぜか？

戦争時代を回想する父親は、回想のなかで現在の年齢のまま十七歳の少年になるからである。つまり、老人のまま少年を演じる。その趣向が、この芝居を極めて演劇的にしている点で、わたしはそこにこの芝居の最大の面白さを感じていたりするのだが、同時にこの趣向が映像化を極めて困難にしているのだ。

――「映画化される芝居の原作というのは、戯曲としては『鈍《なまくら》』であると言うことができるのかもしれない」

舞台劇の映画化作品を取り上げて論じた『ステージ・ストラック～舞台劇の映画館』（論創社）の「あとがき」でわたしはそのように書いた。ソーントン・ワイルダーの『ロング・クリスマス・ディナー』も、井上ひさしの『しみじみ日本・乃木大将』も、ピーター・シェーファーの『ブラック・コメディ』もバーナード・ポメランスの『エレファント・マン』も、みな非常に演劇的な趣向が施されていて、簡単に映像化できないように書かれている。そういう意味では、『父との夏』も映像化を拒む演劇ならではの手法を駆使した作品ということになるのだが、ここでわたしはある大きな矛盾に直面する。映像化不可能ということは、原作が映像の世界に「売れない」ということを意味し、映画やテレビドラマとして映像化され、より多くの観客たちの目に触れる機会を失うということになるからだ。すなわち、大衆化しにくい。

いやいや、ポジティヴに考えるなら、『父との夏』は劇場で舞台を見ることでしか、その面白さを味わうことができない稀有な演劇的な作品であると思い直す。本作を今年の九月に三田村組復活公演として新宿のサンモールスタジオで再演する。

■深浦さん

女優の深浦加奈子《ふかうらかなこ》さんのドキュメントをテレビでやっていた。深浦さんは、わたしより一つ年上の女優さん。一般的にはテレビドラマの脇役として知られる人かもしれないが、わたしにとっては、川村毅《かわむらたけし》さんが主宰した劇団「第三エロチカ」の看板女優として馴染み深い人である。深浦さんは二〇〇八年に癌のために夭逝された。まだ四十八歳の若さで。面識はなかったが、何度か、稽古帰りの飲み屋で偶然お見かけしたことがある。だから、亡くなったと知った時はびっくりした。

わたしは必ずしも「第三エロチカ」の芝居をそんなにたくさん見たわけではないが、深浦さんは川村さんの作り出す破天荒で猥雑な世界には必要な毒と華のある女優さんだったように思う。そんな印象が強いせいか、小綺麗なテレビドラマのなかの深浦さんを、わたしはちょっと違和感を持って眺めていた。

ドキュメントを通して、深浦さんが死に至る病に侵されながらも、それを周囲の人たちに知らせず、最後まで女優の仕事をやり続けたということを知った。「壮絶」というような言葉が番組では使われていたが、他人には「壮絶」に見えても、たぶん御本人にはそんな意識はまるでなかったにちがいない。彼女は、ただ自分の残された時間を知り、その時間を無駄にせずに懸命に生きようと決意し、それを実行したに過ぎない。けれど、それはそう簡単に実行できる種類のものではないことを考えあわせると、感嘆のため息が漏れる。

最後に演じたのは、小劇場の舞台だったという。番組で「舞台はやっぱり面白い」という深浦さんの言葉が紹介されたが、舞台から俳優活動を始めた人間は、やはり最後に戻ってくるのは舞台なのだなということ感じ、目頭がちょっと熱くなった。若すぎる死を惜しみ、ご冥福を祈るばかりである。

■贅沢な表現

わたしは、常に演劇でしかできないような表現を目指して芝居を作っている。その表現が演劇以外のどんなジャンルでもなし得ない、演劇ならではの表現。数あるジャンルのなかから演劇という表現形式を選んで活動している身としては、当たり前のことだろう。天才たちと比べるのもおこがましいが、黒澤明は映画ならではの表現を追求したろうし、手塚治虫《てづかおさむ》は漫画ならではの表現を追求したろうし、三島由紀夫は小説ならではの表現を追求したはずだ。

だからというのもナンだが、わたしの作った芝居は、映画やテレビドラマにしにくいものが多い。なぜかと言うと、どんな作品も演劇の独自性を強調するようなフィクショナルな仕掛けを施そうと努力しているからだ。

『バンク・バン・レッスン』、『八月のシャハラザード』、『逃亡者たちの家』、『VERSUS死闘編〜最後の銃弾』、『MIST』、『リプレイ』、『プール・サイド・ストーリー』、『レディ・ゴー!』、『淑女のお作法』あたりは、映像化できなくはないような気がするが、どの作品も映像化されることを念頭において作っていないので、やはり、場面の作り方が映像向きでないように思う。

大量生産が大きな利益を生む商業理論を踏まえれば、演劇が映画や漫画や小説に比べて不利なのは、演劇は大量生産できない点である。その日、その劇場へ行かないと見ることができない。だから、演劇の観客数は、他のメディアに比べると、格段に小規模なものにならざるを得ない。そして、それはコスト・パーフォーマンスとしての効率の悪さ＝興行収入の少なさを意味している。

そう考えると、演劇というジャンルは、収益＝経済効率を第一義と考える現代の商売人たちにどうしても軽んじられる立場にある。それはそれで理にかなった結果であると思うものの、欲張りなわたしとしては、そういう状況に対して内心、忸怩《じくじ》たる思いがあるのも事実である。

――「オレは、複製が当たり前のこの現代において、演劇という複製不可能な最も贅沢な表現をやってるんだ」

正確な引用ではないが、つかこうへいさんの言葉である。こういう言葉を知ると、グチャグチャと演劇の経済効率の悪さに関して弱音を吐く自分が情けなくなり、同時に誇り高く演劇に取り組む勇気をもらえる。そう、わたしの取り組む演劇とは、最も贅沢な表現なのだ。

■足並み

人間、一人でできることなどタカが知れているよなと思う。

わたしが舞台芸術というものに強く惹かれるのは、舞台芸術が決して一人ではできない形式を持つからだと思う。多人数の人間が足並みを揃えるのは、なかなか大変なことだが、多人数の人間がある目的を達成するために足並みを揃え、その足並みが見事に揃った時、一人で作り出すものなど足許にも及ばないすばらしいものが生まれる。舞台は、まさにそういう種類のものである。わたしはそこに舞台芸術の最大の魅力があると思う。

わたしが絵画とか漫画とか、作詞とか作曲とか、小説とか詩とか、そういう個人が生み出す芸術の形式ではなく、演劇という集団が生み出す芸術の形式を選んだのも、まさに演劇が総合芸術であるからに他ならない。格好よく言えば、そこでは、個人の喜びではなく、集団の喜びが体験できるのだ。

映画芸術も演劇と似たような構造を持つ表現形式だとは思うが、演劇は映画より体験が直接的である。映画は最終的に科学技術の力を借りてスクリーンに映写されたものがすべてだが、演劇は生身の人間がその日、その瞬間、生み出したものがすべてである。わたしは演劇の持っているその一回性の切なさが好きだ。

しかし、考えてみれば、足並みを揃えなければならないのは、何も舞台芸術だけの話ではない。人間が他人と協調して行うすべての行為は、そこに集う人々の足並みが揃ってこそ大きな成果を生むことができるのだ。それは、仕事でも家庭でもスポーツでも同じだろう。ともあれ、足並みが揃った人間たちを見るとわたしは感動する。そんな人間の夢を様式化し、一つの競技にしたものが、シンクロナイズド・スイミングであるということか。

■抹殺か複製か

間もなく上演する『交換王子』は、瓜二つの青年が入れ替わるという内容の芝居である。要するにマーク・トウェインの『王子と乞食』に骨格を借りた高橋版の『デーヴ』なのだが、劇中にこんな台詞がある。

——「この世には自分とそっくりな人間がいる。よくそんなことを耳にします。嘘か真かわからぬ風説ですが、もしそれが本当のことなら、この世には自分とそっくりな人間がいるのです。まさにこの二人がそうであったように」

瓜二つと言えば、双子《ふたご》である。わたしの身近には双子はいないが、幼い頃、同級生のなかにいた双子を見て驚愕した。「これをこの世の神秘と言わず何をそう呼ぶのだ！」と思った。同じ姿形の人間がこの世に二人いることに対する驚き！

——「この世の問題を真に解決する方法は二つしかない。抹殺か複製かだ」

この芝居の台本の巻頭言として掲げたスーザン・ソンタグの言葉（『ダブル・ダブル』白水社）だ。わたしはこの言葉を次のように解釈している。

彼氏が浮気性でアナタは悩んでいる。その問題を真に（何となくではない）解決するには、彼氏を殺害してしまうか、彼氏と瓜二つの複製を作り出すことだ。複製がいれば、アナタはその複製の彼氏と仲良くやって、本物の彼氏に浮気をさせておけばよい……。わたしが演劇に関わるのも、広い意味で、抹殺の方法ではなく、複製の方法で問題を解決しようとする試みであるような気がする。

■脱ぎっぷり

例えば、アナタが女性だとして、人前で裸体をさらすことを要求されたらどんな風に思うか？「嫌だ！」と思うのが普通であろう。無理やり裸になったとしたら「恥ずかしい！」と思うのが普通だろう。女性に限定しなくとも、つまり、アナタが男性だったとしても、女性が感じる抵抗感と似たような感情を多かれ少なかれ持つであろう。ストリッパーという仕事は、普通の人は簡単にできないそういう裸を人前でさらす仕事である。

同じ意味において、俳優という仕事はストリッパーに似ているところがある。俳優は本物のストリッパーのように人前で裸体はさらさないが、心をさらす仕事だからである。俳優は「心のストリッパー」でなければ務まらない。本物のストリッパーは裸体という恥部を人前でさらすが、俳優は心の恥部を人前でさらすのだ。

たくさんの俳優を目の当たりにして思うのは、この人たちは、誤解を怖れず言えば、ある種の「倒錯者」だということである。露出狂というものが世の中にはいて、自分の身体の恥部を他人に見せて喜びを感じる人をそのように呼ぶと思うが、俳優も同じ意味において、自分の心の恥部を他人に見せて喜びを感じる人たちであると考えると、両者のメンタリティは似通っていると思う。

そして、よいストリッパーがそうであるように、よい俳優は心の脱ぎっぷりが半端なく鮮やかである。観客が見せないストリッパーにブーイングするように、見せない役者にも同じようにブーイングするにちがいない。「金を返せ！」と。観客はふだん見ることができないものを見に劇場へやって来るのだから。

■新劇世代

俳優の宇津井健《うついけん》さんが亡くなったことをネットの記事を通して知った。一般的にはテレビドラマの俳優として有名なのだろうが、わたしは宇津井さんが出演した映画で一つ忘れられない映画がある。一九七五年に作られた『新幹線大爆破』である。

和製パニック映画の秀作としてすでに評価は定まっている映画だと思うが、本作において宇津井さんは、新幹線に爆弾を仕掛けた犯人（高倉健）にテレビを通して交渉する国鉄の職員役で出演していた。テレビ放送を通して、必死に犯人に爆弾の在りかを問いかけ続けるその役は、俳優という仕事に誠実に取り組む宇津井さんその人の人柄が滲み出ているように感じて、とても印象的な役である。そんな必死の呼びかけの結果、事件は最悪の結果を免れるのだが、最後の最後で、宇津井さんの職員は国鉄に辞表を出す。その理由がまた印象的であった。

訃報の記事を通して、宇津井さんは俳優座養成所の四期生ということを知った。同期生に仲代達《なかだいたつ》矢《や》、中谷一郎《なかやいちろう》、佐藤慶らがいる。（仲代さん以外はみな故人である）一九五二年のことだという。今から六十年以上前の話だが、そんな話を知ると、当時の俳優座養成所が、役者志望の若者たちでさぞかし活気づいていたであろうことが想像できる。「役者になるなら俳優座！」という時代がかつてはあったのだ。それは、まさに「新劇の時代」の産物でもあったにちがいない。わたしの世代は、新劇世代ではなく、小劇場世代だが、それでも、わたしは、新劇というものに対するちょっとした憧れのような気持ちがある。

■俳優の顔

芝居や映画やテレビドラマ——すなわち作り物は、基本的にリアリズムの精神で作られていると思う。リアリズム——すなわち、現実がそうであるように作り物をこしらえる精神。

昨年、「歯のリアリズム」と題して、「映画やテレビドラマのなかの俳優の歯の綺麗さはおかしい！」という重箱の隅をつつくような細かいことを書いたが、今回はその第二弾である。

問題は俳優の顔である。わたしがテレビドラマを見なくなった大きな要因の一つは、テレビドラマの俳優の顔がみんな小綺麗過ぎるからだ。それは男優も女優も問わずそうである。いわゆるイケメンと美女ばかり。もちろん、イケメンであったり美女であることはそうでないよりいいことだとは思うものの、そういう人たちばかりで構成される映画やテレビドラマは、多様性に欠けて面白くないのだ。現実がそうであるように、映画やテレビドラマのなかの人物も多様な顔がいないとおかしいと思うのだ。第一、わたしたちの日常にそんなイケメンや美女がうろうろしているのは極めて不自然なのだ。コンビニの店員の女がみんな柴咲《しばさき》コウや沢尻《さわじり》エリカのような美女だと、買い物どころではなくなるではないか！

「じゃあアンタは、可愛くもない女のブスったれた顔やら、どこにでもいそうな冴えない野郎のまぬけ面をテレビで見たいのか！」と詰め寄られると返答に窮するのだが、少なくともいくら視聴率が取れるからと言って、同じような顔の俳優ばかりを集めてドラマを作ることは、決して豊かなことではないとわたしは思うのだ。そして、その傾向はわたしが身を置く演劇の世界にも確実に存在している。いわゆる「イケメン芝居」である。

小劇場演劇のいいところは、規格化されていない個性的な面白い顔の俳優がたくさんいる点である。

■新劇

新劇と言っても若いアナタは何のことかわからないだろう。

《新劇は、ヨーロッパ流の近代的な演劇を目指す日本の演劇を指す。旧劇（歌舞伎を指す）、新派（書生芝居の流れ）に対する言葉。当初翻訳劇を中心に始まり、歌舞伎や新派の商業主義を批判し、芸術志向的な演劇を目指した。新劇の起こりは明治時代末期、坪内逍遥《つぼうちしょうよう》・島村抱月《しまむらほうげつ》らの文芸協会や、小山内薫《おさないかおる》・市川左團次《いちかわさだんじ》（二代目）の自由劇場の活動に求められる。新劇運動が確立したのは、関東大震災後に作られた劇団築地小劇場の活動による。これは小山内薫・土方与志《ひじかたよし》が開設したものである。やがてプロレタリア演劇運動が盛んになり、小山内の死後に築地小劇場も分裂。のちに国家の弾圧を受けた》（Wikipedia より）

現存する新劇系の劇団は、俳優座、文学座、民芸、青年座など。わたしがこういう新劇系の劇団にちょっとした憧れの気持ちを持つのは、彼らが演劇の商業化を拒み、自らのアトリエを持ち、地道に舞台芸術を追求する公演を行っている姿に感銘を受けるからである。もちろん、彼らも生きていかなければならないから、テレビドラマや映画の仕事もしたりはするのだろうが、あくまでそれは二の次であって、本分は劇団の舞台公演にあるという姿勢を決して崩さないストイックな点に新劇系の劇団の魅力を感じる。劇団という組織は、何らかの形で商業化しないと、行き詰まる傾向があるように思うが、新劇系の劇団は、そんな現世利益をものともせずに組織を存続させている点がすばらしいとわたしは思う。

わたしはずっと新劇系の劇団とお付き合いしたいと望みながら、なかなかそういうチャンスに恵まれない。巡り合わせがよくないようだ。

■三つの親切

あっという間に五月。ブログにはいちいち書いていないが、芝居も結構こまめに見ている。みんな小劇場系の芝居である。すべてとは言わないが、だいたいが時計を気にして早く終わるのを待つような訳のわからぬ芝居が多い。もちろん、芝居はある種の嗜好品であり、人によって好き嫌いがあるのも当然だが、それにしても観客のことを考えずに独善的に舞台を作っている傾向を全体に感じる。つまり、親切でないのだ。

一、座元（プロデューサー）に親切。
一、役者に親切。
一、客に親切。

これは江戸時代後期の狂言作者・河竹黙阿弥《かわたけもくあみ》の言葉だが、劇作家はこの三つを常に心がけて芝居を書かなければならない。自戒を込めて言うが、「アンタの訳のわからぬ妄想に金を払って付き合うこっちの身にもなれ！」ということである。だから、劇作家は、少なくとも観客が支払う入場料に見合う内容を持った芝居を書かなければならない。それはレストランで振る舞われる料理と同じだ。

いや、河竹黙阿弥が語る「三つの親切」は、いわゆる商業演劇に関して当てはまる鉄則であって、小劇場演劇はもっといろんな意味で破天荒で実験的でいいとも思う。「独善的に作ることを芸術と呼ぶのだ！」という内なる声も聞こえる。けれど、それはそれで認めながらも、やはり、商業演劇だろうが、小劇場演劇だろうが、作品を他人に提供する一つの商品と考えるなら、身銭を切って劇場に足を運んでくれる観客のことをもっと念頭に置いた芝居作りをしないと、小劇場演劇も痩せほそっていくばかりではないか？　少なくとも、観客に「美味かった！」と言わせる料理を出さないと、観客は二度と劇場に来てくれないのだから。

言うまでもなく、上記の内容はすべてわたし自身の仕事にはねっかえてくるものである。

■役者の足許

わたしの処女戯曲『ボクサァ』は、深夜の安アパートの一室が舞台である。アパートが舞台なので、当然、登場人物たちはみな履物なしの靴下状態で劇を演じる。わたしは、こういう「履物なしの芝居」を演出する時、いつも軽い違和感を覚える。

日本家屋を物語の舞台として選ぶと、必然的に登場人物に履物は必要なくなるのは事の道理である。言うまでもなく、日本人は数少ない例外を除いて室内では靴を脱ぐ習慣を持っているからである。だから、登場人物たちは靴下の状態か、素足——あるいは、スリッパを履いた状態で芝居をすることになる。しかし、この状態がわたしには違和感がある。その違和感の原因は以下のようなものである。

それは、役者の「足許《あしもと》が決まらない」からである。履物のない人間の足許は、どうにもこうにも頼りなく、舞台に立った時に「絵にならない」のである。その点、外国の翻訳劇には、そういう心配はいらない。靴を履いた状態が欧米の人々の自然な姿だからである。

こういう理由もある。舞台とは「公演」という名称からもわかる通り、劇場で行われる非常に公的な（パブリックな）ものである。その公的な場所に私的な（プライベートな）靴下姿の人間ほど似合わないものはない。考えてもみてほしい。例えば、スーツにネクタイ姿の安倍首相が靴を履かずに靴下姿で首相官邸の廊下を歩く姿を。あるいは、スリッパを履いてパタパタ廊下を歩く姿を。これほど間抜けな姿があろうか？　つまり、首相官邸にせよ、会社にせよ、公園にせよ、劇場にせよ、公的な空間に靴を履かない人間は基本的にそぐわないのだ。

こう考えると、日本人の足許には、パブリック（公）とプライベート（私）の差異が実によく表現されていると言える。そして、もちろん役者の足許にも。

ならないと改めて思う。

■よきインタビュアー

劇作家は、いや、広い意味で脚本家は、登場人物たちにとってのよきインタビュアーでなければならないと改めて思う。

例えば、わたしが若い女の子の役を書いたとする。もちろん、女の子の台詞を綴るのは、作者であるわたしに他ならないが、作者であるわたしは女の子にインタビューしているインタビュアーのようなものだとも言える。「今、どんな気持ちなの？」「過去に何があったの？」「彼のことをなぜ好きになったの？」――次々とわたしは登場人物に質問をして、彼女の心の最も深いところから出てくる台詞を書き記さなければならない。そして、わたしが行うその女の子へのインタビューが乱暴だと、彼女の心の真相に迫る台詞を書くことなどはできない。丁寧に、細心の注意を払って女の子の言葉に耳を傾けなければならない。

例えば、わたしがヤクザの役を書いたとする。もちろん、ヤクザの台詞を綴るのは作者であるわたしに他ならないが、作者であるわたしはヤクザにインタビューしているインタビュアーのようなものだとも言える。「今、どんな気持ちなんですか？」「兄貴分とはどんな付き合い方をしてきたんですか？」「なぜAさんを殺すことになったんですか？」――次々とわたしは、登場人物に質問をして、彼の心の最も深いところから出てくる台詞を書き記さなければならない。そして、わたしが行うそのヤクザへのインタビューが乱暴だと、そのヤクザの心の真相に迫る台詞を書くことはできない。丁寧に、細心の注意を払って、ヤクザの言葉に耳を傾けなければならない。

インタビューを試みるこちらが、少しでも自分の独断でインタビュー記事をまとめようとすると、その台詞は被インタビュアーの心の真相を掬い上げることができなくなるというわけだ。

そう考えると、すぐれた脚本家とは、自分が作り出す登場人物に対するよきインタビュアーでなければならないという真実に達する。すなわち、よい脚本家はすぐれたインタビュアーであり、何より「聞き上手」な特徴を持っているということだと思う。だから、現実に他人の話をキチンと聞く耳を持たない人は、脚本家に向いていないと言える。

■拳銃好き

今ではすっかり身を潜めたけれど、かつてわたしの書く芝居には、しばしば拳銃が出てきた。『ある日、ぼくらは夢の中で出会う』『バンク・バン・レッスン』『けれどスクリーンいっぱいの星』『ウォルター・ミティにさよなら』『アメリカの夜』『逃亡者たちの家』『VERSUS 死闘編〜最後の銃弾』『MIST』『リプレイ』……これらはみな拳銃が出てくる芝居である。特に『VERSUS』は拳銃アクションを主体にした内容なので、公演当時、劇団の事務所には数々の拳銃（モデルガン）がズラリと保管されていて、事情を知らない人が訪問すると、暴力団の事務所と勘違いされるおそれがあった。劇団ショーマと言えば「拳銃芝居」であった。

劇団活動を休止してからは、ほとんど拳銃の出てくる芝居を書いていないので、我ながら不思議ではあるが、要するにこの変化は、劇作家としてのわたしの志向が「漫画」から「現実」の方に向いた結果であると思う。当たり前だが、わたしはテレビドラマや映画のなかでは、たくさん拳銃を見てきたが、現実に拳銃を見たことは一度もないし、ましてや手に取ったこともない。いわゆる「拳銃マニア」とも違い、モデルガンをコレクションする趣味もまったくない。

思えば、若い頃のわたしの「拳銃好き」は、フロイト流に言うなら、男性器の象徴であった可能性は大きい。若いわたしの内部には、外へ向けてどうしても「発射」せずにはいられない何かがあったということであり、それは生理学的なレベルで言えば、男性器内に溜まったたんぱく質であると言える。あれから長い時間が経ち、わたしの書く芝居から拳銃は消えたが、それはつまりわたしの性的能力の減退にも関係しているのかもしれない。仮にそれが真実だったとすると、悲しい気持ちもないではないが、まあ、これぱかりは仕方ない。

■呼吸を盗む

ニューヨークのとあるビルの屋上。腹這いで照準器を覗き込み、ライフル銃を構えている少女マチルダ。照準器のなかには標的＝セントラル・パークをランニングする男の姿。その横にいる中年の殺し屋レオンはマチルダに言う。

「相手の呼吸を盗め。標的と同じように息をするんだ」

――正確な引用ではないが、映画『レオン』(一九九四年)のなかで、殺し屋レオン(ジャン・レノ)は少女(ナタリー・ポートマン)にそのように殺しのテクニックを伝授する。とても印象的な場面である。そして、芝居が上手くなるのも同様に結局、呼吸を盗むしかないのでないかと思う。すぐれた先人たちの演技の呼吸をである。

多数の役者に自作を演じてもらって「こいつは、喜劇的な演技のセンスのある役者だなあ」と感心する役者に出会うことがあるが、そういうセンス=呼吸をいかにその役者が身に付けたかを想像すると、そこにはきっと理由があるはずだ。「生まれつき」ということはあり得ないと考えるからだ。つまり、喜劇的な演技のセンス=呼吸とは、模倣――あるいは、学習によってしか身に付けることはできないのだ。すぐれた先人たちの映画を何回も何回も見直し、それを模倣して身に付けていくしかない。それは例えば渥美清《あつみきよし》かもしれないし、三木《みき》のり平かもしれないし、ジャック・レモンかもしれないし、ケイリー・グラントかもしれない。どちらにせよ、「惑溺」あるいは「耽溺」と呼べるくらいにその俳優の演技を見直さないと、それを我が身にフィードバックできないのではないかと思う。センス=呼吸とはそのようにして盗むしかないものだとわたしは思う。センスも呼吸も学習によってしか身に付かない。

■『熱海殺人事件』の不思議

わたしの演劇の原体験の一つにつかこうへい作・演出による『熱海殺人事件』がある。わたしは高校二年生。あの衝撃と興奮を今、言葉にして若いアナタに伝えるのは難しい。

ところで、これは警視庁の取調室を舞台に展開する芝居だが、リアリズムで考えると奇妙なことはたくさんある芝居である。被疑者は殺人容疑の若い男・大山金太郎。取り調べを行うのは木村伝兵衛部長刑事。これに富山県警から転任してきた若い刑事・熊田留吉と補佐的な役割を果たす婦人警官・ハナ子が加わる。そもそも静岡県熱海市で起こった殺人事件を東京の警視庁で取り調べるのも変な話だ。取り調べは、本来は所轄の熱海警察署か静岡県警が行い、静岡地方検察庁に送致し、静岡地裁で裁判が行われるはずだから。また、富山県警から警視庁に転任してきた新任刑事という設定もおかしい。他府県から警察官が転任するという話は聞いたことがない。取り調べを行う木村伝兵衛は、部長刑事と呼ばれるが、部長刑事とは階級が巡査部長の刑事警察官の俗称であり、警視庁・道府県警察本部刑事部のトップである刑事部長（階級は警視正、警視長、警視監）ではないと考えると、巡査部長クラスの刑事がなぜ警視庁で取り調べを行っているのか、これも疑問だ。

このように考えると、『熱海殺人事件』はデタラメだらけの設定なのだが、作者のつかこうへいさんはそんなことは百も承知だったにちがいない。この芝居は、そんなリアリズムの尺度では到底計れない圧倒的な魅力を備えていたのだ。

■新作

久しぶりに新しい作品を書いた。タイトルは『母の法廷』という。とある殺人未遂の罪に問われた青年の裁判を弁護人、検察官、裁判員、被告人の母親という四つの視点で描く朗読劇である。このところ毎年、関わっている「ぶれさんぽうず」という女性だけの朗読グループの十一月公演のための作品である。

足しげく裁判所に通い、裁判傍聴をした経験を生かし、本格的な裁判劇を書こうと取り組んだもののの、裁判劇をキチンと書こうとすると、さまざまな疑問に直面する。そもそも、度重なる裁判傍聴を通して、裁判のことをわかったような気になっていたが、いざ書こうとすると、裁判の進行さえちゃんとわかっていないのだから、我ながら呆れる。もっとも、今まで一つの裁判を第一回公判から判決公判まですべてを見ることはなかったから、わからないのも無理のないことでもあるけれど。そこで助っ人登場。『モナリザの左目』を書いた時にも多大な協力を賜った弁護士の平岩利文《ひらいわとしふみ》さんに、今回も大きな力を貸してもらった。

ところで、最近のわたしの書く作品には「父」や「母」という文字がタイトルに入っていることが多いことに気付いた。『父との夏』『父さんの映画』……そして『母の法廷』である。わたし自身には子供がいないので、父親であるという実感を持ちにくいが、まあ、わたしの年齢なら普通は二十歳くらいの息子や娘がいてもおかしくないから、そういう子供の親たちを主人公に据える傾向もあながち不自然なことではないかもしれない。そう言えば、この夏、わたしが役者として参加した日本大学芸術学部内で上演した芝居のタイトルも『父さんの恋人』であった。しばらくは「父」や「母」から離れたタイトルをつけなければ……とちょっと反省する。

■『エレファント・マン』と『エクウス』

DVDで『エレファント・マン』を見る。と言ってもデヴィッド・リンチが監督した映画の方ではなく、ホリプロが製作した舞台劇（二〇〇二年）の方。主演は藤原竜也《ふじわらたつや》、演出は宮田慶子《みやたけいこ》である。『エレファント・マン』の日本初演は劇団四季により一九八一年に行われている（演出は浅利慶太、主演は市村正親）が、わたしはその舞台を見ていない。

実在したエレファント・マン（象皮病の男）の生涯を題材にバーナード・ポメランスが戯曲にしたのが本作。醜い容貌の青年を美しい身体を持つ俳優がちょっとからだを歪めて演じることによって、その身体的な醜さと精神的な美しさを観客に想像させる手法がとても演劇的な芝居で、わたしにはとても興味深い一編。物語はエレファント・マンを見世物小屋から引き取り、献身的に世話をする医者（今井朋彦）とのやり取りが中心になって展開する。

ところで、この作品を見ながらいやが上にも思い出すのは、ピーター・シェーファーの書いた舞台劇『エクウス』である。これも日本では劇団四季によって一九七五年に初演された演目で、主人公の青年を演じていたのは、『エレファント・マン』同様、市村正親《いちむらまさちか》である。『エクウス』は、廏舎にいる複数の馬の目をくりぬくという異常な行動をとった青年の心の闇を精神科医が明らかにしていくという内容のミステリ・タッチの芝居だが、両者には共通するものが多い。

①主人公が社会の規範から外れた青年である点。
②その青年を中年の医者（規範の代表）が診断するという点。
③青年を診断するうちに医者と青年の立場が逆転していく点。
④象と馬——両者とも動物のイメージが重要な役割を果たしている点。

そう考えると、『エレファント・マン』は、『エクウス』の大きな影響を受けて書かれた作品なのかもしれない。

■欲求の水位

オリジナルの舞台劇を作ることがわたしの演劇への基本的な関わり方である。既成の作品を現代的に再生させることも、現代演劇の重要な課題であるとは思うが、曲がりなりにも劇作家を名乗る以上、まず自分で面白いオリジナル作品を作ることが一義であるとわたしは考える。だから、わたし自身の重要な目的は、新しい作品を創造することである。

しかし、オリジナルの新作ではなく、既成の作品の再生という方法にだんだん興味が湧いてくるのも偽らざる気持ちである。もしもわたしがシェイクスピア作品を演出するとしたら？　もしもわたしが寺山修司作品を演出するとしたら？　もしもわたしが井上ひさし作品を演出するとしたら？　もしもわたしがハロルド・ピンター作品を演出するとしたら？　もしもわたしが岸田國士《きしだくにお》作品を演出するとしたら？　そのような空想をすることがだんだん多くなる。

演出家には既成の作品を演出したいと思う「欲求の水位」というものが心のコップにあるように思う。その水位が日に日に高くなり、コップから水が溢れそうになるように、演出家の意欲は既成の作品＝古典の再生へ向かうのではないか？　いやいや、そんな風に思うのは、わたしが演出一本槍の人間ではなく、脚本も自ら書く「劇作家・演出家」を生業《なりわい》とする人間だからかもしれない。

しかし、五十代になり、わたしたちの住むこの世界の真実に関する理解が深まれば深まるほど、

「人間、いつの時代も結局みんな同じじゃねえか」という境地に達する。そういう境地に達すると、オリジナル作品ではなく、過去に書かれた既成の作品のなかにも、現代に通じる普遍的なテーマを見い出すことができるようになる。少なくとも、三十代、四十代の頃より、わたしの既成作品を再生する「欲求の水位」は高くなったように思う。

■その人の実像

わたしはその人のことがずっと嫌いだった。その人はわたしよりずっと年上で、大先輩に当たる劇作家である。かつて日本の小劇場演劇を牽引《けんいん》し、数々の賞に輝いた作家である。にもかかわらず、わたしはその人のことを毛虫のように嫌い、心密かに軽蔑していた。わたしがそう思うようになったことには理由がある。

その理由を具体的に書くことは控えるが、ある時、その人とパーティで一緒になり、その人が取った行動がわたしには人間として許せないものだったからだ。いくら大先輩とは言え、その人の行動は、わたしにとって「それはないだろう！」という振る舞いだった。そのパーティの後、わたしは無性に悲しく、また腹立たしく、珍しく一人で居酒屋に入り、悪酔いした。「たとえ偉い人になっても、あんな大人にだけは絶対になるまい」と密かに誓った。その人の訃報を知ったのは、それから何年も経ってからだったが、そんなことがあったせいで、悲しみは少しもなかった。

先日、その人と交流のあった年上の女優さんと観劇の後の飲み会で一緒になり、その人の話になった。

「わたしは大嫌いでした」と正直に言うと、わたしの率直さに女優さんはちょっと戸惑うようにその人の生前の功績を口にした。「あの人は劇作家の地位の向上に尽力した立派な人だった」と。そんな女優さんのその人への賛辞を聞き、わたしは自分の子供っぽい思い込みをちょっと反省した。そして、わたしの知っているのは、その人の一面に過ぎないことを思い知った。確かに人間には悪いところもあるが、いいところだってあるのだ。

ハリソン・フォード主演の『刑事ジョン・ブック〜目撃者』（一九八五年）の悪役であるシェイファー本部長は、押収した麻薬を横流しする汚職警官だが、彼は家では妻と年頃の娘を愛するよき父親だった。『永遠の0』（二〇一三年）の海軍航空兵・宮部久蔵《みやべきゅうぞう》もある人は「臆病者」と口汚く罵ったが、ある人は「すばらしい人だった」と賛嘆した。その通り。人間には悪いところもあるが、いいところだってある——わたしは大嫌いだったその人への認識をちょっとだけ改めた。かくのごとく、まったく人間というものは、一筋縄にはいかないが、だからこそ人間は不可解で興味深いということか。

■葛藤の創造

劇的想像力について考える。ただの想像力ではない。劇的想像力である。

何かを想像する力は、人間に与えられたすばらしい能力だと思う。その力があるから人間は芸術を生み出したわけだし、相手の立場を思いやることもできるわけだから。猫や犬には想像力はあるまい。人類が霊長類の頂点に立てたのも、この力のおかげと言っていいのではないか。

しかし、演じることを職業とする人間＝役者は、ただの想像力ではなく劇的想像力を使えないといけないと思う。劇的想像力は、生まれつき持っているものではなく、学習によってしか得ることができないものだと思う。「劇的である」とはどういうことかを知らないと、劇的想像力は発動しないからである。

わたしは、すぐれた劇映画を見ることを通してそれを学んだが、言うまでもなくすぐれた劇映画には「劇的なもの」が描かれている。わたしは必ずしも「劇的想像力を養うために」劇映画を見たのではなく、ただ心が欲したから見たわけだが、結果的にそのような行為を通して劇的想像力を少しずつ養っていったということである。

例えば、『ダメージ』（一九九二年）という映画は、息子の嫁と恋に落ちる父親が主人公の映画だが、父親が息子の嫁と恋に落ちる可能性がこの世にはあることをこの映画は教えてくれる。例えば、

『白と黒のナイフ』（一九八五年）という映画は、被告人と恋に落ちる女弁護士が描かれるが、女弁護士が被告人の男と恋に落ちる可能性がこの世にはあるのだということをこの映画は教えてくれる。つまり、普通はあり得ないこと＝劇的なものを劇映画は描くことを常としている。すぐれた役者は、劇的想像力を使って、演じる役の背景をドラマチックに創造する。その背景作りのポイントを一言で言うなら、心の葛藤の創造である。

■誕生の喜び

先日、上演した『母の法廷』のクライマックスにこんな台詞を書いた。殺人未遂の事件を起こした息子に母親が語りかける場面である。

女1「武彦、母さんはこう思うの。世間のみなさんはたぶんあたしのことをこう思っていることでしょう。『あんな息子を育ててとんでもない親だ』『あんな息子を持って可哀想な母親だ』と。けどね、武彦。母さんはそれ以上の喜びを知ってるのよ。その喜びが何だかあなたにわかる？　それはね、あなたとマサくんがこの世に生まれてきてくれたこと。その喜びがあるから、母さんはどんなことがあろうともあなたを決して……」

この台詞は、作品作りに協力してくれた弁護士の平岩利文さんのとある言葉に触発されて書いたものだが、ふと、わたしにも思い当たる台詞であることに気付いた。思い当たるところとは何か？

わたしは子供がいない。だから、件《くだん》の母親が訴える我が子の誕生に対する喜びは具体的に実感しようもない。しかし、我が子はいないが、別の我が子はいる。それは自分が作り出した舞台たちである。わたしはうまくいったそれらの舞台を通して、誕生の喜びを知っている。今までに見たこともない刺激的な舞台が、今まさに自分の目の前に現れる瞬間に立ち会った時の喜びは、至福と呼びたい最高の時間である。

だから、わたしは子供の誕生に関する大きな喜びは知らないが、舞台の誕生に関する大きな喜びは知っているのだ。内藤和美《ないとうかずみ》さんが演じた母親の姿を見て、わたしが涙した原因は、内藤さんの演じる母親の姿にわたしなりの産みの喜びの記憶を重ねたからであるにちがいない。その意味で言えば、わたしは生涯、決して舞台芸術を裏切るような真似をしないはずである。確かに出産も創作も「生むこと」はとても辛く苦しいことである点も似ている。

■岡田准一の演技術

映画『永遠の０』の演技で報知映画賞・主演男優賞を受賞し、現在、ＮＨＫの大河ドラマ『軍師官兵衛』の主演を演じて絶好調の岡田准一《おかだじゅんいち》（敬称を略す）は、必ずしもスタニスラフスキー・システムを学んで演技力を身に付けた人ではないと思う。そういう意味では高倉健も、北野武《きたのたけし》も、福山雅治《ふくやままさはる》も、本木雅弘《もときまさひろ》も、木村拓哉《きむらたくや》もみな同じだと思う。勿論、スタニスラフスキー・システムが演技術のすべてではないにせよ、演技をキチンと勉強しようとしたら、この人のシステムは避けて通れないところがあるように思う。

では、岡田准一は、どういう方法で演技を学んだか？　わたしは、彼が所属するジャニーズ事務所が、日頃、所属タレントにどんな訓練をさせているのかまるで知らないが、想像では、映画やテレビドラマや演劇の監督やディレクターや演出家を特別講師として呼び、演技のレッスンをしているのかもしれない。あるいは、「演技のレッスンは必要なし。すべては現場で学べ！」という事務所の方針により、レッスンめいたことは一切していないのかもしれない。

演劇畑出身ではない彼らは、基本的には学校で演技を学ぶのではなく、現場で学ぶのだろうと想像する。絡む場面こそなかったが、『永遠の０』には、平幹二朗《ひらみきじろう》や橋爪功《はしづめいさお》や山本學《やまもとがく》ら役者としての大先輩が出演している。つまり、劇団四季と演劇集団円と劇団俳優座である。『軍師官兵衛』では、柴田恭平《しばたきょうへい》や竹中直人《たけなかなおと》や益岡徹《ますおかとおる》が出演している。つまり、東京キッドブラザーズと劇団青年座と無名塾である。こういう人たちとの共演を通して、岡田准一は、過去から現在に連なる日本人の演技者たちのありうべき演技の方法を知り、身に付けていくはずだ。

演技のレッスンよりも、現場で出会うさまざまな先輩演技者との共演ほど、勉強になるものはないと思われる。

2015

■娯楽か、啓蒙か？

年末の忘年会で俳優のKさんと演劇の未来について話す。必ずしも二人で「演劇の未来について話しましょう！」とテーマを決めて話したのではなく、自然とそういう話になっただけのことだが。

演劇の在り方には、たぶん二つの方向性がある。一つは娯楽の提供。もう一つは観客の啓蒙《けいもう》である。前者は観客に俗世を忘れさせるようなエンターテインメントを提供するという方向性。後者は観客を人間として正しい方向へ導く教育的な方向性である。確かに演劇という器は、その両方を盛り付けできる器である。わたしは前者を理念として演劇活動をしてきたと思うし、今でもそのように思っている。観客を啓蒙しようなどという大それた考えはほとんど持っていなかったし、そんな高飛車な理念は僭越《せんえつ》であると思っていた。

その考えは今でも基本的に変わりはないが、年齢のせいか、後者の考えも昔よりはずっと身近になってきたのも事実である。それはわたしが子供がいて当然の年齢だからである。子供＝若い人たちをどう育てるかは、親＝先人の責任である。実際、わたしはいくつかの教育機関に関わり、俳優や脚本家の育成に与《くみ》している。わたしは、「子供たちを啓蒙するぞ！」という意識で教育の現場に関わってはいないが、「教育とは啓蒙である」と考えるなら、わたしは紛れもなく子供たちを啓蒙している。正しい道を指し示そうとしている。

こういう考えが強くなってくると、わたしの演劇活動は俄《にわか》に政治色が強くなってくるにちがいない。「日本の子供たちを演劇を通してよりすばらしい人間に育てたい！」というような理念は、つまるところ、国への働きかけなしに成し遂げられないように思うからである。それはそれで理解できる理念ではあるのだが、先に書いた通り、やはりそれは僭越なことのように思える。子供たちに見せるべきなのは、啓蒙への意欲ではなく、父親が深く演劇を愛している姿であるとわたしは思うからである。すなわち、子供に「押しつける」のではなく、「選ばせる」のが正しい演劇の在り方であると考える。

■人生の先輩たち

台東区のとある公共施設で、シニアの方々に舞台の演技を教えることになった。劇団の事務所が台東区にあるので、その関係でわたしに声がかかったらしい。先日、施設の人と打ち合わせをして驚きを新たにした。参加者は合計二十名。最年少で五十九歳、最高齢は八十一歳だという。八十一歳！　わたしの両親と同世代ではないか！

わたしは今までたくさんの人に演技を教えてきたが、そのほとんどすべてが二十代の若者である。年上の強みで、時にはハッタリをかますこともできたが、今度の相手はわたしより人生経験の豊富な大先輩たちである。下手なハッタリをかましても、「お若いの、人生、そんなもんやおまへんで」

と鼻で笑われるのがおちだ。当初、この話をもらった時、わたしは引き受けるかどうか迷ったが、自分にとっての新しい経験になると思い、引き受けることにしたのだった。その気持ちに今も変わりはないが、いざ八十一歳の老人を目の前にした時、わたしはどんな言葉でその人に語りかけるのだろう？

わたしの生活の中で、老人と付き合うことはほとんどないと言っていい。唯一、付き合うのは両親だが、それですら年に数回というようなものだ。だから、老人と会話すること自体が極端に少ない。また、彼らの抱える問題や孤独感や死に対する意識に想像をめぐらすことも少ない。そんなわたしは、その人たちの前で何を語ればいいのだろう？　そんなことを考え出すと、期待よりも不安ばかりが大きくなっていく。

ともあれ、この仕事はわたしを大きく変えてくれるのではないかと期待もある。わたしが今まで若者相手に実践してきた演技の方法が、果たして老人たちにも通用するものなのか、どうか。わたしの言葉は、キチンと老人たちにも届くのか、どうか。その結果は、折を見てまたこのブログで報告したいと思う。

■行きと帰り

兵庫県の多可町《たかちょう》での『旅の途中』を終えて帰京中。久し振りにこの芝居を見てちょっと気付いたことがある。それは、本作と『父との夏』との共通点である。

『父との夏』は、婚約者と一緒に久し振りに故郷に帰省した劇作家の男が、父親の語る戦争体験を聞くという内容の芝居だが、父親の語る戦争体験は、上野から青森までの行きの列車内と青森から上野までの帰りの列車内を舞台に回想される。『旅の途中』は、大阪に逃亡した駆け落ちカップルの探索を依頼された探偵が、事の顚末を生前に世話になった先輩の墓の前で報告するという内容の芝居だが、冒頭と結末に、新幹線ホームにおいてそれぞれ東京から大阪へ向かう女と大阪から東京へ戻る女が探偵によって回想される。つまり、両作品に共通しているのは、列車や駅が重要な舞台として扱われている点である。要するに両作品とも主人公の「行きと帰り」を描いている。両作品は一見まったく関係のない作品だが、作家の内部の奥深いところでは繫がりがある作品のように思える。

確かに人生は「行きと帰り」の連続によって成り立っている。仕事や遊び、旅行など、人間は常にどこかへ行き、何かをしてまた元の世界へ帰ることを繰り返して生きている。そういう意味では、とある人間の「行きと帰り」を両方とも描くことは、人間の人生の姿の象徴たりうることなのかもしれない。そして、ふと、アンリ＝ジョルジュ・クルーゾー監督のサスペンス映画『恐怖の報酬』（一九五三年）を思い出す。この文脈で言えば、あの映画は「行きと帰り」を最高にドラマチックに描いた傑作であったことに気付く。

さて、今回の公演のためにわたしは久し振りに新幹線に乗って遠くへ旅したが、旅を終えたわたしは、再び新幹線に乗って東京へ帰る。あ、そうそう。わたしが今回、演じたのは、件《くだん》の新幹線ホームにいる女の傍にいる「謎の旅行者」（一言も発しない）という役であった。

■演出の本道

演劇における演出という作業を第三者に説明するのはなかなか難しいことだが、あえて一言で言うなら、それは「世界観の提示」である。その演出家がその舞台をどのように見せたいか、それを主に視覚や聴覚に訴える方法を駆使して観客に提示すること——それが演劇における演出である。こう言うと、何だ当たり前のことではないかと思うかもしれないが、大概の人は、演出と言えば、俳優の演技にあれこれ注文をつけている姿を想像するのではないか？

舞台の演出家の話ではないが、映画監督がジャーナリズムに登場する場合、主演俳優に何か注文をしているような写真が使用され、その脇に「○○に演技指導する○○監督」というようなキャプションが加えられたりする。確かにわたしはそのような写真を今まで多く見たように思う。

なぜそういうことになるかと言うと、演出という作業はまったく「絵にならない」仕事だからである。基本的に演出家は椅子に座って、俳優たちの演技を見つめ、見終わった後にあれこれ注文を出す存在に過ぎない。行動らしい行動はほとんどしない。だから、演出家を演出家らしくカメラに収めるには、どうしても上記のような作為が必要になったりするのだ。そんな事情のなかで、かつて舞台演出家の蜷川幸雄さんは、だらけた俳優に対して演出家席にあった灰皿を投げつけるという「絵になる」場面（伝説）を作り出したが、わたしは一度もそんなことをしたことはない。

一般的に舞台の演出というと、俳優にあれこれ演技に関する注文を出す人のように思われがちだが、未熟な若い俳優に演技指導することはあっても、それは演出の本道ではなく、あくまで副次的なものである。困るのは、舞台に出演する俳優側が、演技指導を受けることを演出の本道だと誤解している点であると思われる。

■報告①

台東区で行っているシニア演劇のワークショップも三回を数えた。五十代から八十代の人たちを相手に演技を教えるという難題に悪戦苦闘中である。わたしが役者なら普通にできて当たり前だと思っていることが、なかなか簡単にできないのはご老齢ゆえに当然のことと思いながらも、わたしと受講者の珍妙なやり取りは、さながら「ご長寿早押しクイズ」の珍妙さそのものである。

「ご長寿早押しクイズ」は、「さんまのSUPERからくりTV」（TBS）のなかのコーナー番組で、鈴木史朗《すずきしろう》アナウンサーがさまざまな問題を出題し、三人の高齢者がその問題の解答者となって答えを出すという番組だった。

○どこでもドア、タケコプターが出てくる人気アニメは？（答え／ドラえもん）
解答者「ドザエモン」
○ポパイの恋人の名前は？（答え／オリーブ）
解答者「良雄」
○『ローマの休日』でヘップバーンがスペインの広場で食べたのは？（答え／アイスクリーム）
解答者「グラタン」

このような珍妙な解答が観客の爆笑を誘うクイズ番組だった。もちろん、ここまで飛躍したやり取りはないけれど、まあ、この番組を彷彿とさせるやり取りは頻繁にある。わたしは真剣に受講者の質問に答え、また逆に質問をしたりするが、その問答は傍目《はため》にはとんでもなく可笑しいやり取りにちがいない。しかし、さすが人生の先輩たち、ふとした瞬間に人間としてとても敵わないと思うこともしきりである。

■報告②

台東区のシニア演劇の人々の続報である。わたしの担当しているのは、五十代から八十代の男女約二十名である。わたしにとってお名前以外はどんな経歴があるのかまるでわからないまったく未知の人々。

わたしのワークショップは、いつも第一回の時に、大好きなものをテーマとして選び、それを全面的に否定する相手に対してその魅力を語ってもらうというエチュード（即興）をやってもらう。若者が選ぶテーマは、例えば「アニメ」だったり「ONE PIECE」であったり「ももいろクローバーZ」であったりするのだが、シニアの方々の選ぶテーマは「酒」であったり「合唱」であったり「米」だったりして、なかなか面白い。実は、わたしはその人がどんなテーマを選ぶかによって、その人間の精神世界や生きてきた筋道のようなものを見極めようと目論んでいるのだが、若者のそれは比較的、見極めやすいのに対して、たぶん多くの修羅場を潜り抜けてきたであろう人生の先輩方のそれは、さすがに読みにくいように思う。本気かそうではないかわかりにくいのである。

また、長く人生を生きてきたその肉体は、若者などに比べて雄弁に多くのことを言葉なしに語る点も興味深い。顔一つとっても、その人が生きてきた人生を深い皺がよく語っていたりするのも新鮮だ。「表現力とは情報量の多さである」――わたしは常々、若者にそのように言っているが、何かを表現しようとしなくても、シニアの方は肉体自体が言葉ではない多くのものを語っていたりするのだ。それにしても、午後から始まるワークショップに来る前に、酒を飲んで来る受講者がいる（！）のには、ちょっとしたカルチャー・ショックを受けた。

■報告③

台東区のシニア演劇のワークショップの続報である。わたしの担当しているのは五十代から八十代の約二十名である。高齢者に演技を教えるのは初めての経験である。この講座に通う人々はまぎれもなく「市井《しせい》の人々」である。もちろん、それぞれの専門分野で著しい業績を上げた人もいるかもしれないが、彼らはいわゆる「著名人」ではない。そんな人々を間近に垣間見ると、いろいろな思いが沸き上がる。

彼らが若者と確実に違うのは、変化することが難しいということである。若者は訓練や学習によって変化することが可能だが、彼らはほぼ「人間の完成品」であると言える。だから、今から何かを変えようとしても、なかなか変えることは難しい。しかし、彼らにあって若者にはないものがある。膨大な過去である。この時間だけは、若者には絶対に持てない彼らの特性である。変な言い方かもしれないが、若者の肉体は未来を想像させることで見世物たりうるが、老人の肉体は過去を想像させることで見世物たりうる。

たぶん彼らは市井の人として生き、市井としてその生を終えるのであろう。そんな彼らの心情を演劇を通して丁寧に掬い上げることができたなら、それは一つの表現になりうるとわたしは思う。

■型破り

型破りとは、従来のやり方ではないまったく新しい方法で物事に取り組むことである。例えば、学園もののテレビドラマなどには、しばしば従来の教師像とは違う「型破り」な先生が登場し、その先生の活躍が描かれたりする。仲間由紀恵《なかまゆきえ》主演の『ごくせん』や反町隆史《そりまちたかし》主演の『ＧＴＯ』などはそういう教師を主人公にしたドラマであろう。また、木村拓哉主演のテレビドラマ『ＨＥＲＯ』に登場する検事などもそのように呼んでいい検事であろうし、堺雅人《さかいまさと》主演の『リーガル・ハイ』に登場する弁護士もしかり。

ところで、わたしは演技を学ぶ役者志望の若者に「様式を身に付けよ！」と力説しているが、なぜそのように言うかと言うと、様式を持たない奴に色気はないと思うからである。それは、日本舞踊でも洋式舞踊でも殺陣《たて》でもいい。様式を身に付けた奴だけが、様式を崩すことができる。様式とは身体表現の型のことである。型破りをするには、先ず型を体得しないと型を破りようがないのである。

型を持たぬ役者は、すべての行為が粗雑ででたらめである。粗雑ででたらめな奴は、型破りなのではなくて、ただ単に粗雑ででたらめなだけなのである。型を持った奴が、あえて型を崩して粗雑に振る舞うから、それは魅力になるのである。銭を払って見る価値があるのである。ただ粗雑ででたらめな奴の身体を誰が銭を払って見ようとすると言うのだ。

型破りとは、滅茶苦茶をやるということではなく、型を知らないと実現できない種類のものである。だから、わたしは声を大にして役者志望の若者に言いたい。どんなジャンルのものでもいいから型＝様式を身に付けよ、と。

■映画・放送部

高校のクラブ活動の話ではない。老舗《しにせ》の劇団には、「映画・放送部」と呼ばれる部署が劇団の制作部に存在する場合が多い。もちろん、こういう部署がちゃんと存在する劇団は、歴史と実績のある劇団に限られるが、このちょっと聞きなれない部署の存在は、現代の劇団の有り様をよく表していると思う。

映画・放送部とは何をする部署かと言うと、劇団に所属する劇団員たちを映画やテレビドラマなどマスコミの仕事へ売り込み、マネージメントをしていく部署である。つまり、通常、「芸能プロダクション」と呼ばれる事務所が行う業務を行う部署である。なぜ、劇団に映画・放送部＝芸能事務所のような部署が必要になるかと言うと、日本の劇団は、九割以上、演劇の公演活動だけでは、所属する劇団員を「食わせる」ことができないからである。映画・放送部なしに劇団の経営を成り立たせている劇団は、たぶん日本には数劇団しかないはずである。

公演活動だけで、劇団にいる人たちが「食って」いけないことに演劇に携わる人間たちのいかんともしがたい苦悶がある。純粋な演劇人の映画・放送部の仕事に関する本音は以下のようなものであるはずである。「本当は舞台の仕事だけで食いたいけど、食えないからやるより仕方ない」――そう考えると、現代の舞台俳優の進むべき道は以下の三つであると思われる。

①映画・放送部の仕事だけでやっていく。(＝劇団を辞める)
②劇団と映画・放送部の仕事を両立させる。
③映画・放送部の仕事は一切やらず、餓死する。

まったく、今も昔も劇団を継続するのは難しい。

■成功体験

専門学校の卒業公演『プール・サイド・ストーリー』の初日が終わる。Aチーム、Bチーム総勢一〇〇名余りの出演者は、カーテン・コールでとっても素敵な笑顔を見せてくれる。もちろん、彼らの演技はまだまだ未熟だとは思うが、その笑顔を見ると若さのすばらしさをひしひしと感じる。あんな顔をしろと言われても、わたしには絶対にできないという意味でも、その笑顔は、熟練したプロの役者にはない唯一無二のもののように感じる。

もちろん、客席にいて彼らに拍手を送ってくれるのは、彼らの肉親、親類、縁者の人たちだろうが、舞台の上で大きな拍手を浴びる経験が、若い彼らにはまず必要なのだと思う。その夢のように楽しい時間が、彼らを役者として育てていく原動力になるはずだからである。どんな仕事であれ、若者には成功体験が必要なのだ。

――「あなたの身近にいる人は、あなたにとって最初の観客なのだ」

わたしは日頃、役者志望の若者たちにそのように言っているが、学校の卒業公演とはまさにそのような公演であろう。どんなに優れた役者も、最初の観客は、その人の身近にいた人であったはずだから。もっと言えば、子供を育てる際に必要なのは、批判ではなく賞賛にあるということか。

それにしても、総勢一〇〇人の視線がわたしに向かってくる現場というものは、指揮する楽しさもあるけれど、相当に体力が要る現場である。

■マーロン・ブランド伝説

アクターズ・スタジオにおける「マーロン・ブランドのウンコの話」は、かつてこのブログでも取り上げたことがある。どんな「ウンコの話」なのか、興味のある人は、わたしの過去のブログを調べてもらえばわかるはずだが、もう一つ、マーロン・ブランドの伝説を友人から聞いて知った。この話は、アクターズ・スタジオの話ではなく、ステラ・アドラー（女性演技指導者）の教室での話と聞いた。

正確ではないが、演技教師のステラ・アドラーが若い俳優たちに出したのは以下のような課題である。

――「あなたは鳥小屋にいる鶏《にわとり》です。その鳥小屋が火事になりました。出口は施錠されていて、外には出ることはできません。その時を演じてください」

このブログを読んでくれている役者志望のアナタなら、火事になった鳥小屋の鶏をどのように演じるか想像してほしい。わたしは自分の想像力を総動員して、その課題をどう演じるか考えたが、たいしたイメージはわかなかった。では、マーロン・ブランドは、いかにこの課題に取り組み、それをどう演じたか？　マーロン・ブランドの演技は、演技指導者ステラ・アドラーをして感嘆させるものだった。

マーロン・ブランドと言っても、若いアナタはまったく知らない俳優だろうが、『ゴッドファーザー』（一九七二年）で、マフィアのボスを演じたアメリカの俳優である。他には『波止場』『欲望という名の電車』『地獄の黙示録』が有名だと思うが、『ゴッドファーザー』はまごうことなき傑作である。撮影当時、マーロン・ブランドは確かまだ三十代か四十代の頭だったはずだ。

さて、「鳥小屋の火事」の課題でマーロン・ブランドは何をやったか？　言うまでもなく、彼は熱くて羽をバタバタさせたのではない。彼は……。

■マーロン・ブランド伝説～解答編

《発達した低気圧の影響で二日午後に暴風雪となった北海道で車が相次いで立ち往生するなどし、三日朝までに八人の死亡が確認された。湧別《ゆうべつ》町では、九歳の一人娘の命を救うために自らの体を犠牲にした父親（五十三）が凍死。中標津《なかしべつ》町では一家四人が密閉された車内で一酸化炭素中毒によって死亡した。最低気温氷点下六度、最大風速十五メートルの暴風が吹き荒れる中、父親は幼い娘の命を守り抜いて息を引き取った》

これは、二〇一三年の三月に北海道で起こった暴風雪による死亡事故の記事である。わたしは、この事故のことをまったく知らなかったが、間もなく開幕する『バンク・バン・レッスン』でご一緒している宇鉄菊三《うてつきくぞう》さんからこの話を聞いた。

なぜこんな話を宇鉄さんがわたしに教えてくれたかというと、マーロン・ブランドの「鳥小屋の火事」のエチュードの話からである。マーロン・ブランドの演技は、この死亡事故の父親と同じだったからである。マーロン・ブランドは、炎が燃え盛る鳥小屋のなかでじっとうずくまり、卵を守ったのである。その答えを知った時、わたしは、自分の想像力の貧しさを恥じた。

わたしは、火事になった鳥小屋をイメージした時に、そこに卵＝自分以外の守るべきものの存在をまったくイメージしなかった。しかし、マーロン・ブランドの行動は理に適っている。それは、件《くだん》の暴風雪による死亡事故の父親の行動が証明している。親は、極限状態でも子供を守るのだ。そして、マーロン・ブランドの想像力の豊かさに感嘆した。

仄聞《そくぶん》する限りでは、マーロン・ブランドは、「うるさ型」の俳優として知られ、プロデューサーや監督とのトラブルが多かった人だと認識している。しかし、こういう逸話を知ると、この人は文字通り天才型の俳優だったにちがいない。

■焼き肉

演劇の公演の初日前に、演出家は出演者に焼き肉をご馳走したくなる傾向がある。なぜ焼き肉かと言うと、間もなく初日を明ける役者たちに精をつけてほしいという気持ちからである。その心の動きは、戦争時に若者を戦場に送り出す上官のそれと似ているように思う。あるいは、息子を戦場に送り出す母親の気持ちにも近いかもしれない。明日から始まる彼らの過酷な日々に思いを馳せると、どうしても何かしてやりたい気持ちになるのだと思う。
焼き肉と言って思い出すのは、故・つかこうへいさんである。つかさん自身が在日韓国人であったことも関係していると思うけれど、つかさんは役者に焼き肉をご馳走するのが好きだったらしい。ずいぶん前の話だが、つかさんが演出するとある芝居の話である。その芝居には総勢五十人くらいの役者が出演していた。稽古の後、つかさんは、その五十人余りの役者を従えて焼き肉へ繰り出し、彼らに焼き肉をご馳走したそうだ。その芝居に出演していたとある役者さんから聞いた話だが、つかさんは焼き肉屋で、次のように言ったそうである。

――「とりあえずたん塩とカルビ、五十人前」

人間の人生は長いけれど、生きている間にこの台詞を吐ける人間はそう多くはないように思うが、どうか？　つかさんは、公には「役者は猿だから飯なんか食わせなくてもいい」というような暴言を吐くような人ではあったけれど、その実、この人は誰よりも役者のことを愛していた演出家だったのだろうと想像する。わたしも、一度でいいから、いつか前記の台詞を吐いてみたいものだ。

■都会の産物

初めて東京に来た人が驚くのは、その人の多さらしい。よく耳にするのは、渋谷駅前の立体交差点の光景である。あれを見てびっくり仰天する地方出身者は多いように思う。わたしが渋谷駅前の交差点を初めて渡ったのがいつだったかは忘れたが、たぶんわたしも驚いたにちがいない。

わたしは東京生まれだが、都心からは遠い場所で育ったので、都会というものに微妙な距離感がある。遠いが、足を伸ばして行けなくはない距離。だから、いわゆる田舎町で育った人とは、ちょっと感覚が違うと思うが、確かに牛や馬がいるような場所からいきなり渋谷駅前の交差点へ連れて行かれたら「なんじゃこりゃあ！」と思うのも無理からぬことのように思う。

ところで、心の師匠である劇作家・演出家の故・つかこうへいさんは、かつて「演劇というものは田舎のものではなく、都会のものだ」と言っていた。続けて「演劇は、不倫とか友人の自殺とか、そういうドロドロした人間関係が身近にある都会でこそ上演されるべきだ」と。正確な引用ではないが、およそそのような旨の発言を何かの雑誌で読んだ記憶がある。つかさんの影響かもしれないが、わたしもそのように思う人間である。人口密度の薄いのどかな田舎町を否定するつもりは毛頭ないが、少なくとも演劇は、さまざまなタイプの人間がごちゃごちゃいる都会でこそ、その存在意義をハッキリさせるものだと思う。演劇は、さまざまな観客が見守る満杯の劇場で上演されないと、舞台で生み出される感情が薄味になるように思う。大袈裟に言えば、たくさんの価値観を持つ人間たちの目にさらされないと、その劇の普遍性が計れないように思う。

さまざまな人々が行き交う渋谷の立体交差点を渡るたびに、わたしは「演劇をやるのはここだ！」と思う。

■距離感

人間には距離が必要である。物理的にも、心理的にも。

実験用の二匹のマウスを遮蔽《しゃへい》された小部屋に閉じ込めておくと、いつしか殺し合うようになるというような話を聞いたことがあるが、これは本当のことだろうか？　しかし、人間も一つの部屋に長時間、二人きりで放置すると、同じような結果を招く可能性はあると思う。パーソナルスペースという言葉を知ったのはいつだったろうか？

《パーソナルスペース（英：personal-space）とは、他人に近付かれると不快に感じる空間のことで、パーソナルエリアとも呼ばれる。一般に女性よりも男性の方がこの空間は広いとされているが、社会文化や民族、個人の性格やその相手によっても差がある。一般に、親密な相手ほどパーソナルスペースは狭く（ある程度近付いても不快さを感じない）、逆に敵視している相

手に対しては広い。相手によっては（ストーカー等）距離に関わらず視認できるだけで不快に感じるケースもある》

以上はWikipediaによる解説だが、なるほどと思う。人間には確かにそのような性質があると感じるからである。「疎遠になる」とは、会ったり話をしたりしなくなるということだが、人間は誰かと出会い、親密になり、また、疎遠になるということを繰り返して生きているように思う。

翻って、舞台の演出という作業は、俳優やスタッフや観客とのある距離感を保って行う作業であると言える。近すぎると馴れ合いになり、遠すぎると愛情が伝わらない。つまり、物理的にも心理的にもある適当な距離を保って付き合わないと、車輪がうまく前に進まない。例外なく、すぐれた演出家は、その距離感の取り方が絶妙であるはずである。いや、これは演出家だけの問題ではなく、その場の中心的な役割を担うすべての人（バーのマスター、商店の店主、学校の教師、病院の医者、裁判所の判事など）に該当する真実ではないか？

人間には距離が必要である。物理的にも、心理的にも。

■プロデュース能力

わたしの肩書きは、劇作家・演出家である。プロデューサーと名乗ったことはかつて一度もない。

こう言ってはナンだが、わたしにはプロデューサーとして必要な決定的な何かが欠けているように思う。そんなわたしだが、自分のプロデューサーとしての能力が試される時がある。どんな時か？芝居がハネた（終わった）後、ご来場いただいたお客様と飲み会をやる時である。

例えば、その日の公演にわたしの高校時代の友人Aとわたしが演技を教える学校の生徒Bくん、Cさん、Dさんとかつてわたしが演出した舞台に出てくれた役者のE氏が来てくれていて、終演後、三者三様に飲み会をしたそうだったとする。わたしは、まったく別の文脈で出会った彼らが一堂に介した場面を想像し、友人Aと教え子Bくん、Cさん、Dさんと役者E氏の相性のよさをイメージする。決断までの時間は約三分間である。「大丈夫だ」と判断したら、三者を同じ店に誘導するが、「たぶん会話は弾まないだろう」と直感すると、三者を同じ店に誘うことはしない。つまり、その判断は、役者Aと役者Bと役者Cを共演させると面白いかどうかを判断してキャスティングを行うプロデューサーの仕事とほとんど同じである。その人の年齢や性別、経歴、性格、価値観や興味、社交性の有無などが、その場を設定するかどうかを決める上での大きな要因になる。

そのように考えると、必ずしもプロデューサーと呼ばれる人でなくても、わたしたちは常にプロデューサーのような能力を発揮して場面を設定している。そして、意表を突いたキャスティングによる舞台が時にもの凄く面白くなるように、現実にも意表を突いたキャスティングによる人物たちの組み合わせが、もの凄く盛り上がる場面を作り出す場合がある。名プロデューサーとは、そのような場面を作り出すことができる人のことであると思う。そういう場面を作り出すには、すぐれた直感とちょっとした勇気がいる。まあ、大概は、計算ではなく偶然にそういう場面が作り出される場合が多いけれど。

■酒を飲む理由

怒涛《どとう》の稽古と本番の日々が終わり、やっと落ち着いた生活に戻る。多くの人に会い、夜遅くまでわいわいと酒を飲む生活ともこれでしばらくお別れだ。それにしても演劇関係者は酒が好きだ。先日、幕を下ろした『バンク・バン・レッスン』には酒を飲まない若い役者さんもいたが、彼は内心「こいつら、なぜそんなに酒を飲むんだ?」と疑問に思っていたにちがいない。彼の疑問もよくわかる。かく言うわたしも二十代の頃はそのように思っていたから。

しかし、長い舞台作り生活の過程で舞台作りには酒が必要なのだということをわたしなりに理解した。稽古の後、酒を飲み、芝居の細部をああだこうだと言い合うこと=コミュニケーションをとることが芝居をより面白いものにする力になるからである。役者一人一人が自分の仕事をきっちりこなすだけではいい芝居はできない。そこには集団としての総合力が必要で、そのためには同じ板の上に立つ役者同士の相互理解が必要不可欠なのだ。つまり、わたしたちは、酔うために酒を飲んでいるわけではなく、相手を理解するために飲んでいるのだ。

もちろん、理解のためではなく、好きだから酒を飲む輩もいるわけで、話はそんなに単純なものではないようにも思うが、少なくともわたしは酔うために酒を飲むことは滅多にない。（あるとしたら、それは身内に大きな幸福か、大きな不幸があった時であろうか）

その芝居の稽古と本番を通して、その芝居に関わった人々がどのくらいの量の酒を飲んだかが、その舞台の成果を決めるとわたしは思っているが、そういう意味では、今回の座組は酒量が少なかったかもしれない。わたし自身が別の仕事の関係で、稽古にフルで参加できなかったからである。ごめん。

■報告④〜まとめ

台東区のシニア演劇のワークショップのまとめである。わたしは一月の終わりから三月の間に五十代から八十代の男女約二十名に演技を教えるワークショップを行った。当初、引き受けるのを躊躇《ちゅうちょ》した仕事だったが、やってみてよかったと思う。この世に生きているのは何も若者だけではなく、老人もいるのだという認識を新たにできたこと一つとっても、価値のあるものだった。

——「やるかやらぬか迷ったら、迷わずやる方を選べ」

わたしは若い役者に常日頃、そのように言っているが、この仕事の依頼があった時、わたしは自分が若者に言っているその言葉を忘れていた。まったくゲンキンなものである。もちろん、わたしはすでに若者ではないが、いくつになってもこの言葉は応用が利くということなのかもしれない。

考えてみれば、今回、このワークショップに参加してくれたシニアの方々も、わたしと同じような迷いを経て、ここへ勇気を出してやって来たにちがいない。受講者のなかに恐ろしく映画に詳しいSさんがいて、Sさんの知識に恐れ入った。

「『十三人の刺客』（工藤栄一監督）を見て面白くないという人は、時代劇を見る必要はない」というSさんの言葉に後押しされて、わたしは買って持っているが未見の『十三人の刺客』をちゃんと見ようと思っている。

日本の芸能界は、どうしても十代、二十代あたりの年齢に焦点が当てた作品作りが主流のような傾向があるが、六十代、七十代の人々に焦点を当てた作品がもっとあっていいのではないかとも感じた。

この次は中学生以下の子供に演技を教えるという課題がわたしには残っているが、その時の自分を想像すると、今回と同じで、たぶん大いに迷うにちがいない。

■記憶と重なるもの

わたしは他人の芝居を見て「面白い！」と思うことは滅多にない。芝居だけでなく、映画でも小説でも同じようなものだが、芝居は自分の身近にあるぶん点が辛くなる。そして、わたしはどんな基準でその芝居を「面白い！」とか「面白くない！」と判断しているのかを考えた。

要因は実に様々であるが、つまるところ、その芝居の形式や内容がわたしの記憶と重なるかどうかが問題であるような気がする。記憶とは、わたしの過去の体験である。その芝居の形式や内容が、わたしの記憶に見事に重なる時、わたしはその芝居を心から受け入れるのだ。例えば、芝居ではないが、『ニュー・シネマ・パラダイス』（一九八九年）という映画が、わたしにとって感動的なのは、あの映画に描かれる少年の人生とわたしの幼少期が重なるからである。例えば、『大脱走』（一九六三年）がわたしにとって感動的なのは、集団脱走という題材が演劇作りそのものの比喩に思えるからである。つまり、何らかの形でわたしの記憶と交錯しない作品は、わたしの想像力を強く刺激しないということになる。

しかし、わたしにとっては感動的であっても、アナタにとってその作品が感動的であるとは限らない。なぜなら、わたしとアナタはまったく別の人生を生き、まったく違う体験をして、まったく違う記憶を持っているからである。ある意味では驚異的なことだが、人間は生きている人の数だけ、まったく個別の体験と記憶を持っている。だから、わたしにとっては感動的な作品も、アナタにとってはまったくピンとこないものである可能性があるわけだ。

そのように考えると、万人を納得させる芝居を作ることがいかに難しいかがわかり、途方にも暮れるが、結局、「オレはオレだ！」と開き直って、芝居作りに取り組むしかない。個別を描いて普遍たらしめる――これが正しい創作の姿勢であるはずだから。

■官能性

――「女優は芝居なんかできなくていい。ただ官能があればよい」

往年の映画監督・溝口健二《みぞぐちけんじ》の言葉だという。映画がまだ「銀幕」と呼ばれていた古い時代の女優論の匂いがしないでもないが、これは女優という職業の本質を鋭く突いた言葉だと思う。

例えば、男たちが、高い金を払ってキャバクラに通うのは、ホステスの人間性に惹かれているわけではなく、官能性に惹かれているからであると思われる。つまり、男たちはホステスの肉体に雄《おす》としての欲望を刺激されて大枚をはたいているのだ。ホステスはホステスで、男たちのそんな欲望に応えるべく肌を露出して官能性を強調する。もちろん、女優はホステスではないが、男性客の下半身を刺激する必要があるという意味では、両者に共通点はある。もう少し柔らかく言えば、男性客の理性ではなく、感情に訴えることができる女がよいホステスであり、女優であると言える。文化的には、女の方が男より官能性を重視される傾向があるが、広い意味では、ホストと呼ばれる男たちが、ホステス同様の態勢で女性客を店に呼び込もうとしているという意味では、男優にも同じことが言える。観客の感情＝欲望を刺激できる役者は強いのだ。

つまるところ、芝居の観客に「その芝居を見たい！」と思わせる最大の要因は、脚本のよさでも演出の巧さでもなく、出演者の官能性であると言い切ってしまうと言い過ぎだろうか。どちらにせよ、理屈抜きに観客の上半身ではなく下半身を刺激できる俳優は、やはり本物であるとわたしは思う。しかし、こればかりは訓練で身に付かないところが難しいところである。

■扇田昭彦さんの訃報

ネットの記事を通して、演劇評論家の扇田昭彦《せんだあきひこ》さんが亡くなったことを知った。七十四歳だという。「現代演劇の最前線を紹介」と記事にあるが、まさにそのような仕事をした人であり、現代演劇の発展に大いに貢献した演劇評論家であったと思う。わたしが芝居に大きな関心を持つようになった頃、扇田さんは、わたしにとって演劇界という大海原を案内してくれる水先案内人のような人だった。演劇評論集『開かれた劇場』（晶文社）を読んだのは、わたしが大学生の頃だ。その後、何年かして、わたしの作った芝居を劇評で取り上げてもらった時は、天にも上るような気持ちだった。

個人的なお付き合いは一切したことはないが、わたしは自分の演劇的な感受性を扇田さんの書く劇評を通して育んでいった部分がある。そのくらい的確にして面白い劇評だったのである。わたしがかつて「メタ・シアター」というような劇中劇形式の芝居作りに熱心だったのも、多分に扇田さんの劇評に後押しされていた部分があるように思う。僭越《せんえつ》な言い方をさせてもらうなら、幸福な付き合い方をした演劇評論家だったと思う。

現在、わたしは劇評というものをほとんど読まなくなってしまったが、すぐれた劇評家は演劇の作り手にとって絶対に必要だと思っている。すぐれた劇評は、作り手たちに自分の世界を客観視させ、その資質を再発見することを促し、さらにはその作り手が進むべき道さえ示してくれる場合もあるからだ。

扇田さん、長い間、ご苦労様でした。心からご冥福をお祈りします。

■同い年の俳優の死

俳優の今井雅之《いまいまさゆき》さんが亡くなったことをネットの記事を通して知った。わたしと同い年であるせいか、その死に対して感じることは少なくない。病気を告白した記者会見において痩せ細ったその姿を見た時はショックを受けたし、その折りの「太陽の光を浴びている時が一番幸せだ」という発言も痛々しく感じた。今井さんとは知り合いの役者さんを通して接点があったが、面識はなかった。

わたしが氏にちょっとした因縁めいた思いを抱くのは、氏が東京学生英語劇連盟に関わっていたことに起因する。わたしは一九七九年に奈良橋陽子《ならはしようこ》さんが演出した同連盟の公演『The Magic Monkey』を見ているからだ。場所は三鷹の国際基督教大学の講堂だったと思う。当時、わたしは十八歳。演劇熱にとりつかれて、大学生の芝居を見に行ったのだ。面白い舞台だった。今井さんはその公演には出ていないはずだが、その後、同じ演目で主役をやったのではないかと思う。（わたしにとって奈良橋さんはゴダイゴの歌の作詞家ではなく、あの楽しい芝居の演出家なのだ）だから、もしわたしが奈良橋さんの元で演出を学び、弟子にでもなっていれば、氏と今とは違う形で出会っていたにちがいない。

病に冒された今井さんは、特攻隊の姿を通して生命の尊さを描く自作『THE WINDS OF GOD』を新国立劇場の客席で見ながら何を思ったろう？「神様のバカ野郎！」という無念か、「にもかかわらずよし」という達観か。願わくは、わたしは後者であってほしいと思う。謹んでご冥福をお祈りします。

■二足のわらじを履く者は

先日、知り合いの役者さんの結婚パーティに出席した際のことである。総勢一〇〇人くらいの集まりで、それぞれのテーブルの参加者を司会者のKさんが口頭で紹介してくれた。わたしは以下のように紹介された。

——「劇作家の高橋いさをさんです！」

わたしは劇作家を名乗っているので、Kさんは間違いを犯したわけではないが、わたしはちょっと思うことがあった。その時、感じたわたしの内面をあえて言葉にすると以下のようなものである。「そりゃ確かにわたしは劇作家ではあるけれど、演出もやるんだぜ。だから、正確には『劇作家・演出家』と紹介してほしい。けど、わたしをそう紹介してくれたKさんにとっては、わたしは演出家としてはいまいちで、劇作家であることの方が重要だからそのように紹介したにちがいない。まあ、そもそも『劇作家・演出家』と正確に言うと、フレーズ自体が長くなるから、簡潔に表現しようとすると、どうしてもそうなってしまうのかもしれない」

そして、紹介コーナーが終わって歓談の最中にケータリングのパスタを一人バクバクと食いながら考えた——演出も頑張ろう、と。二足のわらじを履く者は、その人が専門とする二つの世界で同じくらいの成果を挙げないと、他人によるその人の紹介はどちらかに片寄ることになるのだ。まあ、二足のわらじくらいでヒーヒー言っていたら、実に様々な肩書を持っていた寺山修司のようには到底なれないけれど。

■インプロバイザー

ずいぶん前の話だが、インプロの教室に通ったことがある。「インプロ」という言葉は、即興演技の代名詞として使われているが、元は「improvisation」の略で、即興の演技によってドラマを作り出すことを主とする演劇のジャンルの名称である。そして、インプロを行う俳優のことをインプロバイザーと呼ぶ。インプロバイザーとは、脚本がなくても、その場をドラマとして生きることができる俳優のことだ。彼らは厳密なルールに則《のっと》って、即興でドラマを作り出す。

普通、俳優という仕事は、一人だけでは自立できない仕事である。彼らは台本＝台詞を提供されないことには、手も足も出ない存在だからである。しかし、インプロバイザーは、その俳優自身が脚本家でもあり、自らその場で台詞を生み出すことができる。言うなれば、彼らは「脚本・演出・俳優」を一人で兼ねているような存在である。

脚本家の力なしには自立できない俳優が、自ら脚本家を兼ねるようなインプロバイザーになり俳優として自立しようとする姿は、それまで夫の収入に頼っていた主婦が、仕事を持ち経済的に自立しようとする姿に似ている。あるいは、作家のみならず演出も兼ねるわたしのような人間も、一人で二役を兼ねているという意味ではそれらとよく似ている。

どちらにせよ、俳優が一人でいくつもの役を演じるのが大変であるように、インプロバイザーも仕事を持つ女性も作・演出家も自立する（＝一人で立つ）ことは、なかなか大変なことであるにちがいない。

■感情の総和

どんな劇団にも共通する悩みだと思うが、お客様に劇場に足を運んでもらう＝集客というのは大変に切実な問題である。何かしら公演を打つとして、集客に苦労しない劇団はないと思う。わたしはかつてとある劇場で、キャパシティ二〇〇人余りに対して観客が十数人という状態で観劇をしたことがあるが、舞台で役を演じる役者さんたちが気の毒でならなかった。このへんの構造が、演劇と映画の最も大きな違いではないかと思う。言うまでもなく、映画はキャパシティ二〇〇人に対して観客が十数人であっても、内容にほとんど変わりはないが、演劇の場合は、観客の少なさは舞台の内容に大きな影響を及ぼすからだ。簡単に言えば「役者がノラない」のである。

それだけではない。観客が少ないと、役者の演技によって生み出された感情（emotion）の総和が小さなものになってしまうのである。劇場が感情で満ち溢れない。例えば、観客が体験しうる劇的感情のマックスを一〇 emotion という数値で表すとして、一〇 emotion ×十数人で生み出せる感情と、一〇 emotion ×二〇〇人で生み出せる感情は、その総和がまったく違う。前者が感情の総和二〇〇 emotion に対して後者は二〇〇〇 emotion になるのである。舞台芸術が切実に観客を必要とするのはそういう訳である。

この公演を見ようかどうか迷っているお客様に、慎んでお願いします。明日から始まる『父との夏』はとてもいい芝居です。時間さえ許せばぜひ劇場に足をお運びください。上演時間は一時間四十五分です。

■本日、初日

本日、三田村組第十九回公演『父との夏』が新宿サンモールスタジオで開幕する。当日パンフレットに書いた文章を、劇場に来てくれるお客様より前にあなたにだけ公開する。

ご挨拶に代えて

今年は戦後七十周年である。戦後生まれのわたしは、ずっと戦後というものに無関心だった。当たり前である。「かつて日本は戦争をしたんだ」と言われても、自ら体験していないそれは、やはり実感が伴わないからだ。リアリティの欠如。

現在、わたしたちは、少なくとも戦争をしていた時代よりも豊かな生活をしていると誰もが思っている。わたしもそのように思う一人である。しかし、豊かな生活は人間の心を豊かにもするが、反対に骨抜きの軟弱なものにもする。貧しい生活は人間の心を貧しくもするが、反対に鋼のような強靭なものにもする。そう考えると、豊かさと貧しさにはそれぞれ逆説がある。

戦争など好き好んでしたいとはまったく思わないが、時々、戦争時代を生きた人は物凄く豊かな精神生活を送ったのかもしれないと想像する。死が身近にある世界は、生をより鮮明に意識させるからだ。本作を初演した五年前には余り考えもしなかったことだが、そんなことを考えながら再演の稽古場に通った。

三田村周三《みたむらしゅうぞう》さんは大病を見事に克服し、本作に再び臨む。そんなことも踏まえて本作を見ると、さらなる思いが沸き上がる。

■消えもの

舞台用語における「消えもの」とは、劇中で登場人物たちが使う一回こっきりの消耗品を指す。破り捨てる紙とか、落として割るコップとか、俳優が実際に口にする食べ物とか。わたしの芝居には余り多く消えものは出てこないように思うが、上演中の『父との夏』にはたくさんの消えものが出てくる。以下のようなものだ。

○アイスクリーム
○ビール
○枝豆

○干し芋
○梨
○アップルパイ
○麦茶
○弁当
○お握り

これだけたくさん消えものが出てくる自作は他にはないように思う。こういうことになったのは、たぶん舞台がとある家の居間で、内容が家族を中心とした家族劇だからか。まあ、家族劇だからと言って、必ずしも消えものをたくさん出さなければならないわけではないのだが、家族が寛《くつろ》ぐ場所には食べ物（消えもの）は、必然的に必要になることが多いのかもしれない。

わたしは俳優に何かを食べたり飲んだりしながら会話をさせるのが好きな演出家だが、なぜそういうことを好んでさせたいかと言うと、何かを食べたり飲んだりしながら会話をすると、その会話が一気にリアルに見えるという特性ゆえである。台詞の内容を観客に伝えるのを一義とすると、ものを食べたり飲んだりすることは二義的な行動である。この二義が加わることによって、一義が二義的な行動によって遮られ、会話がほとんど圧倒的に現実に近いものになるからである。

■耳の保養

昨日に引き続き上演中の『父との夏』の話を。今日はこの芝居の音響効果について。本作は以下のような音が全編を彩っている。使用している主な音は以下のようなもの。

○蟬の鳴き声
○風鈴の音
○木製の玄関の開閉音
○汽車の汽笛
○汽車の走行音
○軍靴の音
○夜の虫の鳴き声
○花火の破裂音

まったく不思議なもので、冷房が効いた劇場に蟬の鳴き声が微かに響くだけで、場面は一気に夏の空気に満ちるのだから、音響効果はまったく侮れない。つまり、人間の身体感覚は、大きく聴覚に依存しているということかもしれない。もしかしたら、蝉の鳴き声が聞こえるだけで、人間の身体は条件反射のように実際に汗ばむのではないかと思えるくらいだ。「ガラガラ」という横開きの玄関の開閉音を聞くだけで、その家の古さが容易くイメージできる。

汽車がこの芝居の重要な舞台になるのだが、実際に黒光りする巨大な鉄の塊が舞台上に登場しなくても、重量感のある汽車の発車音と鋭く響く汽笛の音だけで、夏の田園地帯を煙をモクモクとたなびかせて駆け抜ける大きな汽車をわたしは脳裏に鮮明に思い浮かべることができる。同時に、汽車の汽笛というものは、我々日本人の「郷愁」というものをたちどころに覚醒させる。わたし自身は、汽車に乗った経験がないにもかかわらず、である。汽車の汽笛と日本の夏はよく似合う。そして、花火の破裂音。これほど日本の夏に相応しい音は他にない。

夏の音が満載の『父との夏』は、必ずやみなさんの耳の保養になる芝居だと信じている。

■八百屋

野菜や果物を売っている八百屋の話ではない。舞台用語の「八百屋」の話である。舞台用語における「八百屋」とは、舞台上の役者の姿を見やすくするために、舞台面の奥を高く、手前を低く傾斜させることを指す。なぜそれを「八百屋」と呼ぶかというと、たぶん本物の八百屋において、野菜や果物が陳列される台がそのように設置されるからだと思われる。

この舞台の特性は、平面の舞台よりも観客席から役者の姿が見やすくなるという点であるが、同時に演技する役者たちにちょっとした不自然を強いる。平面でなく傾斜面で立ってみるとよくわかると思うが、足許に不自然な力がかかるからである。だから、慣れない役者は下手をすると足首をひねって痛めてしまう。

わたしも今まで何度か「八百屋」で舞台を作ったことがあるが、リアリズムで描く普通の芝居には不向きな手法であるように思う。当たり前のことだが、いくら観客席から見やすいと言っても、通常の日本の家屋を舞台にした芝居が、観客席に向かって斜めに傾いているのは、やはり不自然である。役者が舞台上で、例えばミカンを落とすと、それが観客席に転げ落ちてしまうのはどうにもこうにも変である。もっとも、その家庭のある種の「歪み」や「不安定さ」を視覚的に表現するという演出の意図があるなら話しは別だが。

それにしても「八百屋」を含めたこういう舞台用語は、誰が言い出して定着するのかわからないが、言い得て妙である。

一〇〇〇人の生活者

『千のナイフ、千の目』（筑摩書房→ちくま文庫）は、演出家の蜷川幸雄さんが書いた演劇に関するエッセイ集である。この本を読んだのはもうずいぶん前だが、わたしは時々、この本のタイトルを思い出す。手元に本がないので正確な引用はできないのだが、本のタイトルはおよそ以下のような蜷川さんの考えに由来している。

——「劇場の観客席には一〇〇〇通りの人生を持った生活者がいる。その人たちの生活の重さと釣り合うものが自分の作る舞台にはあるか？　また、観客席には一〇〇〇のナイフを持った若者がいる。彼らはわたしの作る舞台に常に鋭い心のナイフを向けている。そういう視線に拮抗する内容を自分の作る舞台は持っているか？」

そのような自問をしながら蜷川さんは舞台を作っているというようなことが書いてあって、強く記憶に残る内容だった。演出家の力量とは、まさにこういう自分の表現に対する自覚に集約されるのではないかと思う。芸術家の表現は、下手をすると観客にとってはわかりにくい独善的なものになりやすい。もちろん、芸術家の仕事とは、どこまで徹底して独善的になれるかどうかという点にもあるとわたしは思うが、それでもなお、観客の人生のことをまったく慮《おもんぱか》らない表現にはやはり辟易する。

演出家の力量とは、つまるところ蜷川さんが言うように、観客席にいる一〇〇〇人の生活者たちの人生にどれだけ繊細に思いを馳せることができるかどうかだと思う。つまり、舞台の表現を通して「わたしは他人と分かり合えるかもしれない」という幻想に、どれだけシビアに向き合えるかどうかだと思う。

■大詰めのやり取り

『八月のシャハラザード』は、劇団ショーマが一九九四年に初演した夏の芝居である。この芝居は、今でも人気がある演目で、毎年、この時期になると上演してくれる団体がいくつかある。静岡県の劇団Z・Aもそんな団体の一つである。

初演の時のキャストは天宮亮太は山本満太《やまもとまんた》、川本五郎は川原和久《かわはらかずひさ》だったが、改めて本作を読み直してみると、自分で言うのもナンだが見事な当て書きである。わたしは、天宮亮太、川本五郎というキャラクターを作ってそれを台詞にしたのではなく、山本ならどう行動し何と言うか、川原ならどう行動し何と言うかを考えて台詞を書いたにちがいない。

川本　「浮き輪の旦那」
亮太　「(見る)」
川本　「いい人生だったか」
亮太　「……」
川本　「楽しい人生だったか」

亮太　「最悪。いいことなんかなーんもありゃしない」
川本　「(苦笑)」
亮太　「ハハハハ」

本作の大詰めの二人のやり取りである。手前味噌だが、いい台詞である。わたしの書いた戯曲のなかでも、屈指のやり取りの一つではないか？

哲夫　「できたんだね」
幸太郎「うん？」
哲夫　「橋――」
幸太郎「ああ」
哲夫　「……」
幸太郎「渡れない造りかけの橋も――いつかは架かる」
哲夫　「……」

こちらは『父との夏』の大詰めのやり取りである。このやり取りもなかなかいいが、そのように考えると、わたしは冬よりも夏に強い作家なのかもしれないと思い至る。

■コラボレーション

連日、ワタナベエンターテイメントカレッジの卒業公演の稽古。上演するのは『へなちょこヴィーナス』という芝居。この芝居は、二〇〇一年に上演したもので、作者はわたしと小田玲奈《おだれいな》さんである。当時、小田さんは日本大学芸術学部演劇学科劇作コースの学生だった。あれから十四年。小田さんはテレビ局の新鋭ディレクターとして活躍している。当時、この芝居を演じてくれた若い女の子たちも、今や三十代の半ばである。

本作は、チアリーディングを題材にした芝居である。「チアリーディング版の『がんばれ！ベアーズ』を作ろう！」というのが、わたしと小田さんの合言葉だったと記憶する。当時、劇団活動を休止することになり、演劇活動の転機に直面したわたしが、「若い作者との共作」という試みを初めて行ったのが本作である。それを機に、わたしは中尾知代《なかおともよ》とともに『レディ・ゴー！』、高橋卓郎《たかはしたくろう》とともに『プール・サイド・ストーリー』というコラボレーションによる作品をいくつか作ることになる。

二人の劇作家で一つの作品を書くことは極めて難しいものだが、これらが一応、一つの作品として何とか完成したのは、わたしが強権を発動しているせいか。彼らの書いた第一稿をかなり直している。今風に言えば、ちょっとした「パワハラ」であるが、少なくとも「嫌がらせ」のつもりで台本を書き直してはいないから、そういう言い方は適切ではないかもしれない。共作という形で書かれる脚本は、舞台劇には滅多にないように思うが、映画の世界では、黒澤明監督の複数の脚本家によるシナリオ作りが有名である。

■『裏窓』の舞台化

《米俳優ケヴィン・ベーコンが、アルフレッド・ヒッチコック監督の傑作『裏窓』（一九五四）の舞台版に主演することがわかった。『裏窓』が舞台化されるのは、今回が初となる限》

こんな記事をネットで見かけた。ヒッチコックのファンとしては興味深い限りだが、ちょっと心配もある。と言うのは、わたしはかつて「舞台化不可能」の一本として、この映画を論じたことがあるからだ。

詳しくは『I―note　演技と劇作の実践ノート』（論創社）を参照してほしいが、その理由はこの映画が映画でしかできない手法で作られているように思うからだ。本作の主人公は足を骨折したカメラマンである。このカメラマンが自室から望遠レンズのカメラで覗き見た近隣アパートの部屋のなかの一つで殺人事件が起こるというのが本作の内容だが、近隣のアパートの人々を覗き見る主人公の姿に、映画館でスクリーンに映る人々を覗き見る我々観客の姿を重ねている点に本作の傑出した面白さがあるとわたしは思う。しかし、舞台においてその手法を使うのはかなり難しい。主人公が見たものをそのまま絵にできる映画と違い、舞台はそれができない、いや、できたとしても映画のようにスマートにいかないはずだからだ。

アメリカで公演される舞台なので見に行くことはできないが、どのような手法を使い、わたしにとっては「最も映画的な映画」の一つである本作を舞台に移し変えるのか？　舞台劇の脚本を担当する劇作家のキース・レディン（わたしにはまったく未知の作家）の手腕が注目される。舞台劇『裏窓』は、十月二十二日から公演が予定されているという。

■シンメトリー好き

わたしはシンメトリーを好む舞台演出家である。シンメトリーとは、「左右対称」という意味である。わたしの作る舞台の造型は、ほとんどすべてシンメトリーで構成されているはずである。もちろん、舞台美術を造型するのは演出のわたしではなく舞台美術家であるが、舞台美術家と打ち合わせをする時に、それとなくわたしがシンメトリー構成を好むことを伝えているのだと思う。だから、結果として舞台がシンメトリーで構成されることが多いわけだ。そして、わたしはなぜシンメトリーで構成されている舞台を好むのかを考えた。

シンメトリーという構成方法は、基本的に視覚的に安定感を持つ構成である。逆にシンメトリーではない舞台構成＝左右非対称は視覚的に不安定さを醸し出す。そういう意味では、わたしの目に心地よい舞台造型は、不安定ではなく安定感であるにちがいない。このへんの好みにわたしの演劇というものに求める基本的な欲求が表れていると思う。つまり、わたしにとって演劇とは、形式的にも内容的にも不安定なものではなく、最終的に安定したもの＝調和のとれたものでありたいという欲求である。

そういう自分の志向性のせいか、時にシンメトリーではない形で舞台が豊かに造型されている舞台美術を見ると、その新鮮さに目を見張り、驚くことがある。そして、人間の目に視覚的に美しいのは、必ずしもシンメトリー構成だけではないことに気付く。驚きこそすれ、なかなか自ら作る舞台にそれを反映させることができないのが悔しいのだが、やはり、わたしは詰まるところシンメトリーの舞台演出家なのである。ところで、わたしと同列に語るのは僭越《せんえつ》だが、小説家の三島由紀夫はシンメトリーを強く好んだ作家ではなかったか？　つまり、論理性を好む作家はシンメトリー好きではないか？

■平成時代の教師と生徒

『へなちょこヴィーナス』の稽古中にちょっと印象的な出来事があった。本作は高校を舞台にチアリーディングをすることになった女の子たちを主人公にした青春物語だが、劇中に男性教師がチアリーディング部を作ることをヒロインの女子生徒に依頼する場面がある。「そんな面倒くさいことするのは嫌だ！」と依頼を断るヒロインに追いすがり、男性教師は彼女にクラブの結成を懇願する。その場面の稽古の時、教師役の男子が教室から出て行こうとする女子生徒をなかなかうまく止められない。

「腕を摑みゃいいだろう！」――わたしは単純にそのようにアドバイスし、その場面はそのように演じることになったが、本番に入ると男性教師は女子生徒の腕を摑まず、彼女の行く手に回り込み両手を広げストップさせるような止め方に変化した。それはそれでよいと思ったので、その場面はそのような形で演じることになったが、この場面には現代の教師と生徒の関係の在り方がよく表れているのかもしれないと思い至る。つまり、「男性教師は女子生徒のからだに無闇に触ってはいけない」という現代の高校の教師と生徒の関係が、そこに表現されていると思うからである。

わたしは稽古場で「演劇の演技の基本は身体表現だ！」と言い放ち、演出家として俳優たちに身体表現することを常に強いる。先の場面も、まさにそのような意図の元に「腕を摑みゃいいだろう！」と指示したし、女子生徒の「肩を抱いて勧誘せよ！」とも言ったと思う。だが、リアルに考えると、この場面は下手をするとセクシャル・ハラスメント、あるいはスクール・ハラスメントに抵触する場面になっているかもしれないわけだ。また、男性教師がヒロインを名字ではなく「みどりちゃん」と下の名前で呼ぶ場面があるが、これも「スクール・ハラスメント」に該当することだとある観客から指摘された。いちいちもっともだと思うものの、平成時代の教師と生徒の関係は、まったくややこしいものだ。

■海外ベストプレイ・シリーズ

海外の秀作戯曲を日本に紹介する上で、最も貢献した出版社は、劇書房であるとわたしは思う。わたしが初めて手に取った海外戯曲はシェイクスピアの『ハムレット』ではなく、バリー・コリンズ作『審判』だった。確か高校生の時だ。本作は劇書房の「海外ベストプレイ・シリーズ」の第一弾である。その後、わたしは『十二人の怒れる男』以下次々と出版されるそのシリーズを読み継ぎ、このシリーズのほとんどの戯曲を読み、持っている。

何年か前に、劇書房の社長であり、演劇プロデューサーでもある笹部《ささべ》博司《ひろし》さんとお仕事をご一緒する機会があった。キョードーファクトリーが製作した『ＬＵＶ』である。その芝居でわたしは演出を担当したのだが、その時、初めて笹部さんを紹介してもらった。

「劇書房が出版した本が、わたしの精神に大きな影響を与えたという意味では、笹部さんはわたしの精神的な父親のようなものです」——わたしは偉そうにそんなことを言ったと思う。その芝居の稽古中だったと記憶するが、笹部さんから『朝は、七時』(ポール・オズボーン作)を持っているかと尋ねられた。「持ってます」と答えると、「手元にないので、その本をちょっと貸してほしい」ということだった。わたしは持っている『朝は、七時』をお貸ししたが、その本を出した出版社の社長に自分の本を貸すという行為に不思議な感覚を持ったことを覚えている。

劇書房のこのシリーズは、現在、絶版が多くて残念だが、このシリーズが日本の演劇シーンに与えた影響は大きかったとわたしは思う。

■皿洗いの老夫婦

先日、とある舞台を見に行った時のこと。芝居の内容がどうにもこうにも面白くなく、途中から飽きて舞台にまったく集中できなくなった。時計をチラチラ見るのもバカらしくなり、ふと意識をわたしの周りで舞台を見つめている観客に向けてみることにした。彼らはキチンと椅子に座り、真っ直ぐに舞台を見つめている。そして、わたしは心のなかで思う。「えらいなあ。いくら舞台がつまらなくても文句一つ言わず、キチンと舞台を見てあげているのだなあ」——。

客席にいる彼らは極めて理性的であり、正気であり、冷静であり、平常であり、大人である。そして、わたしはハタと気づいた。舞台はその反対側の要素で満たされていないといけないのだ、と。つまり、舞台には感情であり、狂気であり、興奮であり、子供であり、非日常がないといけないのだ、と。彼らがお金を払ってまでわざわざ劇場へ足を運んでくれるのは、それらの要素をより身近に体験するためなのだ、と。日常生活では簡単に味わえない何かドラマチックなものを求めてここにいるはずだ、と。

──「ここに皿洗いの老夫婦がいた。彼らは来る日も来る日も皿洗いに追われて生活していた。ある日、彼らは映画を見に行くことにした。久しぶりの映画。二人はワクワクして映画館の暗闇に身を潜めた。しかし、始まったのは皿洗いの夫婦の話だった。二人はがっかりした。わたしはその老夫婦をがっかりさせる映画は絶対に撮らないんだ」

正確な引用ではないが、映画監督のアルフレッド・ヒッチコックの言葉である。わたしがヒッチコック映画を好むのは、そういう風に考える映画監督が作る映画だからにちがいない。とは言え、冷静な観客を熱狂の世界へ引っ張り込むためには、相当な演出テクニックと演技の熱量がないとダメだということは、三十年間、観客席に座り続けて身に染みてわかっているが。

■追悼の意味

先日、俳優の中村秀利さんの追悼公演を大塚の萬劇場へ見に行った。中村さんが所属していたフェドー劇場の公演『ALWAYS』である。中村さんは、昨年の十二月に鬼籍に入られた。わたしと中村さんの関係はすでに書いたことがあるので繰り返さないが、生前にわたしは中村さんとちょっとした親交があった。

芝居は、いわゆる「ゴーストもの」で、交通事故で死んだ六人の男女が、思い残したことを一人の中年男（田中完さんが演じる）の肉体を借りて遂げようとするという内容のものである。たぶん今回のために書き加えられたと思われるプロローグとエピローグがあり、幽霊となった人々の手助けをした中年男の現在が描かれる。彼は最後に現世に別れを告げるのだが、その姿に中村さんの死が重なる。わたしはその場面でえもいわれぬ感情に襲われ、図らずも号泣してしまった。

もしも、中村さんがご存命で、わたしがこの芝居を見ていたら絶対に涙することはなかったと思う。作品としてのクオリティは必ずしも高いとは思わないからだ。にもかかわらずわたしは、この芝居を見て号泣した。それは、終幕に「この芝居を作った中村秀利はもうこの世にはいないのだ」という抗いようのない圧倒的な事実が、わたしを、そしてこの芝居を見るすべての観客に襲いかかってくるからだ。その喪失感を背景にこの芝居を見ると、すべての場面がまばゆい輝きを放ち出す。そして、わたしは「追悼する」というわたしにとってはまったく不慣れな心の在り方をこの公演を通して学び、実感した。そう、この公演を見ることを通して、わたしは故・中村秀利を偲び、キチンと「追悼」できたのだ。

一人の人間の……いや、親交があった一人の人間の現実の死ほど、演劇に圧倒的な力を吹き込むものはない——そんな事実を目の当たりにして、わたしはしばらく席を立てなかった。そして、もしもわたしが死んで、劇団のメンバーが高橋いさを追悼公演として『八月のシャハラザート』を上演してくれたとしたら、観客のアナタはわたしを思って泣いてくれるだろうか？

■最前列と最後列

　先日のブログで、わたしは稽古場で演出をする時、テーブルではなく地べたに座ることを好むということを書いた。その理由は劇場で観客は舞台を「見上げる」ものだから、無意識にその高低さを稽古場で埋めるためのものだ、と。しかし、劇場の観客席は、最前列だと舞台を見上げる形になるが、最後列だと舞台を見下ろす形になる場合が多い。

　観客席のどの位置に座るかによって舞台の印象はずいぶん違うように思う。最前列の観客は、舞台上の役者を間近で見上げる形になるので、心理的には舞台上の役者は「あこがれ」や「夢」のような存在に見えるかもしれない。逆に最後列で舞台全体を見る観客には、役者たちを見下す形になるので、心理的には「愚かな人間ども」に見えるかもしれない。舞台を一番公平に見ることができるポジションは、観客席の真ん中辺りということになる。近すぎず遠すぎずの位置。

　わたしが演出する時に地べたに座るのを好むのは、たぶん観客席の最前列の大ファンの気持ちを擬似的に体験したいからではないかと思う。その役者を最も身近に感情移入して感じたいという欲求。「あなたが大好き！」というポジション。本番の幕が上がると、演出家は滅多に最前列の客席で舞台を見ることがなく、最後列に座って舞台をクールに評価せざるを得ないので、その代償行為であるという側面もあるように思う。

どちらにせよ、どの位置から舞台を見るかによって舞台の見え方はまるで違う。舞台を見る角度と舞台への距離感は、観劇における観客の心理的な態度に大きな影響を及ぼすからだ。

■「やつし」の物語

歌舞伎用語における「やつし」とは、以下のような意味である。

《和事の演技、演出の一種です。何らかの理由で高貴な身分の人物が落ちぶれた様子を演じるものです。元禄時代のお家騒動物の中に組み込まれて発達しました。みすぼらしい身なりと、元は立派な身分であることから自然と出る上品で柔らかなしぐさとの落差がやつしの面白いところで、演じる俳優には軽妙さとおかし味が必要とされます。代表的な役として、『廓文章《くるわぶんしょう》』の藤屋伊左衛門《ふじやいざえもん》などが挙げられます》(「歌舞伎辞典」より)

上記の定義に当てはまるかどうかわからないが、広い意味において「やつし」は、たくさんの演劇やテレビドラマのなかに見受けられる。歌舞伎の『仮名手本忠臣蔵』でも、赤穂の侍は敵の目を欺くために市井《しせい》の人に身をやつすし、『いれずみ奉行』の遠山の金さんや『水戸黄門』の御隠居は、官権でありながら庶民に身をやつして生きているし、『必殺』シリーズの中村主水《なかむらもんど》も凄腕の殺し屋でありながら昼間はしがないダメ役人に身をやつして暮らしている。『イコライザー』の主人公（デンゼル・ワシントン）も、『96時間』のパパ（リーアム・ニーソン）も、それぞれ凄腕の元CIAでありながら昼間はホームセンターの従業員であり、普通の警備員である。彼らは本当の正体を隠して庶民に身をやつしているのだ。彼らは他人を欺いて生きている。

わたしはこういう物語に強い関心があるけれど、わたしたちがこのような「やつしの物語」に強く惹き付けられるのはなぜなのだろう？　それはたぶん彼らのような存在はわたしたち庶民の夢だからである。わたしたちの大部分は庶民として生き、庶民としてその人生を終える。わたしたちは、身をやつす必要はなく、裏も表もなくずっと庶民なのだ。だから身をやつす必要がまったくない。彼らのように必ずしも他人を欺く必要がない。しかし、だからこそ我々は心のどこかで現在の自分の姿は偽りの姿であり、本当は物凄い能力を秘めた価値ある人間なのだという幻想を抱きたいのだ。これらの「やつしの物語」は、わたしたちのそんな幻想（誇大妄想）によく応えてくれるのだ。

■「口立て」について

劇作家・演出家のつかこうへい氏が「口立て」で芝居を作ったことは有名である。「口立て」とは、その芝居の作者自身が、稽古場において、その場で生み出した台詞を役者たちに口頭で伝え、彼らがそれを復唱して芝居を作っていく方法である。江戸期の狂言作者はそのようにして歌舞伎脚本を作ったと聞くが、わたしが知る限り、現代において、その方法を実践したのはつか氏だけである。この方法は、本来、劇作家が書斎の机の前で行う作業を稽古場で役者たちを使い、立体的に台詞を書いていく作業と言えるか。

わたしはずっとこの方法による芝居作りの稽古場を覗いてみたくてたまらず、一度だけ人を介してつか氏の演出する舞台の稽古場を見せていただいたことがある。たぶん今から二十五年も前のことだ。確か日暮里《にっぽり》にある稽古場だったと思う。稽古場の隅で緊張して稽古を見たが、その時の記憶は曖昧である。記憶に残っているのは、休憩時間につか氏が見学しているわたしにも出前を頼んでくれたこと。うどんだった。今からすれば「いったいお前は何を見てたんだあ！」と思うが、つか氏の「口立て」の印象は薄い。極度の緊張のせいか？

それにしても、芝居の演出をするようになって三十年以上経つが、「口立て」による脚本作りを実現するには、演出家に相当に特殊な能力が必要だと思う。特殊な能力とは、演出家自身に物凄く演技力がないと、「口立て」によって場面を作ることなど絶対にできないと思うからである。わたしにはとてもそんな能力はない。つまり、つか氏は劇作家・演出家・役者という一人三役ができる稀有な能力を持った人だったということである。

――「作家が書くのではない。いい役者が作家に書かせるのだ」

これはつか氏が残した名言の一つだが、「口立て」という普通の劇作家・演出家にはできない方法で芝居を作った演出家が言ってこそ説得力のある言葉である。

■つか事務所の青春

『つかこうへい正伝 1968―1982』（新潮社）を読む。著者は長谷川康夫《はせがわやすお》さん。長谷川さんは、今は主に映画の脚本家として活躍している元「劇団つかこうへい事務所」の役者さんである。二〇一〇年に亡くなった劇作家・演出家のつかこうへい氏の姿を、その出発から劇団が解散するまでの間を軸に描く人物評伝である。つかこうへい——この名前をつぶやくと、わたしの胸はちょっとざわめく。それはこの人がわたしにとって初恋の人のような存在だからである。

　つかこうへいという稀代の偉才の姿を描きながら、これは「劇団つかこうへい事務所の青春物語なのだなあ」という読後感を持つ。それは、この本を読むと改めてこの時期のつかこうへいとその仲間たちが物凄く若かったことに気づかされるからだ。つかこうへいが『熱海殺人事件』を世に出すのは二十五歳、『蒲田行進曲』で劇団を解散するのは三十二歳である。わたしがつかこうへい事務所の芝居に熱狂していた頃、つか氏はまだ二十代の若僧だったのである。『蒲田行進曲』の小説で直木賞を取るのが三十四歳。そんな事実に驚かされるのは、わたし自身がすでに五十代のオジサンになったからだとは思うものの、当時そんなことはまったく意識していなかったから、よけいに驚きは大きい。
著者の長谷川さんが、つかこうへいの一番近くにいた人の一人であることはつか氏の著作を通して知っているし、役者・長谷川康夫の姿もちゃんと覚えている。だからか、その言葉には強い説得力があり、わたしの知らない初恋のあの人の素顔が文章の随所に垣間見えてとても興味深い。二人の関係はまさに『蒲田行進曲』の銀ちゃんとヤスのようでもある。

――「あなたは芸術家より商売人に向いていています」

これは本書の中で言及されるつかこうへいの小説『ジャイアンツは負けない』(角川文庫)のなかの一節にある台詞。この小説の主人公の劇作家・演出家の「つか田」は新宿の伊勢丹前の手相占い師にそう告げられ、意気消沈する。思えば、これはつかこうへいの劇世界のおかしさを集約したような場面である。本書はそんなつかこうへいの矛盾する二つの側面――すなわち、芸術と商売、本音と建前、公と私、表と裏、純粋さと計算高さ、美意識と通俗性、大胆さと小心さを鮮やかに描き出していると感じる。
そして、わたしの回想は自分自身の過去へと飛ぶ。つかこうへいが劇団を解散した一九八二年、わたしは劇団を旗揚げしたのだ。二十一歳だった。

■新春浅草歌舞伎

わたしが利用しているＪＲ中央線のとある駅。ホームにあるベンチの背もたれに併設されたその大きな広告を見た時、わたしは男性アイドル・グループのコンサートの広告だと思った。しかし、近づいて見ると、それは何と歌舞伎公演のポスターだった。

若手の歌舞伎俳優たちが白を基調としたカジュアル着でポーズを決めているポスター。わたしはそれをニンマリと見つめた。そして「いいじゃないか！」と思った。何年か前に歌舞伎俳優の中村勘三郎らが紋付き袴姿でマクドナルドのテレビ・コマーシャルに出ていた時のあの感じ。わたしの関心どこのポスターのコンセプトはよく合致する。

そもそも歌舞伎俳優というのは、江戸時代におけるアイドルのようなものである。しかし、日本が近代化していく上で西洋の文化を取り入れた結果、そこに奇妙な歪みが生じた。日本古来の文化と西洋的な文化が相容れることなく併存することになったのである。西洋的な文化の体現者たちは、主にテレビを舞台に大衆にアピールし、アイドルとしての地位を築く。ジャニーズ系の男性アイドルはその典型だろうし、韓流のスターたちも同じであろう。しかし、本来は歌舞伎俳優こそ、何よりもまず婦女子を熱狂させるスターであるべきである。それがそのようになっていないのは、演劇がテレビほどの大衆性を獲得しにくい規模のメディアであるからであるにちがいない。しかし、こういうポスターを見ると、わたしは歌舞伎界の若手を応援したくなる。このポスターの作成者とその使用にゴーサインを出した歌舞伎界の大御所の英断に拍手を送りたい。こういう革新なしに歌舞伎に若者をなかなか呼び込めないと思うからである。

最後に「わたしの関心」を書き添えれば、それは「近代の超克」である。

■演劇が一〇〇〇円で見れたら

演劇が一〇〇〇円で見ることができたらいいなあ、と思う。演劇が一〇〇〇円で見ることができたら、今よりずっと演劇は人々にとって身近なものになるにちがいないと思うから。演劇が一〇〇〇円で見ることができたら、若者がもっと気軽に芝居小屋に足を運べると思うから。しかし、今の物価で演劇の入場料を一〇〇〇円にするには、採算を度外視した強力なスポンサードがない限り実現することは不可能であると思われる。

演劇の入場料は高い。本当にそう思う。しかし、ある時、わたしはこのようにも考えた。観劇行為は冠婚葬祭と同じだ、と。結婚式ではわたしたちは平気で万札を包むし、葬式でも同様である。演劇公演を一つの結婚式、あるいは葬式と考えるなら、高い入場料も仕方ない、と。それは二度と再現できない一回こっきりのイベントであり、その一回性のためには高価な入場料を強いるのもいた仕方がないことなのだ、と。まあ、それはそれで一理あるとは思うものの、結婚式や葬式は一年に何回もあるものではない点が観劇行為とは決定的に違う。だから、わたしの理屈にもやはり無理がある。

ではどうすればよいか？　人々が高価な入場料を支払ってでも劇場に足を運んでくれる内容を持つ面白い芝居を作ること。わたしにできることは、たぶんそういうことである。それを実現するには、長い時間をかけて観客の信頼を勝ち得なければならない。しかし、そうとは思いながらも、演劇が一〇〇〇円で見ることができる世界をわたしはやはり夢見る。

2016

■家族の団欒

舞台演出家の仕事の第一歩は、その座組の役者たちを「仲良くさせる」ということであるように思う。当たり前である。よい舞台を生むには、舞台上で演技する役者たちの間に絶対の信頼関係が必要だからである。信頼関係がないままに舞台を作っていいものができるはずがない。だから、演出家は役者たちが仲良くできるような環境をまず作らなければならない。正しくは演出家が担うのは舞台の芸術性であって、役者たちを「仲良くさせる」のはむしろプロデューサーの役割のようにも思うけれど、現場を仕切るのは演出家である。役者同士が仲良くないと、なかなかいい場面ができない。

わたしは、初めて顔を合わせる役者が多い座組の稽古の場合、稽古時間を割いてゲームをやることにしている。ゲームの種類はいろいろだが、ゲームを通して相手の出方や特性をそれぞれの共演者が共有し、相手のことを理解してもらうのである。

そのように考えると、演出家というものは、家族における父親のようなものだと言える。子供たちがのびのびと遊べ、母親が姑と揉めずにうまくやれるような環境を作り出すこと。そのような環境を作れて初めて「家族団欒」は実現する。家族団欒を実現できない演出家は、己の包容力の乏しさを恥じなければならない。さらに話を拡大させれば、会社組織も同様である。芝居の座組も家族も会社も人間の集まりであることに変わりはないのだから、すべての基礎はそこに集う人々に信頼関係があるかどうかである。信頼関係というものは、なかなか簡単に獲得できないものだが、役者同士が仲良くしている姿を見ると、演出家は仲のいい家族を見守る父親のようにとても嬉しいものである。

■仕事と生き方

わたしが利用しているFacebookのプロフィールには「勤務先」という欄があり、利用者が役者さんの場合、「勤務先・俳優」と書き込まれている場合がある。そういう記述を見かけると、ある感慨を抱く。

「勤務先・俳優」とは泣かせるではないか。彼らはサラリーマンが「株式会社○○商事」とか、理髪店従業員が「バーバー○○」とか、ホステスが「クラブ○○」とか、弁護士が「○○法律事務所」とか、肉屋さんが「○○精肉店」とか、そのように書き込めるような「勤務先」と呼ぶべき定住地を持たない人たちなのである。もちろん「所属事務所」と呼ばれる場所が彼らの勤務先にはなるのだろうが、別に彼らは「所属事務所」へ出勤するわけではない。そういう意味では、俳優という仕事は、決して定住地を持たず放浪の旅を続ける「男はつらいよ」のフーテンの寅さんに似ていると思う。

「俳優という仕事は職業ではない。その人間の生き方のことだ」——いつだったか、ある先輩がそのように言っていたのを思い出す。確かに「仕事」には報酬が出るが、「生き方」には報酬は出ない。

わたしは俳優志望の若者と接することが多いが、彼らはそのへんの認識が甘い気がする。俳優を「仕事」だと考えることしかできないから、事務所へ入っても仕事がないとすぐにめげてしまう。しかし、俳優というものが「仕事」ではなく「生き方」なのだと腹をくくることができるヤツは簡単なことでめげないように思う。思い当たるフシはある。わたしはずいぶん若い時に「劇作家・演出家」になることを決意した。その決意は「劇作家・演出家」を仕事にしようという決意ではなく、そういう生き方をしようとした決意であったように思う。確かに「勤務先・俳優」は不安も伴うだろう。しかし、その不安も自分が選んだ「生き方」の結果だと思えば気持ちも少しは楽になるのではないか。その生き方を貫徹できた人間のみが己を俳優と呼ぶことができると思う。いや、俳優だけではなく、芸術家とは、どんなジャンルであるにせよ、本来そういうものだ。もっとも、この生き方は親を泣かせる。

■身体性の欠如

「身体性」という言葉を知ったのはいつ頃だったたろうか？　わたしの記憶では、大学時代に演出家の鈴木忠志《すずきただし》さんの書いた演劇論集『内角の和』（而立書房）を読んだ時だったように思う。以来、わたしにとって「身体性」という言葉はすぐれた演技を考える上でのキーワードの一つになった。大雑把に言えば、身体を使わない演技は魅力的ではないということである。

思うに、現代ほど「身体性」に乏しい世界はないのではないか。パソコンやスマホに代表される電子機器の発達は、人々から恐ろしいくらいに身体性を奪い去った。それさえ使えば、ほしいものが身体を使わず手に入るのだから。ＳＦ的な発想で、その利便性を突き詰めていくと、その究極の人間の姿は家から一歩も外へ出ず、すべてを一つの場所で手先だけで行うような生活か。しかし、それは著しく人間性を奪うような生活ではないか。人間が動かずに指先だけですべてを実現してしまう世界。それは演劇を生業《なりわい》とするわたしにとって悪夢のように恐ろしい光景である。

わたしは会話だけで成り立つような芝居よりも身体を使う芝居が好きである。いや、すぐれた演劇は必ず俳優の身体性を発動させるように作られている。舞台の上の俳優が動いていない演劇は退屈である。仮に動きが少ない場面でも、すぐれた俳優はじっとしていずに動くと思う。世界から身体性が失われつつある現代であるからこそ、演劇は人間の身体性の魅力を発揮しなければならない——そんなことを電車でスマホをいじるたくさんの人々の姿を見ながら思う。

■嘘を見抜く

舞台演出家の本分は作品を通して自分の世界観を提示することであるとわたしは考えるが、稽古や本番を通して演出家が役者たちに口を酸っぱくして言うことは、「嘘をつくな」ということに尽きるのではないか。そういう意味では、演出家とは嘘を見抜くプロであるとも言えるかもしれない。その演技が嘘か本当かを演出家は鵜の目鷹の目で見極める仕事でもあるわけだ。このように書くと、若い俳優志望者であるアナタは混乱するかもしれない。「演技自体が嘘なのに、なぜ演技に嘘や本当があるのだ？」と。

「演技するのではない。生きるのだ」とは、近代演技術の基礎を作ったスタニスラフスキーの言葉だが、この言葉も舞台の演技の極意をよく語っている。このへんの「からくり」をからだで理解するには時間がかかるかもしれないが、その「からくり」がわかった時、その人は舞台の演技のスタート地点に立ったと言える。

「演技するとは演技しないことだ」――これはスタニスラフスキーではなく、わたしの言葉だが、この禅問答のような逆説が理解できた時、アナタは舞台という神秘の世界の虜《とりこ》になるはずである。

役者の演技の嘘を見抜くのが演出家の仕事であるのは事実である。だから、演出家が実生活でその能力が発揮すれば、他人の心中をよく見抜き、その人の心の真実を言い当てられそうなものだが、なかなかそんな簡単にはいかないところが現実の複雑さだと感じる。

■いろいろな視点

――「世の中には寝室の壁紙をどうするか考えて一日を過ごす人間だっているんだ！」

この台詞は、ギャング映画『アンタッチャブル』（一九八七年）のなかで、主人公のエリオット・ネス（ケヴィン・コスナー）が言う台詞だ。ギャングとの血まみれの戦いを強いられた財務省特別捜査官のネスがふと弱気になって同僚に洩らす言葉。「それにひきかえ、銃弾飛び交い、仲間が殺される世界に生きる俺たちは何だ！」と言外に言っている印象的な台詞。脚本を書いたのは劇作家のデイヴィッド・マメットである。

わたしが一生懸命取り組む演劇の世界も、別の人の視点から見ると、どうでもいい馬鹿げた世界であるにちがいない。例えば、より新鮮な肉を仕入れ、それをいかに安く人々に提供するかを生業《なりわい》とする肉屋さんの視点で演劇の世界を眺めれば、一つの表現のリアリティをめぐって四苦八苦する役者の苦悩などまったく訳のわからぬ世界の話ではないか。例えば、人様の要望に応えて髪型を整える理髪師の視点で演劇の世界を眺めれば、より効果的な場面転換を決めかねる演出家の苦悩などまったく訳のわからぬ世界の話ではないか。例えば、赤ちゃんにどんな可愛い服を着せるか悩むお母さんの視点で演劇の世界を眺めれば、伸び悩む観客動員に苦悩するプロデューサーなどまったく訳のわからぬ世界の話ではないか。

しかし、それでもなおわたしは一生懸命に演劇に取り組むしかない。そして、わたしの密やかな野望は、わたしとまったく違う世界に生きる件《くだん》の肉屋さんと理髪師とお母さんの心を鷲摑みにして支配することである。「世の中には寝室の壁紙をどうするか考えて一日を過ごす人間だっているんだ！」という絶対の真実を忘れずに。

■通俗と芸術

わたしは、大衆的でありながら、同時に芸術的であるようなものを作りたいのだなあ、と思う。大衆的とはすなわち通俗と考えると、通俗性と芸術性の綱渡りのような作品。通俗に傾きすぎると作品が下品になり、芸術に傾きすぎると作品がお高くとまっているようになる。その両者が微妙なバランスで成り立つような作品。

わたしが言う通俗とは「わかりやすい」ということである。「誰にでもわかる」ということである。「誰にでもわかる」という例で、しばしば冷笑的なニュアンスで俎上《そじょう》に上がるのはドラマ『水戸黄門』だろうか。いい人がいて悪いヤツがいる。悪いヤツは最後にいい人によってやっつけられてめでたしめでたし。勧善懲悪の夢物語。対して芸術作品は「誰にでもわかる」ものではない。

例えば、ピーター・グリーナウェイ監督の『コックと泥棒、その妻と愛人』（一九八九年）は、そういう映画か。わたしは本作の芸術性に惹かれ、想像力を強く刺激されるが、『水戸黄門』のようにわかりやすい内容ではない。少なくとも一日の仕事を終えた肉体労働者が見たくなるような映画ではあるまい。金銭的に余裕のあるセレブがゆったりとワインでも飲みながら鑑賞するような映画。

肉体労働者とセレブには金銭的にも文化的にも差異があるのが普通で、両者がともに楽しめる内容のドラマや映画や演劇を作るのは至難の技であると思う。しかし、わたしが目指したいのはそういう人々が同時に楽しめる作品を作り出すことである。翻って、名作と呼ばれる作品は、それがどんなジャンルのものであれ、通俗性と芸術性の両方を兼ね備えているはずだ。それが「ブロックバスター級」と呼ばれる世代を越えた作品ということか。例えば、映画『ゴッドファーザー』がそうであるように。

■頭のネジ

本日、千秋楽の『明日から来た男』（佃典彦作）は頭のネジをめぐる物語である。頭のネジと言って思い出すのは、つげ義春の『ねじ式』である。シュールリアリズム的な漫画として有名なあの漫画が発表されたのは一九六〇年代後半か。からだにネジをつけた男の絵が鮮烈なあの悪夢のような漫画は、当時のクリエーターに大きな影響を与えたと仄聞《そくぶん》する。「頭のネジ」は、普通、「頭のネジが緩い」という言い方をして、あくまで比喩表現として「頭の悪い」人間のことを言い表す。しかし、本作には文字通り「頭のネジ」が登場し、そのネジをめぐって物語が展開するのだ。こういう「ぶっとんだ」着想に作者である佃典彦《つくだのりひこ》さんのある種の天才性を感じる。少なくとも、わたしにはそういう発想はできないから。

比喩表現としての言葉が、そのまま現実的に描かれる作品は時に傑作を生み出す可能性を持っていると思う。例えば、「穴があったら入りたい」という比喩表現を、そのまま現実的に描けば、恥ずかしさの余り「穴に入ってしまった男」として描くということである。例えば、「耳にタコができる」という比喩表現をそのまま現実的に描けば、「耳がタコのようになってしまった男」の物語ができる。例えば、「首を長くして待つ」という比喩表現をそのまま現実的に描けば、待望の気持ちから「首が長くなってしまった男」の物語ができる。例えば、「目から鱗が落ちる」という比喩表現をそのまま現実的に描けば、魚の目を持った男の非常に気持ち悪い物語ができる。

一見、ナンセンスにも見えるこういう比喩表現の現実的な表現は、場合によってはあっと驚く傑作ファンタジーを生む一つの方法であると思う。芸術とはこの世に存在する抽象的な何かを具体的に表現することだとも言えるのだから。

■竹内銃一郎さん

先日、公演を終えた『明日から来た男』の千秋楽の後、作者の佃典彦さんと短い時間だったが酒を飲んだ。芝居の感想をはじめとする四方山《よもやま》話をしたが、その時に竹内銃一郎《たけうちじゅういちろう》さんの名前が出た。竹内銃一郎！　実に久しぶりにこの人の名前を耳にした。若いアナタは知らない人かもしれないが、わたしより一世代上の劇作家・演出家の先輩である。

二十代の頃のわたしは竹内銃一郎さん率いる「秘法零番館」の芝居をよく見ていた。『少年巨人』『あの大鴉、さえも』『ドッペルゲンガー殺人事件』『戸惑いの午后の惨事』など。とりわけ『少年巨人』を見たときはびっくりした。舞台が始まってから終わるまで、舞台中央に両手を縛られた男が、別の男にバットでバシバシ殴られ続けながら（！）物語が展開するのだ。そのせいか、わたしの初期作品は竹内さんの芝居に影響されたものが多い。竹内さんの芝居の特徴は、わかりやすい物語性にはなく、不条理感覚に満ちたその独特の世界観にあったように思う。わたしの書いた『ある日、ぼくらは夢の中で出会う』（論創社）などは、つかこうへいさんの『熱海殺人事件』と竹内さんの『ドッペルゲンガー殺人事件』を足したような作風である。

佃さんも竹内さんから大きな影響を受けたらしいことを短い会話から推察したが、確かに佃さんの劇作の作風と竹内さんの劇作の作風には通じるものがあるように思う。わたしは結局、不条理な世界観を示すような作品の書き手にはならなかったが、竹内作品を上演していた下北沢のザ・スズナリの客席で、わくわくと開幕を待っていた若い頃の自分を懐かしく思い出した。わたしは竹内銃一郎戯曲集（而立書房）をほとんど持っているが、台詞に句読点がないのも竹内戯曲の特徴だった。

■モデル

モデル志望の若者に演技を教えることがある。今の時代、モデルと呼ばれる人たちも、必ずしもショーやイベントだけが仕事の場所なのではなく、どんどんドラマの世界へ進出して主役を張るような時代だから、モデル業界でも演技ができるモデルの需要は大きいということだと思う。彼らに演技を教えていつも思うのは、例外はあるにせよ、モデル志望の若者は概して演技に対するモチベーションが低いということである。

そうなってしまうのは、ある意味で当たり前で、彼らの出発点は「演技する」というところではなく、見かけの格好よさだったり、センスのよい服装だったりするからにちがいない。それはそれでよいとは思うものの、外面のよさだけでは勝負できないのが芝居の世界の大変なところである。なぜなら芝居は、演技を通してその人の内面が透けて見えるからである。だから、薄っぺらな内面しか持っていない人は、同様に演技も薄っぺらになる。その事実は女性美の在り方にも通じているように思う。いくら外面をメーキャップや装いによって美しく飾っても、最終的にその女性を美しく輝かせるのは、その女性の内面からの魅力であるはずだから。
天は人に二物を与えず——彼らを見ていると、しばしばそんな言葉が脳裏をよぎる。だから、モデル志望者で演技を学ぶ若者に強く言いたい。外面を磨くのと同じくらいの情熱をもって内面を磨け、と。そのためには、たくさん映画を見たり、本を読んだりしないといけない。その人間の内面の充実が顔に出るのはものの道理である。

■あんな兵隊はいない

『父との夏』は、わたしの父が戦争時代に体験した実話を元に書いた戯曲である。その体験は大層ドラマチックで、その話を父から聞いた時に、わたしはすぐにその話を戯曲にしようと思った。戯曲を書き終えて、三田村組による上演が決まり、決定稿が出来上がった時、父にも目を通してもらい、細部のチェックを頼んだ。戯曲を読んだ父の機嫌は余りいいものではなかった。父は言った。

——「あんな兵隊はいない」

父が話した実話を元にしているとは言え、戦争時代を回想する主人公が青森までの列車で乗り合わせる十七歳の「金坂少年」の人物造型と会話の内容は、まったくのフィクションである。わたしはある意図があって金坂少年を「泣き虫の兵隊」という設定にしたのだ。彼は「俺は死にたくない」とハッキリと口にする。

父はその金坂少年の設定が気に入らなかったらしい。わたしは自分の意図――すなわち、戦後に生まれたわたしたち平和主義者の分身として金坂少年を造型したことを父に告げて許しを乞うたが、父は納得してくれなかった。余りにも頑《かたく》なに金坂少年を否定するので、大人気ないが父に反論した。

――「兵隊だって人間だろう。泣き虫の兵隊がいたっておかしくないじゃないか！」と。

それでも父は「あんな兵隊はいない！」と言い張る。けれど、父の気持ちもわからないではない。戦地に旅立つ時にメソメソしている兵隊など父の記憶の中にはいなかっただろうし、ましてや兵隊のくせに「俺は死にたくない」と口にする男など当時の感覚で言えば言語道断だということだろう。それはそれで理解はできる。そう言えば、ずいぶん前にわたしが書いた『ある日、ぼくらは夢の中で出会う』という芝居を父が見に来てくれたことがある。この芝居には刑事が登場する。父の感想は今でもハッキリ覚えている。父の感想は「あんな刑事はいない」だった。

■小学校の稽古場

連日『父との夏』の稽古。今回の稽古は西池袋にある「みらい館大明《たいめい》」という小学校で行っている。この稽古場は廃校になった小学校を豊島区と地域の有志が運営し、文化活動を促進するためにさまざまな団体に貸し出している施設である。わたしたちはその小学校の一室を使わせてもらっている。二〇一〇年に『父との夏』を初演した時に使わせてもらった以来だから六年ぶりに訪れた場所である。稽古をしていると隣接する別の教室からは詩吟を唸る人々の声が聞こえてきたり、ダンスの最中なのだろうドカドカと床を踏み鳴らす人々の足音が聞こえてきたりする。だから、施設内でお年を召した老齢のグループやうら若き女の子たちのグループや幼い子供たちのグループを見かける。まったく世界の縮図のように素敵な場所であると思う。

稽古場はかつて教室だった一室。普通の稽古場の出入り口は一ヶ所だが、この稽古場には二ヶ所ある。先生が入ってくる黒板側のドアと児童たちが入ってくる後方のドア。ドアは横にスライドさせる形のもので、開ける時に「ガラガラッ」と実に「教室のドアらしい音」がする。わたしが小学校に通っていたのは今から四十五年くらい前で、教室の風景がどんなものだったのかまるで記憶にないが、この「ガラガラッ」という音を聞くと、条件反射のようにちょっとハッとする。「先生が来た！」という記憶がこのドアの開閉音と対になっているからだと思う。

教室には児童用の机と椅子はないものの、ここにいるとちょっとしたタイム・スリップ感覚を抱く。

■心と身体

――「昨日はありがとうございました！　本当に余韻が心地良くて、良い舞台は身体にいいと思います!!　これからも頑張って下さい」

ちょっと前の話になるが、先月、わたしの作った『父との夏』を見に来てくれたとある女性のお客様の感想メールである。「良い舞台は心にいいと思います!!」という感想ならわたしはスルーして、わざわざこのブログで紹介しようとは思わなかったが、彼女の感想はちょっと風変わりである。そう、「心にいい」ではなく「身体にいい」という部分である。

長いこと芝居に関わり、舞台に対するさまざまな感想をいただいてきたが、「身体にいい」と言われたのは初めてである。つまり、彼女にとって『父との夏』は、新鮮な野菜のようなある種の健康食品のようなものだったということである。しかし、彼女が思わず「身体にいい」という言葉を感想メールに書いてしまった気持ちも想像できなくはない。彼女はダンスの先生なのだ。つまり、彼女は自分の身体に関して、普通の人より断然、意識的な人であるはずなのだ。だから、彼女は舞台を見終わった後、自分の身体が変化したことに気づいたのではないかと思う。

身体と心はストレートに繋がっているとわたしは思う。心が変化するから身体は変化するのであり、身体が変化するから心が変化するのである。内面は外面に表れ、外面は内面に影響する。だから、彼女の舞台への感想はその両方を意味しているはずだ。しかし、身体能力に長けたダンサーである彼女は、舞台を見て心より先に身体が反応したのだと思う。下世話な喩《たと》えで恐縮だが、「良いセックス」もそのように心と身体が連動してすばらしい快感が得られるものだとしたら、良い舞台もそれに似ているのではないか。文字通り、良い舞台は「身体にいい（＝その人の健康に貢献する）」のだ。どちらにせよ彼女の言葉は人間の身体と心の関係を考える上で興味深い。

■恥の方向性
――「文化とは恥の方向性のことである」

これは劇作家・演出家のつかこうへいさんの言葉である。つかさんは「人間にとって大切なのは何を恥と思うかです」とも言っている。つかさんの残した言葉のなかでも、最も印象的な言葉の一つ。そう言えば、つかさんが亡くなった後、公開された遺書には「恥の多い人生でした」という一文が綴られていた。思えば、つかさんほど、羞恥心というものに敏感な人はいなかったということではないか。

恥ずかしいとはどういうことか考えた。恥ずかしいとは、他の人はわかっているのに、自分だけわかっていないということであろう。人がズボンのチャックが開いていて、それを指摘されて羞恥心を抱くのは、ズボンのチャックが開いていている事実に自分だけ気がついていないからである。そのように考えると、羞恥心とは客観性の欠如がもたらすものである。己の姿の無様さに自分で気づいていないのは、自分を外側から見る視点を欠いているということだから。

確かにつかこうへいの世界は自分の姿を客観的に見ることによって生み出される笑いに満ちていたように思う。小難しく言えば「自意識のドラマ」である。代表作『熱海殺人事件』で描かれるのは「ブスを殺した工員」の事件であり、その物語が人間の見てくれと行為（理想と現実と言い換えてもいいが）をめぐるギャップを軸にした物語であったのも、ある意味で象徴的である。そうそう、つかこうへい事務所公演『熱海殺人事件』の回想場面で、被害者に扮する婦人警官が、容疑者・大山金太郎を「高級レストランでフィンガーボールの水を飲み水と間違えて飲んでしまった」というエピソードを通じてなじる場面があったと記憶するが、このエピソードは確かつかさんの実体験ではなかったか。その時、つかさんが強烈に感じた羞恥の記憶。そして、それはつかさんが在日韓国人であったことにも通底していたのではないか。

「文化とは恥の方向性のことである」――わたしは時々、折りに触れてこの言葉を思い出す。わたしたちの文化は正しい恥の方向性を持っているか？

■動の魅力

大学や専門学校で劇作や演技の講師をするようになってずいぶん経つ。「学校の先生」という仕事は必ずしもわたしの天職ではないように思うが、こういう場所で講師の仕事をしなければ、決して生み出されなかっただろう芝居がいくつかある。以下のようなものである。

○『へなちょこヴィーナス』
○『アロハ色のヒーロー』
○『レディ・ゴー！』
○『プール・サイド・ストーリー』
○『淑女のお作法』

共作による作品もいくつかあるが、これらの芝居はみな若者が主人公の芝居である。『へなちょこ～』はチアリーディングをやることになった女子高生たちを、『アロハ色～』は船の上でヒーロー・ショーをやる人々を、『レディ～』はボクシングをやることになった暴走族の女の子を、『プール～』はシンクロナイズド・スイミングをやる高校生たちを、『淑女～』は社交ダンスをやることになった不良の女子高生を描く芝居である。チアリーディング、ヒーロー・ショー、ボクシング、シンクロナイズド・スイミング、社交ダンスと書けばおわかりだと思うが、要するに出演者の身体表現に比重がかかる題材を意識的に選んでいるということである。

なぜ身体表現に比重がかかる題材を選んでいるかと言うと、出演者がみな若者だからである。若者の特性を最大限に生かしたいと目論んでいるわけである。もちろん、会話を主体にした芝居であっても面白い若者芝居は作れる可能性はあると思うが、やはり、若者が最も若者らしいのは、若いピチピチの肉体が躍動できる内容のものであるようにわたしは思う。動の魅力。だから、その劇に参加する面子を見て、どんな「動ける題材」を扱うかをいろいろと思案した結果、辿り着いたのがそれらだったというわけである。思えば、わたしは上記の理屈とまったく同じ理屈でかつて劇団ショーマの芝居を作っていたと思う。

■追悼 ピーター・シェーファー

ピーター・シェーファーの訃報が届いた。九十歳だという。イギリス出身の劇作家。『アマデウス』の作者として知られる人だが、この人には面白い作品が他にもいくつもある。『他人の目』『エクウス』『ブラック・コメディ』『太陽の国の征服』などである。わたしは劇団四季が上演した『エクウス』の観劇をきっかけにこの人の存在を知ったが、若い頃、シェーファーの書く戯曲を通して

「演劇的な手法」というものを学んだように思う。中でも数人の俳優が馬を演じる『エクウス』は印象的で、その場面はわたしの脳裏にハッキリと刻まれている。

シェーファーは「怒れる若者たち」と呼ばれた一九五〇年代後半に台頭したイギリスの若い演劇人たちと同世代だが、その立ち位置が彼らとはちょっと違っていたように思う。社会への怒りをストレートに描いて気勢を上げていた彼らに比べて、もっとスマートに、もっと楽しく演劇を作っていたと思う。作劇の作風もリアリズムではなく、エンターテインメントとしての意志がハッキリとあり、その分、商業的な色合いも帯びてはいたが、よく言えば、大人の余裕を感じる作風だったと思う。また、大学教授のような知的な風貌をしていることも好ましかった。

『アマデウス』は、作劇のテクニック的にもシェーファー節が全開の最もすぐれた一編だと思う。日本でも松本幸四郎さんが長いこと語り手のサリエリを演じてきた芝居だが、天才音楽家・モーツァルトの死の真相をミステリの手法を駆使して描くという点にシェーファーらしい持ち味があったと思う。わたしは『エクウス』（倉橋健訳／テアトロ）と『アマデウス』（江守徹訳／劇書房）の戯曲集をそれぞれ二冊ずつ持っている。なぜ二冊ずつ持っているかと言うと、失くした時の保険のためである。これらはわたしにとってそのくらい愛着がある戯曲集なのである。極東の島国より謹んでご冥福をお祈りする。シェーファーさん、面白い芝居をありがとうございました。

■会話とアクション

会話劇とは、登場人物たちの会話が主体となった劇を指し示す言葉である。それに対して登場人物たちの会話ではなく動きが主体となっている劇はだいたい「活劇」と呼ばれる。踊りや音楽の要素がある劇は「舞踊劇」とか「ミュージカル」、剣殺陣《たて》を中心にした劇は「時代劇」と呼ばれるが、これらはみな様式性に重きがかかる。

演劇という表現形式は、映画のように自由に時間や空間を飛ばせないので、どうしても会話主体に物語を書かざるを得ないところがあるが、演劇において様式性に重きを置かない動きが完全に物語の主体となる稀有な例がある。マイケル・フレインの書いた舞台劇『ノイゼズ・オフ』である。日本でも何度か上演されているが、わたしは映画化されたもの（『カーテンコール～ただいま舞台は戦闘状態』一九九二年）を見た。この芝居は卓抜したアイデアの芝居である。三幕構成によるこの「爆笑コメディ」は、とある舞台劇をめぐるキャストとスタッフの舞台裏を描いたものだが、第一幕はリハーサルを、第二幕はその舞台裏を、第三幕は舞台そのものを描く。第一幕と第三幕は台詞があるが、第二幕は上演中の舞台の裏側で巻き起こるてんやわんやを台詞を一切使わずに（！）描くのだ。人々はジェスチャーと行動だけで自分の意思を相手に伝える。

動きの面白さに重点がかかったコメディのことを「スラップスティック・コメディ」と呼び、状況の面白さに重点がかかった「シチュエーション・コメディ」と区別するが、『ノイゼズ・オフ』はまさに前者のテイストである。演劇も人間が演じる以上、会話ではなく動きを主体にした芝居があっておかしくないのだが、わたしが知る限り『ノイゼズ・オフ』を上回る動き中心の芝居はなかなかないように思う。

■夢の東京

「やっぱり東京だよなあ」と思う。何が「やっぱり東京だよなあ」かと言うと、上演される芝居の多さのことである。映画は東京でなくとも見ることはできるが、芝居は東京以外の場所だとなかなか見ることができない。「複製できない」という点が映画と芝居を大きく隔てる基本的な条件であり、大劇場から小劇場まで、毎夜、上演される芝居の多さは世界的に見ても東京は上位にランクされる大都市であると思う。いったいいくつの芝居が連日連夜、東京で上演されているのだろう？活気がある状態を作るには、やはり人間の数がものを言う。

いかんともしがたいことだが、東京以外の場所で生まれた人はなかなか芝居に接する機会が少ないように思う。わたしは東京生まれだが、もしも若い時に芝居を見ていなかったら、決して芝居をやろうなどとは思わなかったにちがいない。つまり、芝居をやる環境として東京生まれは圧倒的に田舎町より有利なのだ。のどかな田舎町で芝居を上演することに意味はないとは思わないが、芝居はやはりごちゃごちゃといろんな人間がいる都会で上演してこそ、本来の特性（直接性とでも言おうか）を発揮できるものだと思う。

ずいぶん前にとある演劇祭があり、そこで東京をテーマにした芝居を作る機会があった。その時、わたしが作った芝居は「劇場」が舞台だった。東京という街を象徴的に表現するのに「劇場」という比喩はもってこいと思ったからだ。劇場に人が集まるように東京にも人が集まる。劇場で人々が夢を見るように東京で人々は夢を見る。

さて、そんな夢の東京。新たなる都知事はいったい誰が。

■蜜月

「演劇評論家」と呼ばれる人たちがいる。わたしが若い頃は、劇団が注目されていたこともあり、そういう人たちと少しだけ付き合いがあったが、今ではまったく疎遠なものになった。日本の小劇場演劇を最も熱心に紹介した演劇評論家は、昨年亡くなった扇田昭彦さんだと思うが、わたしの作った芝居も扇田さんに何度か取り上げて論じてもらったことがある。それはそれでとても光栄で嬉しいことであったが、今思うと、舞台の作り手と演劇評論家の関係は、ちょっと男女の恋愛関係に似ていると思う。

ある日、演劇評論家は、その劇団（作り手）に出会う。それは恋人募集中の女が好みの男に出会うのに似ている。女は瞬く間に恋に落ち、その男を褒め称える。「貴方はなんて素敵な人なの！」と。そして、再びその男に会う。もっと彼のことが好きになる。女は熱っぽく男を語る。演劇評論家と作り手の蜜月である。お互いがお互いを高めあうようなすばらしい関係。しかし、恋人同士の蜜月が長くは続かないように、演劇評論家と作り手の蜜月も長くは続かない。ある日、女は男の変節に直面し幻滅するのだ。そして、女は男の元を去り、別の男と出会い、また恋に落ちる。

翻って、これは芝居の作り手と演劇評論家だけのことではなく、広い意味で世にあるすべての評論家と呼ばれる人たちに共通する性格ではないだろうか。文芸評論家は小説家との蜜月を経験し、音楽評論家はミュージシャンとの蜜月を経験し、美術評論家はアーティストとの蜜月を経験し、映画評論家は映画監督との蜜月を経験する。しかし、蜜月時代を経た二人は、いつしか何らかの理由で別れの時を迎える。

「歴史はすばらしい語り手によって初めて偉大な歴史になる」と言ったのは寺山修司だったか？この言葉に沿って考えると、「演劇はすばらしい語り手によって初めて偉大な演劇になる」ということである。だから、すぐれた演劇評論家の言葉は、他の分野の表現と違って一回性の芸術である演劇を歴史に刻む上で非常に大切なものだと思う。しかし、その演劇評論家の言葉は、作り手との蜜月時代こそ最も熱がこもっているものだと思う。恋人同士が交わすラブレターがそうであるように。

■一周回って

ネットで「一周回って」という若者言葉についての記事を見かけた。わたしの周りに若者はたくさんいるが、進んで彼らとプライベートな付き合いはしないので、彼らがそのような言葉を口にしていることを聞いたことはなく、まったく知らない言葉だった。以下のような意味であるらしい。

《一周回ってとは、昔ハマったが長らく触れていなかった事を再度やり、そこに価値を見出すこと。例えば、何年も聞いてなかった音楽を改めて聞いてみて、やはりいい曲だと感じること。「一度廃れたが今になって見ると良い」「古いものでも良いものは良い」というニュアンスが含まれる。音楽やゲーム、ファッション、一発ギャグなど、娯楽関連で使われることが多い》

（「若者言葉辞典」より）

わたしは言葉を扱う仕事をしているので、こういう若者言葉に強い関心がある。（かつて若者の真っ只中にいたはずのわたしも、今や若者言葉を調べないとわからぬ中高年である。そんな現実にちょっと溜め息も出るが）誰が言い出した言葉か知らないが、なるほど言い得て妙である。名作と呼ばれる映画は、いつの時代に見ても面白いということだと思うが、この文脈において『ローマの休日』や『第三の男』や『七人の侍』などは、いつの時代も「一周回って」くるからこそ名作と呼ばれるにちがいない。時代が新しくなっても決して古くならない。

ところで、先日、とある芸能事務所の発表会で拙作『バンク・バン・レッスン』を上演した。今までに数えきれないくらい本作を上演した経験がわたしにはあるが、六十代の役者さんが支店長役を、十代の高校生の男の子が男役を演じたのは初めてだった。年齢差四十歳余りの二人の立ち姿に感慨深いものがあったのだが、三十年も前に上演したこの芝居も、「一周回って」面白い芝居であると感じた。つまり、喜ばしいことに（作者自身の口から言うのは僭越《せんえつ》だが）本作は名作になったということである。

■他人が作る豆腐

わたしはこのブログに映画の感想は書くが、芝居の感想は書かないようにしている。（例外はあるが）なぜかと言えば、芝居の感想は書きにくいからである。作り手が知り合いであったりする場合が多いので、下手なことを書くとその人との関係が気まずいものになる可能性がある。ごく稀に褒め言葉しか思いつかない芝居に出くわすことはあるが、それでも芝居の感想は書きにくい。わたしが映画の感想を気ままに書くのは、わたしが映画を作る側の人間ではなく、見る側の人間だからである。

ところで、「現実と切り結ぶ」という言い方がある。表現が絵空事ではなく、我々の実社会の現実に直結しているような場合、使われる言葉だと思う。現実に拮抗しようとしている表現とも言える。そういう意味では、わたしはこのブログの文章を通して「現実と切り結んで」いないのかもしれないと思う。現実と切り結ぶには、誰かが不快に思おうと、誰かがその文章を読んで傷ついても、あくまで真実を書き記さねばならないと思うからだ。つまらぬ芝居があったら、「こんなつまらぬものを金を取って見せるとは、いったいどういう料簡だ！」と怒る必要があるのかもしれない。そうは思いながら、なかなか他人の芝居を俎上《そじょう》に載せる気にならない。そもそも、「現実と切り結ぶ」のは、ブログの文章ではなく、実際にわたしが上演する舞台を通して実現するのが本道であろう。それにわたしは評論家ではない。

だから、わたしが観劇した舞台のことに触れていなくても、関係者の方々は気にしないでいただきたい。豆腐屋はケーキの美味さについて語っていいが、他人が作る豆腐についてあれこれ言ってはいけないと思うのである。

■最初の観客

夏から書き出した新しい戯曲の執筆がやっと終わった。わたしとしては、久々の新作である。劇作家の幸福とは、やはりこういう風に新しい作品をコツコツと書いている時なんだなあ、と改めて実感する。誰にも介入できないわたしと作品だけの時間。その幸福感はもの書きにしかわからぬものではなかろうか。そして、劇作家が戯曲執筆の際に内面的に体験する感情が、劇場で観客が内面的に体験する感情のほとんどすべてである。作品の最初の観客は、作者自身なのだ。

過去の経験からよくわかるが、作者が作品世界に入り込み、執筆がノッてくると、帰宅時間が早くなる。芝居や映画を見に行くよりも、友人と会って酒を飲むよりも、本屋に立ち寄るよりも、一刻も早く作品世界に戻り、登場人物に会いたいと思うからである。その姿は、新しい恋人との逢瀬《おうせ》にときめく人間のそれに似ている。すでにできあがり、何枚も積み重ねられた原稿の束は、さながら恋人の肌のように愛しい。

それにしても、自分の経験していないことを想像力によってあたかも経験したごとく文字にして書き記すとは、何と面白い作業なのだと改めて思う。仮にわたしが地獄に住んでいでも、想像力を使って天国を描けばわたしの心は疲弊せずに躍動し続けることができるのだ。つまり、創作とは生きる力なのである。わたしの心がいつまでも若い（？）のは、このような幸福な時間を持てるからにちがいない。

実はまだその作品の具体的な上演の日程と場所は決まっていない。だから、みなさんの前に本作をお披露目できるのがいつ頃になるかまだわからない。だから、作品に関してタイトルも内容もまだ詳述することは控えるが、わたしとしては現実の事件に材を取った新境地的な作品である。乞うご期待！

■心の隈取り

わたしは大学時代、「歌舞伎舞踊研究会」というクラブに所属していた。このクラブへ入ろうと思った動機は様々だが、「隈取《くまど》り」と呼ばれる歌舞伎のメーキャップに大きな関心があったのも動機の一つである。今思えば、幼い頃からわたしはメーキャップに強い関心があったように思う。顔が変わると性格も変わるという人間心理の不思議に興味を持っていたのだと思う。歌舞伎の隈取りには以下のような意味合いがある。


《赤色。「正義」や「勇気」を表し、血管や筋肉が浮き出た状態を表現しています。

青（藍）色。赤に対しこちらは「悪」を表しています。ボス的な立場の敵役に使用されます。

茶（代赭）色。鬼や妖怪等、人間以外の不気味な役に使われます》（「NAVERまとめ」より）

歌舞伎がなぜ隈取りというメーキャップ方法を編み出したのかは興味深いことだが、その人間のキャラクターを視覚的に誇張して、より明快に表現しようとしたとは言えるだろう。また、照明機材がない江戸期の芝居小屋において、隈取りによるメーキャップは、観客に登場人物の顔をより鮮明に印象づける上で有効だったにちがいない。隈取りは人物像を単純化・記号化したのだろうが、そのぶん一目でその人物がどういう人かわかるという特長があると思う。

現代演劇に登場する人物は、当たり前だが隈取りはしない。ナチュラル・メークが基本である。現代のとある家庭を舞台にした芝居の登場人物がみな隈取りをしていたら、その家族は「狂った家族」にしか見えないであろう。しかし、キャラクターとはその人間固有の性格であると考えるなら、登場人物の「心の隈取り」がキチンとできている芝居は観客に親切でわかりやすいと思う。つまり、「心の隈取り」とは性格のデフォルメである。親切な芝居は、曖昧な人間像ではなく明快な人物像を提示していると思う。

翻って、現代演劇においてキャラクターを創造するとは、その人物に「心の隈取り」をキチンと施すということではないだろうか。

2017

■追悼 根津甚八さん

昨年の年末のことだが、俳優の根津甚八《ねづじんぱち》さんが亡くなった。わたしの世代の演劇人にとって根津甚八は間違いなくスターであったと思う。劇団「状況劇場」での活躍をわたしはリアルタイムに見ていないのだが、山田太一さんの書いたテレビドラマ『男たちの旅路』の新人歌手役や『思い出づくり。』の最後に登場する「根津甚八そっくり」のヒロインの恋人役が印象に残っている。また映画『GONIN』の悪徳刑事役も。

訃報を伝える記事の中に劇団「状況劇場」を主宰した唐十郎《からじゅうろう》さんの「特権的肉体論」について言及しているものがあった。「特権的肉体論」をここで短く説明するのは難しいが、以下の言葉にそのエッセンスは集約されていると思う。

――「まず、戯曲があるのではなく、演出プランがあるのでもなく、バリッと揃った役者体があるべきなのです」

このスペシャルな肉体を体現した俳優の代表的な一人が根津甚八であったとわたしは理解している。新宿の花園神社に作られた紅テントの舞台の上で、妖しい光を放ってエネルギッシュに躍る若き日の根津甚八の肉体――それがわたしにとっての「特権的肉体論」のイメージだった。追悼の意味を込めてシナリオ集『男たちの旅路』の一つ「墓場の島」を再読する。このドラマに登場する根津さん扮する「戸部竜作」という新人歌手の役は、金儲け主義のマネージャーに反抗するが、最終的に反抗しきれずにステージで歌う。

寡黙だったという根津さんにぴったりの男っぽい役柄だったと思うが、こうして亡くなられた後にこの歌を聴く（YouTubeで視聴）と、もの悲しさもひとしおである。謹んでご冥福をお祈りする。

■辻褄を合わせる

「辻褄《つじつま》が合う」という言い回しがある。物事の原因と結果が道理にかなっていることである。逆に「辻褄が合わない」とは、物事の原因と結果が道理にかなっていないことを意味している。思うに名探偵と呼ばれる人は「辻褄を合わせる」ことの達人と言えるのではないだろうか。結果から原因を探り出す時の能力が高い。例えば、一人の男が何者かに殺害される。名探偵は、男が誰にどういう理由で殺害されたのか――それを最も合理的に、なおかつ説得力を持って説明できるわけである。彼の言うことは「辻褄が合っている」のである。彼が使うのは、物証に基づいた論理的想像力である。

対して、俳優が一つの役を演じる時に使うのは、論理的想像力ではなく、劇的想像力である。

「すぐれた俳優はすぐれた探偵でもある」とはスタニスラフスキーの言葉ではなくわたしの言葉だが、探偵と俳優は想像力を駆使して仕事に取り組む点が似ている。探偵が現場に残された物証を元に、俳優が台本を元に想像力を使う点は同じだが、俳優が使う想像力は論理的と言うより劇的なそれである。その人物にどういう背景や過去があると劇的かを考えることができる力。

ところで、本来、論理的想像力で取り組むべき殺人事件の捜査に劇的想像力を持ち込んだのは警視庁の木村伝兵衛部長刑事である。この人は容疑者に真実よりも「かくあってほしい劇的な犯人像」を求めた。容疑者の実像と捜査官たちが作り上げる虚像とのギャップを笑いにまぶして描いた点に『熱海殺人事件』という芝居（つかこうへい作）の面白さはある。

ともあれ、探偵も俳優も何かを元に豊かな想像力を使って「辻褄を合わせる」仕事であることは変わらない。

■寺山修司の思い出

テレビドラマ『早春スケッチブック』に登場する山﨑《やまざき》努《つとむ》さん扮する沢田《さわだ》竜彦《たつひこ》は死期が近いカメラマンである。彼は今は再婚して平和な家庭を営む元妻の前に現れて、自分の実の息子に影響を与えようとする。

作者の山田太一さんのエッセイで知ったが、山田さんの盟友・寺山修司さんはこのドラマを毎回楽しみに見ていたという。寺山さんは当時、病に犯されて余命いくばくもない状態だった。寺山さんは自分を竜彦に重ねているフシがあったと山田さんは言う。確かにさまざまな分野で常識を覆す実験を試み、異才を発揮した寺山修司の姿に破天荒な沢田竜彦の姿は重なるところがある。また、同じエッセイに山田さんの自宅を訪れたからだの具合の悪い寺山さんが「本棚を見せろよ」と言って山田さんの書斎の本棚を丁寧に見て回ったというエピソードが紹介されていて印象に残っている。

わたしは一度だけ寺山修司さんを直に見たことがある。確か一九七〇年代の終わりのことだ。渋谷にあったジァン・ジァンという小さな劇場へ『観客席』という芝居を見に行った時だ。その舞台は高校生のわたしには相当に衝撃的なものだったが、帰り際にロビーに寺山さんがいるのに気づいた。黒いコートを着ていたと思う。わたしにとっては神格化された人だったのでドキドキしてその姿をチラチラと盗み見た。心の中で「テラヤマ……」とつぶやきながら。すると、一緒に芝居を見に行った友人が無謀にも寺山さんに話しかけた。「わっ！」と思ったが、友人は普通に寺山さんとしゃべっていた。友人は寺山さんに名前を聞かれて嬉しそうに答えていた。

寺山さんが亡くなるのは『早春スケッチブック』が放送された一九八三年である。四十七歳の若さだった。思うに、この人が実践した常識破りの演劇作りを越えるスケールの演劇人は未だにいないように思う。

■主人公の幼い頃

現在、上演中の『フクロウガスム』（L&L企画公演）を見にきてくれた友人に子役に関する面白いエピソードを聞いた。と言うのも、今回の芝居には十二歳の女の子が出演していて、その女の子が長じて成人女性になり、それを別の女優さんが演じる趣向で物語が進むからである。

ジョディ・フォスター主演のSF映画『コンタクト』（一九九七年）には冒頭に幼い子役の女の子が登場し、彼女が成長して研究者であるジョディ・フォスターになるという設定で描かれる。幼い頃の女の子の顔がジョディ・フォスターによく似ているのにまず驚かされるが、ロバート・ゼメキス監督による特典の作品解説によると、ジョディ・フォスターは、その子役の女の子の特徴を自分の演技に寄せて役を演じているという。だから「この子が成長してこの女になった」という点に強いリアリティを持っているのだ。

ちょっとパターンは違うが、『ゴッドファーザー』（一九七二年）の主人公であるヴィトー・コルレオーネ（マーロン・ブランド）の若き日をパート2でロバート・デ・ニーロが演じる。デ・ニーロはその作品でアカデミー賞主演男優賞を取ったが、これも秀逸な「若き日の主人公」だった。顔つきも似せていることもあるが、デ・ニーロもたぶんジョディ・フォスターと同じように先行作品のマーロン・ブランドの特徴を自分の演技に寄せているにちがいない。

わたしは十二歳の女の子を演出するのは初めての経験で、稽古場において彼女にかける言葉をほとんど持てない自分に啞然としたが、こういう子役への演技指導というような局面においてその演出家の力量は問われるのかもしれない。今回、わたしはそのような演出をまったくしていないので、友人から聞いた『コンタクト』におけるジョディ・フォスターのアプローチに感心した。

■ LINE のダメ出し

芝居の「ダメ出し」とは、その舞台の演出家が訂正・修正を目的に出演俳優や舞台スタッフに対して注意を促すことである。わたしは演出家として今まで数多くのダメ出しをしてきたが、先日、生まれて初めて LINE によるそれを行った。出演者が共有しているグループ LINE によってである。

従来のダメ出しは、通し稽古や舞台の本番の終演後に出演者やスタッフが集まり、演出家がそれを行うのが一般的だと思う。出演俳優やスタッフは台本片手にそのダメ出しをメモったりして、次回以降その注意点を改善しようとする。しかし、LINE によるダメ出しはそういう風習を一変させる革命的な方法である。いちいち「会わずにダメ出しができる」からである。通信技術の発達のすばらしさ。

「こりゃ便利だ！」と喜んだのも束の間、すぐに奇妙な不安がわたしを襲う。内容は正確なのだが、ここにはわたしの表情がないからである。だから、わたしがこれらのダメ出しをどういう気持ちで言っているのか相手に伝えにくい。ニコニコしているのか、憮然としているのか、寂しそうなのか、辛そうなのか？　つまり、言葉に体温がない。絵文字を使う手もあるが、これもこれでわかりにくい。何より心情がイラスト化されるとふざけた感じになる。一長一短。加えて、若者中心の座組はいいが、さすがに年配の出演者がいる座組では、使用をちょっと躊躇《ためら》う。失礼な感じがするからである。

それにしても世に「演出家」と呼ばれる人種が誕生して以来、連綿として行われてきた演出家によるダメ出しの歴史を想像すると、坪内逍遥や川上音二郎やピーター・ブルックや鈴木忠志や蜷川幸雄ら名だたる舞台演出家たちは、まさか将来に電子機器によってダメ出しが行われる世界が現出しようとは夢の夢にも思わなかったにちがいない。

■井之上さんの思い出

俳優の井之上隆志《いのうえたかし》さんの訃報が届いた。びっくりした。体調がすぐれないということを人伝に聞いてはいたが、大病とは思っていなかった。

わたしは二度ばかり井之上さんに舞台に出演してもらったことがある。『カップルズ～世界で一番キライなあいつ』（一九九二年）と『プール・サイド・ストーリー』（二〇一一年）である。前者は「神経質な国語教師」の役、後者は「関西弁をしゃべる古本屋のオヤジ」の役である。どちらも抜群の話術と飄々《ひょうひょう》とした演技で観客を爆笑させていたのを思い出す。これらの舞台でのお付き合いを通して感じるのは、この人は日本の話芸のすぐれた伝承者であるということである。その口跡のよさと間合いの妙味、飄々とした風貌は、役者というよりは噺家《はなしか》を彷彿とさせた。歌舞伎の舞台で故・中村勘三郎さんと共演してもまったく違和感を持たないのは、小劇場演劇出身の井之上さんが、日本の古典に対する教養がある人だからであるにちがいない。思うに、この人ほど様々な演出家から愛された役者はいないのではないか？

『プール・サイド・ストーリー』の時、井之上さんと校長役で出演してくれた青山勝《あおやままさる》さんとわたしはほとんど毎晩呑みに行った。同世代の気軽さもあったが、お二人の話を生《なま》で聞けるのが最高に楽しかったからだ。その話のためには飲み代はまったく高くなかった。昨年末、高畑淳子《たかはたあつこ》さん主演の『雪まろげ』に出演していたので、回復されたのだと思っていた。最後にお会いしたのは、昨年、劇団道学先生公演『丸茂芸能社の落日』の終演後の東京芸術劇場の楽屋前だった。「またご一緒にお仕事を！」と言ってくれたのが嬉しかった。

五十六歳とは余りに若い死だが、天命ならば仕方あるまい。謹んでご冥福をお祈りする。井之上さん、ありがとう。そして、さようなら。

■劇作家と題材

劇作家はどのようにして題材に出会うのだろうと考えた。
わたしは日々の生活の中で面白いと思ったことをノートに書き留めておく習慣がある。そこには、面白い芝居に発展するかもしれない数多くのアイデアや雑感が記されている。いわゆる「創作ノート」である。例えば、最近の例。

《二〇一七年一月一三日
昼は結婚式、夜は葬式に出席することになった一人の男（女）の一日を描く。人生の縮図。
○第一幕／結婚式　○第二幕／葬式》

なぜこんなことを考えたかは忘れたが、まあ、これを発展させれば一つの作品はできあがるにちがいない。これだけではなく、何百、何千というこういうメモ書きがわたしの「創作ノート」に眠っている。しかし、それら無数のアイデアは現実にはなかなか一つの作品として発展しない。なぜ発展しないか？　それは、わたしの側にその題材を何が何でも書かなければならない内的な必然性が希薄だからである。書くべき必然性がある題材を発見すると、劇作家は憑《つ》かれたように作品を書き出すにちがいない。

世には「多作家」と呼ばれる人がいて、そういう人たちは年間に五本くらい新作を書いたりする。非力なわたしとしては驚異的な作品数だが、プロフェッショナルな劇作家ならこのくらいの作品数は当たり前のことなのかもしれない。しかし、劇作家の側に書くべき内的な必然性がある作品とそうではない作品では、作品の持つ迫力や切実さが違うと思う。

そのように考えると、劇作家が生涯に生み出せる作品数には限度がある。かのシェイクスピアでさえ遺《のこ》した作品は合計三十七編である。一〇〇のアイデアのうち一が作品化できたらよい方だと言える。劇作家の人生と題材が美しく出会った時によい作品は生まれる。であるなら、作品の誕生はまさに男女による「子作り」の比喩で語れる。何億もの精子がただ一つの卵子に辿り着き、受精卵が生まれ、胎児へと育つ。ゆえに作品誕生は、赤ん坊の誕生と同じで人々から「おめでとう!」と祝福されてしかるべき奇跡の産物であるにちがいない。一人の劇作家が書くべき題材は数が限られているからだ。もっとも、こんな悠長なことを言っているのは、当面の生活に困らぬ裕福な芸術家だけかもしれないが。

■生命力

専門学校の卒業公演『淑女のお作法』の稽古も終わり、今日は小屋入り。稽古場で歌い踊る若者たちの姿を見ながら「生命力とは一つの見世物だよなあ」と思う。不思議なもので、演じている彼らは自分の生命力に関して無自覚である。それが「当たり前」と思っている。たぶん生命力を生命力と感じることができるのは、生命力が衰えた肉体を持つ人間（わたし）の目を通してである。その視点からしか生命力は生命力としてキチンと認識できないのだ。

思えば、演劇とは生命力の産物である。病に伏せる病人が演劇を見たら、それがどんな稚拙な舞台であったとしても驚くべき生命力で満ち溢れているように感じるのではないか。なぜなら彼らは歩き、走り、大声でしゃべり、場合によっては派手な立ち回りを演じ、歌ったり、踊ったりさえするのだ。これが生命力以外の何だと言うのだろう。

——「（病気になって）唯一、残念なのは踊ることと泳ぐことができないことだ」

『モリー先生との火曜日』（ミッチ・アルボム原作）という芝居の中にそういう台詞があった。主人公は病に犯されて余命が少ない大学の老教授である。とても印象的な台詞で、わたしは日常的にスポーツ・クラブで水泳をしながら、いつもこの台詞を思い出す。しかり。わたしは幸いすこぶる健康であるが、もしも病に伏せる病床からこの世界を眺めれば、この世は驚異の生命力に溢れた世界に見えるであろう。歩くことも、肉を食べることも、珈琲を飲むことも、酒を飲むこともすべて病人ができないことだからだ。ましてや身体を使って泳ぐことやダンスをすることの喜びはいかばかりか。健康な生活はそういう本来の人間のすばらしさをいつの間にか忘れさせる。ゆえに「ありがとう」の反対語が「当たり前」であるのもうなずける。ともあれ、演劇の原点は若い肉体の生命力であることを彼らは教えてくれる。

■作家と体力

――「デビューした初期の頃から、ドタバタのスラップスティックの、しかもサイエンスフィクションを書いてきて、『ラテン系の作家は日本では筒井さんだけ』と言われました。『すべてのことを面白がって笑いにしてしまう』と。しかし歳を取ると不思議なもので、体が動かなくなってくると、ドタバタが書けなくなるんです」

「週刊ポスト」で対談している作家の筒井康隆さんの発言の一部である。若い頃、熱狂して読んだ作家の一人。筒井さんは八十二歳だという。筒井さんと比べるのもおこがましいが、わたしもこの感覚はよくわかる。

「走る！　泳ぐ！　跳ぶ！　これが噂のアクション演劇！」――これは拙作『けれどスクリーンいっぱいの星』（一九八六年初演）の戯曲本の帯に謳《うた》われた惹句である。当時、劇団ショーマの芝居はアクションが大きな要素を占めていた。アクションと言ってもいわゆる「殺陣《たて》」アクションではなく、無対象演技によるアクションだが。とにかく役者が身体を使って芝居をするのが劇団の大きな特徴だった。一種のドタバタである。しかし、さすがに最近はこういう芝居は余り書かなくなった。もちろん、付き合う役者が若者だったりすると、彼らに「当て書き」して、動きは多めの作品にはなるが。

筒井さんは「不思議なもので」と言っているが、たぶん作品の内容と作家の体力には密接な関係があるのだ。つまり、ドタバタ喜劇やアクション演劇を作るには作家の側に体力がないと面白いものが作れないのかもしれない。かく言うわたしは正真正銘の中年男だが、不思議と体力はある。平均睡眠時間が最低八時間であるのは、わたしが怠け者だからではなく、体力があり余っているからではないか。どちらにせよ、わたし自身の体力が落ちた時、わたしの書くものは確実に変化するはずである。

■劇的想像力

――「舞台に流れる感情はどんな種類のものでも大きければ大きいほどよい」

これが、わたしの考えるすぐれた演技の基本である。その「大きな感情」を獲得するために必要なのが劇的想像力である。断っておくが、ただの想像力ではない。劇的想像力である。すぐれた俳優はそれを駆使することによって「大きな感情」をクリエイトすることができるはずだと考えるからである。

わたしたち人間は、日々の生活の中で想像力を使って生きているが、わたしたちが日常的に使う想像力はたかが知れている。それは「来月は家賃が払えなくなるかもしれない」とか「夫が浮気しているかもしれない」とか「今時の外国旅行はテロに遭遇するかもしれない」とか「彼女のバストはたぶんお椀型であるにちがいない」とか、そういう世俗的な想像力である。だから、「透明人間になれたら何をしてみたいか」とか「妻が何者かに惨殺されたらどういう気持ちになるか」とか「宇宙の果てには何があるのだろう」とか、「隣の部屋に住む人は逃亡中の殺人犯ではないのか」とか、そういう想像力は余り使わない。しかし、俳優はそういう想像力を駆使する存在でありたい。

劇的想像力を育むには、劇的なものを見て、それを内面化するしかないというのがわたしの考えである。限定しないが、劇映画は一番簡単に劇的なものを見ることができるメディアであると思う。そういう劇映画を見ることを通して、劇的なものを肌で感じることでしか劇的想像力は培えない。つまり、劇的想像力は学習によってしか身に付けることができない種類のものである。生まれながらにして劇的想像力を持っている人間というものは想像しにくい。つまり、劇的想像力を持っている俳優は、学習によってそれを身に付けたにちがいないのだ。仮にアナタが誰かを深く愛したことがなくても劇映画にはそういう人間が出てくるし、仮にアナタが誰かを殺した経験がなくても劇映画にはそういう人間が出てくるのだから。少なくともわたしはすぐれた劇映画を見ることを通して「劇的想像力」を育んだと思う。わたしが若い俳優志望者にすぐれた劇映画を奨めるのは以上のような理由である。

■感情の振り子

人間の心は形を持っていないけれど、わたしはそれをイメージする時、振り子時計の振り子のようなものをイメージする。それを「感情の振り子」と名付けるとするなら、わたしたちの毎日は、この「感情の振り子」が右に左に小さく揺れて生活しているのだ、と。この振り子は、日常生活の中では余り大きく動かない。

若者への演技のレッスンの一つとして、人前で自分が体験したことを語ってもらうことがある。課題は「今まで生きてきて一番○○だったこと」を三分から五分で語るというものである。○○の部分は「嬉しかった」「辛かった」「怖かった」「後悔した」「憤った」「感動した」など何でもよい。とにかく、その人が体験した感情体験の中で、最も大きな感情体験を人前で語ってもらうのだ。前記の言葉を使うなら、最も「感情の振り子」が揺れ動いた瞬間。

先日、このレッスンに応えてとある女子学生が語ってくれたのは、以下のような内容であった。場所はとある代官山のレストラン。友人とそのレストランで食事した彼女は、記念にと友人とともにスマホで自撮りをした。すると、それを不快に思ったらしい隣席の中年女性が彼女たちの席へやって来て、彼女たちの姿を無許可で写真に収めた。彼女たちが抗議すると、中年女性はシラをきる。口論になり、店長が仲裁に入るが、事態は収拾できなかった……。つまり、彼女は「今まで生きてきて一番ムカついたこと」をわたし（たち）にしゃべってくれたわけである。この話をしてくれた女子学生を責めるつもりはまったくない。しかし、わたしは彼女の話を聞いて、「何と言う感情の振り子の振幅の小ささだ！」と思った。こんな振幅でしか生きていない人間にギリシャ悲劇に登場する人物の心の振幅を演じることは到底不可能ではないか、と。

彼女だけの話ではない。平和な国に生きる我々が日常に体験する「心の振幅」は、たぶんそのようなものである。こういう時代に「心の筋肉を鍛える」のは簡単ではない。

■偽物と本物

わたしは常々、「いい俳優になるには素敵な人間にならなければならない」と主張している。なぜなら、素敵でない人が素敵なフリをしても観客にバレると思うからである。偽物の真珠に本物の輝きを与えるのは、その俳優の人間性の輝き＝素敵さに他ならないと思うから。素敵でない俳優が偽物の真珠を身につけていても偽物にしか見えないが、素敵な俳優が同じことをすると、偽物の真珠が本物に見えるはずだと思うのである。これは机上の空論だろうか？

山崎「どういうことや？」
友也「何がですか」
山崎「なんでビビらへんねん、コイツ（拳銃）向けられて？」
友也「さあ」
山崎「おかしいやないかい」
友也「持つ人間が薄っぺらいと、本物に見えないってことですかね」
山崎「ハハハハ。なるほどな」
友也「ハハハハ」
山崎「しばくぞっ」
友也「あ、すいませんッ」

拙作『旅の途中』（『交換王子』所収／論創社）の中の一節である。詐欺師の山崎は、自分の周りをウロウロしている私立探偵をオモチャの拳銃を出して脅す。その拳銃にまったく動じない探偵を見て、後輩の友也とそんなやり取りをするのである。わたしはこの台詞を聞くといつも笑ってしまう。自分で書いておいて言うのもナンだが、事の本質をとらえたいい台詞である。つまり、山崎は詐欺師であって本物の悪党ではない。その偽物っぽさが、オモチャの拳銃を本物に見せないのだ。拳銃を出す人間が本物の悪党なら、それが仮にオモチャであっても拳銃は本物に見えるのではないだろうか。同じ『旅の途中』の中にこんな台詞もある。

山崎「オレたちの仕事は偽物をいかに本物みたいに見せるかっちゅうことなんやから」

詐欺師の極意とは、まさにそういうことなのではないか。そして、それはそのまま俳優の極意にも通じていると思う。問題は、偽物を扱う人間の方が実のギッシリ詰まった本物か、どうかであると思う。例えば、クリント・イーストウッドが拳銃を構えれば、その拳銃は仮に偽物の拳銃であっても、本物に見えるのではないか？

■ブロック・バスター

ある人にはとても面白く、ある人にはつまらないものがある。例えば、先日、わたしが観劇した芝居は、わたしの心を動かすようなものではまったくなかったが、Facebookで見かけたある人のその芝居に関する感想は「感動した」「涙が止まらなかった」とあった。Facebookは、喧嘩を売る場所ではなく、友達と仲良くするためのコミュニケーション・ツールであるから、その芝居がいくらつまらない芝居であっても「金返せ！」「いい加減にしろ！」と書けないのは理解できるが、それにしてもわたしとその人の感想の違いは何なのだろう？

結論を先に書けば、わたしと「涙が止まらなかった」その人の文化はまったく違うということである。たぶんその人は、わたしとまったく違う年齢で、わたしとまったく違う趣味嗜好を持ち、わたしとまったく違う生活環境があり、わたしとまったく違う価値観を持ち、わたしとまったく違う感受性を持つ人間にちがいないのだ。だから悪いと言っているのではない。演劇や映画や小説や漫画など広く世に公開される作品は、このように様々な文化を持つ人々の目に晒されて初めて評価が下されるのだ。だから、ある人には面白いものが、別の人にはつまらなくて当然なのだ。にもかかわらず、わたしが件《くだん》の人の感想にびっくりするのは、わたしとまったく違う文化を持つ人間がこの世に存在するという事実を突きつけらるからである。わたしがその人と会ったら、どんな話ができるのだろう？　同じ日本人同士でもそうなのだから、相手が外国人だったりすれば、話はさらにややこしくなる。

翻って、〝ブロック・バスター（壁破り）級〟の作品とは、わたしも「涙が止まらなかった」その人も同様に感動させる内容を持つものにちがいない。その内容は様々だろうが、どんな装いであるにせよ、そこには人間の愛と死が描かれているにちがいない。そういう作品の貴重さは、わたしと「涙が止まらなかった」その人を「同じ人間なんだ！」という共感とともに結びつけてくれる点である。よい作品は、それぞれの文化を持ち、それぞれの勝手な幻想に生きる孤独な我々の心を一つにしてくれるのだ。

■消防法

新宿の小劇場「SPACE雑遊《ざつゆう》」と「SPACE梟門《きょうもん》」が監督官庁の指導により、無期限の営業停止を余儀なくされたという話を聞いた。「雑遊」は使わせてもらったことはないが、「梟門」は、三田村組の『父との夏』を再演させてもらった劇場である。「来年の一月以降の営業を停止する」と劇場のホームページにある。詳細はわからないが、監督官庁が消防署であるなら、消防法に抵触したということであろうか。

わたしの経験から言うと、消防法は作り手側から言うと、なかなか厄介な法律である。だからと言って、わたしは消防法の詳細を知っているわけではないのだが、演出上の意図と消防法は真っ向から対立する場合が多いと感じるからだ。演出上の効果と観客の安全性は反比例することが多いとも言える。例えば、舞台上でタバコに火をつけて使う場合、主催者（舞台監督）は必ず劇場がある管轄の消防署へ出向き、許可をもらわなければならない。「じゃあ火なんか使わなければいいじゃねえか」と思うかもしれないが、タバコに火をつけることが人物の心情をよく語る場合、それは作り手にとっては簡単に譲れないことだったりするのだ。

もちろん、劇場運営における最大の課題は、観客の安全性の確保である。「問題が起こってからでは遅い」という当局の判断も理解できる。しかし、東京の小劇場は元から劇場として設計されたものは少なく、何らかのスペースを改造して劇場にしている場合が多い。だから、本来の劇場が持っている安全性をなかなか確保しにくいところがあるのだと思う。だからと言って、そういう小劇場を消防法の名の元に片っ端から営業停止にしたら、東京の小劇場演劇は発表の場を狭くすることになり、演劇シーンの活気を著しく奪うにちがいない。

これを契機に次から次へと東京の小劇場が閉鎖に追い込まれることになるなら、それは憂慮すべき問題である。コンプライアンスの波は、こんなところにも押し寄せているということか。

■振り付け演出家

わたしは舞台演出家を名乗っているが、一口に舞台演出家と言っても様々なタイプの人がいる。もっとも、舞台演出家は、特殊な場合がない限り、自分以外の演出家が、稽古場においてどのような演出をしているのか余りよく知らないはずで、自分と他人を引き比べるのは難しいところがある。しかし、長くこの世界にいると、自分と他の演出家の違いを少しは理解できるようにはなる。

世には「振り付け演出家」というタイプの演出家は存在する。事細かに俳優の感情や動きを指定して、場合によっては自らどのように演じるべきかを俳優に演じて見せる。そこまでしないまでも、「三歩進んで、そこで振り返る」というような指示を出すのである。わたしの知識で言うと、故・宇野重吉《うのじゅうきち》さんはその代表格だったと聞く。いわゆる「振り付け演出」である。わたしは、若い頃に「そういう演出家にはなりたくないなあ」と思い、極力、そういう演出はしないように努めてきた。わたしの言い分はこうだ。「俳優は演出家の操り人形じゃない。どう演じるかは、演出家に振り付けられて決まるものではなく、俳優自らが稽古場で発見していくものだ」——。今でも基本的にはそのように考えて、わたしは「こうするんだ!」という解答をあらかじめ示さないままに稽古することが多い。

これはこれで一つの演出の方法だとは思うものの、「演技とは演出家の指示に従ってやるものだ」という前提で稽古に臨む俳優は、わたしの演出はとてもやりにくいと思う。彼らは口を揃えて言う。「何か言ってくださいよ!」と。彼らの気持ちもわかる。「どう演じるかは俳優自ら発見していくものだ」と言えば聞こえはいいが、それはわたしの側にきちんとした解答を用意した上での話であって、解答がないままに稽古を繰り返すと出口のない袋小路に入ってしまう場合があるからだ。

振り付け演出家は、俳優出身の演出家に多いように思う。彼らは自ら演技できるから、そういう方法が一番手っ取り早いのかもしれない。しかし、わたしはそうではない。今は俳優の自主性七割、振り付け三割くらいの演出がよいのではないかと思っている。

■小劇場演劇の明暗

先日、とある芝居を中野にある小劇場で見た後、出演していた役者さんと飲む。こういう場所での話題は、芝居が面白ければ芝居の内容に費やされるが、そうでない場合、芝居の話は五分で終わり別の話題になる。その飲み会は、そのような流れですぐに別の話題になった。話題は「チケット・ノルマ」に関してだった。

小劇場演劇のよさは、貧しいけれど、明日を夢見る若者たちが、舞台でエネルギッシュな演技を披露する点にある。そこには練達のベテランの技術力は乏しいが、代わりに何者でもない若者の熱さやひたむきさがある。普通の生活を送る世間の人々が「小劇場演劇」に持つ一つのイメージは、「若者たちによる夢と情熱の祭」というようなポジティブなものではないか。それはそれで真実だと思う。しかし、そんなすばらしい「夢と情熱の祭」にも余りに知られていないもう一つの憂鬱な顔がある。それは「チケット・ノルマ」に関する問題である。

チケット・ノルマ――わたしはこの言葉を聞いただけで気が滅入る。これは、舞台に出演する俳優に義務づけられる集客のためのチケット販売の枚数を意味する。その枚数は、その俳優のキャリアや人気によって違うが、新人の場合、だいたい三十枚から五十枚くらいのノルマが課せられるのではないか。彼らは、営業マンよろしくそのチケットを誰かに売らなければならないのである。

演劇に携わる人間にとって集客は非常に切実な問題である。観客がいないと、演劇は演劇として成り立たないという構造ゆえである。同時にその公演が興行として失敗すると、その負債を誰かが抱えこむことになる。経済的な意味でも、集客によるチケット収入は、主催者側の死活問題なのだ。黙っていても劇場が観客でいっぱいになるなら何も問題はない。しかし、現実はなかなかそうまくいかない。そこで生み出されたのが「チケット・ノルマ」である。

小劇場演劇には「夢と情熱の祭」という明るく輝いた顔と「チケット・ノルマの厳しさ」という暗く憂鬱な顔がある。夢を夢として成立させるためには、金が必要なのだ。もっとも、これは小劇場演劇の世界だけの話ではなく、どんな世界においても同様のことが言えると思うが。

■作・演出家

劇作家でありながら、同時に演出家である人は多い。芝居の脚本を書き、自らが演出する人間である。「劇団」と呼ばれるグループは、そのような作・演出家がリーダーとなって活動する場合が多い。わたしもそんな一人であると思う。ある日、そんな一人二役をこなす「作・演出家」について考えた。

劇作家は、言葉によって世界を構築する人間である。彼が頼るのは言葉だけである。対して、演出家は俳優の演技と視覚・聴覚的な効果によって世界を構築する人間である。料理に喩《たと》えるなら、劇作家が作り出すのは、オリジナル料理のレシピのようなものであろうか。そのレシピに基づき、様々な食材（役者）を使って実際に調理するのは演出家である。劇作家が言葉に信頼を置くのは当然であるが、演出家は言葉で語れないものを舞台に盛り込んでいく仕事であると言える。それは俳優の身体表現であり、空間を彩る舞台美術であり、照明の陰影であり、その場を印象づける音響効果である。

作・演出家とは、「言葉ですべてを語ろうとする言語的人間」と「言葉を超えたものを表現しようとする視覚・聴覚的人間」が一人の人間の中に同居している人間である。著名な劇作家（例えば、井上ひさしさん）は、大概の場合、自ら演出することは少ない。また、著名な演出家（例えば、蜷川幸雄さん）は、大概の場合、自ら戯曲を書くことをしない。これが何を意味しているかと言うと、それぞれの世界の構築力が、彼らは「作・演出家」よりも数倍も徹底しているということだと思う。彼らは「作・演出家」よりも、「自分の世界」への挑み方がハンパないのである。彼らはそれぞれの分野において問答無用の真剣勝負に挑んでいるのである。

「自らレシピを書き、自らの手で調理する料理人（作・演出家）」と違って、「レシピを考案する料理人（劇作家）」、「調理をする料理人（演出家）」それぞれが、自らの分野における世界の構築に徹することによって、両者は互いに戦いを挑むような関係を作り得る。そのように考えると、「作・演出家」を名乗る人間は、互いの仕事に対して妥協する傾向があると思う。言い訳がしやすい。作・演出家を本来、二人で分担すべき仕事を「一人二役でこなす多才な人」と呼べば聞こえはいいが、そのそれぞれの分野の仕事を徹底して突き詰めることは、そう簡単ではないと思う。言うまでもなく、今回のブログはわたし自身に対して書いている。

■視覚と舞台

このところ、何度か「演劇は言葉の芸術、映画は絵の芸術である」という内容のブログを書いた。それがそれぞれの表現形式の本質ではないか、と。しかし、「演劇は言葉の芸術」と言いながらも、演劇に言葉を上回る大胆な視覚的なアプローチをした演出家がいる。昨年、亡くなった蜷川幸雄さんである。

——「人間の視覚というものをナメてはいけない」

正確な引用ではないが、何かの本で読んだ蜷川さんの言葉である。わたしは自らが演出家として舞台を作りながら、よくこの言葉を思い出す。没後一年半、演出家・蜷川幸雄の仕事をどのように評価するのかは、人によって様々だろうが、わたしは、この人は「言葉ありき」の演劇の表現に誰よりも大胆に、誰よりも創意豊かに視覚的なアプローチをした演出家であったと考える。あるいは、常に劇作家の書いた言葉に拮抗する視覚的な舞台造形を試みた演出家と言ってもいい。そのアプローチの果敢さにおいて、蜷川幸雄は凡百の演出家の中で突出していた。

そのアプローチが最も功を奏したよい例が、代表作「NINAGAWA マクベス」ではなかったか。

シェイクスピアの書いた戯曲の世界を「安土桃山時代の日本」に置き換え、「桜の花弁《はなびら》が舞い散る巨大な仏壇の中」で見せるという仕掛けで、華麗な台詞を見目鮮やかに彩った。つまり、蜷川演出は、シェイクスピアが書き、俳優が音声として発音する華麗な台詞に、舞い散る花弁という視覚効果をぶつけることによって、戯曲の内容をより立体的に表現し、相乗効果を生んだのである。

確かに蜷川演出が盛り込んだ視覚的な効果が言葉との相乗効果を生まず、空転したケースもあったと思う。空疎な見かけ倒しに終わった場合もあったと思う。しかし、それでもなお、蜷川幸雄が放つ演出家としての強烈な自己主張は若いわたしを魅了せずにはおかなかった。賛否はあるだろうが、そこには作者でもなく、主演俳優でもなく、「蜷川演出」の存在感が前面に押し出されていたから。

わたしは蜷川幸雄さんが作った舞台をすべて見ているわけではないが、この希代の舞台演出家に大なり小なり影響を受けている。

■方向音痴

——「方向音痴なんですよ。方向音痴じゃない人ってスタートがあって終わりがある。そこまでのルートもしっかり記憶していると思うのですが、僕は毎回忘れちゃう。方向音痴の人なら理解してくれると思うのですが、前の旅の教訓がまったく生きない。毎回、道に迷うんです」

――「同じように芝居でも、過去のことがつながっていないので、毎回、パッと地図（台本）を開いて、ここを目指そうというのはあるんですが、それが前のものと見比べて、『以前はこうだったから、こうしよう』という風にはならないんです。毎回、使い捨ての地図なんです。もちろん、芝居のスキルは上がっているのかなという自覚はあるのですが、『毎回一から』という感じなので、自分でもどこにいくかわからない。だから、芝居を始めたときから、臨む姿勢は何も変わらないんです」

先日、ネットで紹介されていた俳優の堺雅人《さかいまさと》さんの言葉である。想像力を刺激される印象的な言葉である。何より興味深いのは、堺さんが「方向音痴」で常に「道に迷う」という点だった。これは何を意味しているのか？

その人間のある種の欠陥が、その人間の思考や行動に大きな影響を与えているのは言うまでもない。例えば、わたしは身体が固いが、わたしの身体の固さは、そのままわたしの思考の柔軟性にも影響を及ぼしているにちがいないと考える。その意味において、堺さんの「方向音痴」というある種の欠陥は、演技をする上でも大きな影響を及ぼしているのではないか。堺さんが目的地を目指すルートは、毎回、違うのである。それは一見、合理的な行動ではないかもしれないが、逆に言うと、毎回、違うルートで目的地へ向かうことができるということである。そのルートは、誰も一度も通ったことがない新鮮な道である。堺さんのその道の辿り方が、見る人の目を釘付けにするリアルな演技を生み出していると考えるのは飛躍しているだろうか？

机上の空論かもしれないが、その人間のある種の欠陥は、ある局面では驚くべき能力を発揮する場合があるのではないか。かつて堺さんが所属した早稲田系の劇団が、即興演技をベースに芝居を作るグループだったことも、上記の発言に関連があるように思う。最後に余計な心配を書き添えるなら、方向音痴の堺さんが、人生の道に迷わないことを祈る。

■物真似上手

わたしが行っている演技のレッスンの最終課題は、「誰かの物真似をする」というものである。「誰か」とは、クラスにいる同級生か、講師の先生など身近な人である。わたしが見る限り、大抵の人はこの課題が苦手だが、たまに物凄く物真似がうまい人がいる。そういう人が物真似をすると、レッスン場は、感嘆の声に包まれ大きな笑いに溢れる。そして、そういう物真似をきちんとできる俳優へのわたしの評価は、必然的に高いものになる。こういうことができる人は、普段から自分以外の人々を観察し、その特徴をよく見ていると思うからである。その他人への観察眼は、〝自分大好き〟なナルシスト俳優などより数倍、評価に値すると思うのである。

そして、わたしはなぜ彼（彼女）は、そのように普段から自分以外の人間を観察する眼を持つようになったのかを想像した。そして、以下のような結論に達した。彼（彼女）は、他の人々に比べて、「他人の顔色を伺う」ことを強いられた環境に育った人である。他人とは、例えば、厳格な父親であり、口うるさい母親であり、暴力的な兄であり、意地悪な姉である。彼（彼女）は、それらの人々の顔色を見分けないと生きていけない環境に育ったのだ。つまり、彼（彼女）は、元々「他人を観察するのが好きだった」わけではなく、「他人を観察しないと、自分が生きていけない」環境にいたのだ。その傾向が、彼（彼女）をして常に「他人を観察する」習慣を身に付けさせたにちがいない。彼（彼女）のその鋭敏な他人への観察能力は、囚人が足音で看守の機嫌を察知する能力に似ているように思う。

以上のような仮説を物真似上手のとある学生にしたら、「その通りです」という答えが返ってきた。つまり、わたしの分析は間違っていなかったわけである。「災い転じて福となす」という諺《ことわざ》があるが、物真似上手の人の模倣能力は、自分が置かれた過酷な環境が元になっているという意味では、まさにそのようなものだと思う。こういう能力は、他人の顔色を伺うことなく、天真爛漫に育った人には、なかなか身に付かないものなのかもしれない。少なくとも、わたしが他人の物真似が下手なのは、わたしが父親や母親の顔色を伺って少年時代を過ごしていなかったからにちがいない。わたしは誰かを「観察する」必要がなかったのだ。

■上演までの経緯

先日、来年三月に上演する『私に会いに来て』の顔合わせがあった。今日は本作の上演の経緯について書く。今年の三月、俳優の幸将司《ゆきしょうじ》さんが韓国へ渡航するのでその壮行会があり、ご縁があってわたしはその会に出席した。そこで、日本で舞台を作っている韓国人の演出家イム・セリュンさんを紹介してもらった。紹介してくれたのは、神宮前プロデュースの辻本好二《つじもとこうじ》さんである。わたしはここ数年、韓国映画に夢中だったので、ポン・ジュノ監督の『殺人の追憶』（二〇〇三年）を話題にした。通訳をしてくれたのは、その会に出席していた女優の後藤温子《ごとうあつこ》さんである。その流れで、『殺人の追憶』の原作は舞台劇であることを知ったので、機会があるなら是非とも日本でそれを上演したい！」とわたしはイムさんに熱っぽく訴えた。

そんなことをきっかけにイムさんが韓国で上演された『殺人の追憶』の原作『私に会いに来て』を手に入れてくれ、その翻訳を後藤さんがしてくれることになり、トントン拍子に翻訳本が完成した。「じゃあオレがプロデュースしましょう」と言ってくれたのが辻本さんである。現在は映画のプロデュースをしている辻本さんだが、氏とは古い付き合いである。作者の金光林《キム・グァンリム》氏は、わたしよりずっと年上で、韓国演劇界をリードしてきた方であると聞く。たぶん日本で言うなら、唐十郎、清水邦夫《しみずくにお》、別役実世代の大先輩であると思う。辻本さんが韓国を訪れた際にキムさんに直接会い、上演の許諾をいただいた。

このような経緯で、『私に会いに来て』は本邦初演の運びとなった。〝あの傑作スリラー『殺人の追憶』〟がいかに舞台で演じられたか？　モロ師岡《もろおか》さんを初め、すばらしい俳優さんたちがこの作品のために集まってくれた。間もなくできあがるチラシも物凄く格好いい。まだ先のことだが、是非とも劇場へ足をお運びいただき、その内容をご自分の目で確かめていただきたい。ご来場を心よりお待ちします。

2018

■追悼 深水三章さん

俳優の深水三章《しんすいさんしょう》さんが亡くなった。年末の忘年会帰りに自宅前で倒れたという。昨年の秋に、深水さんの出演する朗読劇を新宿のバーへ見に行き、久しぶりにお会いして歓談したばかりだった。今日は追悼の気持ちで深水さんとの思い出を書く。

出会いは数年前に遡る。とあるプロデューサーの方に深水さんの出演する舞台の脚本を書かないかとお誘いを受け、新宿三丁目のバーでお会いした。結局、その舞台は様々な事情から実現しなかったのだが、それをきっかけにお近づきになった。わたしにとって深水さんは、「ミスタースリムカンパニー」の中心俳優であり、向田邦子《むこうだくにこ》が脚本を書いたテレビドラマ『阿修羅のごとく』で四女の恋人であるボクサー役を演じた人だった。わたしはミスタースリム時代の深水さんの舞台を直に見ているわけではないのだが、わたしが演劇に目覚めた頃、「ミスタースリム」は、「東京キッドブラザース」と若者の人気を二分するミュージカル劇団だった。

昨年、お会いした時もそんな昔話になり、深水さんが東京キッドの役者としてニューヨークのラ・ママ実験劇場で『黄金バット』を上演した時の話を聞いた。(深水さんは、元は東京キッドに所属していた)帰りの飛行機代がなくて大変だったと笑っていたが、そんな話をする深水さんの表情は実に楽しそうで、無鉄砲だったが輝かしい青春時代への自信と誇りを想像させた。観劇した朗読劇においても溌剌と役を演じていて、パワーをひしひしと感じた。

「オレ、君のことは好きだから、これからも付き合っていこうよ」——公演の企画が頓挫した後、深水さんはわたしにそんな言葉をかけてくれた。思うに、この人ほど革ジャンにリーゼントが似合う人もいなかったのではないか。腰をくの字に曲げて、額の髪を銀のクシでかきあげるしぐさが、こんなに格好よく〝キマる〟人をわたしは他に知らない。つまり、深水さんはわたしにとって「永遠の不良少年」なのだった。仕事をご一緒できなかったのが心残りだが、それが天命ならあきらめるしかない。謹んでご冥福を祈ります。さようなら、深水さん。

■ダメ出し禁止

アメリカでは、舞台公演の本番の幕が上がると、演出家は俳優にダメ出しをしてはいけない規約があるという話をアメリカ演劇に詳しい役者さんから聞いた。そもそも舞台に出演する際の契約書にそのように規定されているのだという。もちろん、一口にアメリカの舞台公演と言ってもピンからキリまであるのだろうが、たぶんブロードウェイで上演される舞台ではそれが当たり前のことであるのだと思う。わたしはまったく知らないことだったので、ちょっと驚いた。

「ダメ出し」という用語を解説すると、「その舞台を統率している演出家が、俳優の演技やスタッフの仕事について、いろいろと注文を出すこと」を指している。演出家が「ああしろ、こうしろ」

言うわけである。場合によっては、演出家と俳優やスタッフとの間で、ダメ出しをめぐって対立する局面もあるにはあるが、基本的に俳優やスタッフは、演出家の言うことを受け入れるのが仕事だから、よほど無茶な要求でない限り、それに従うのが常である。

かく言うわたしは、本番に入ってからもダメ出しをする方だと思う。若い頃は特にその傾向が強かった。毎日、本番の舞台が終わると、俳優とスタッフを一同に集め、書き留めたノートを見ながら「ああしろ、こうしろ」と言っていた。そうすることが「よりよい舞台」を作る上で最も誠実な態度であると信じて疑わなかったのである。さすがに最近はそこまで細かくダメ出しをすることをしなくなったが、それでも本番の舞台を見て、改善の必要を感じたら、それを俳優やスタッフに伝えるようにしている。

しかし、アメリカの方式だとそんなことはできないわけである。契約違反になるからである。それはそれでちょっと不合理な気もするが、そのような規則ができたアメリカの演劇の製作事情もわからないではない。想像だが、かつてはアメリカでも、本番に入ってからのダメ出しは当然のように行われていたにちがいない。しかし、そんな舞台作りに俳優たちは憤りを口にするようになったのだと思う。「稽古の時ならいざ知らず、本番に入ってからあれこれ言われるのは理不尽ではないか」と。その気持ちはわたしなりに理解できる。考え様によれば、本番に入ってもダメ出しをし続ける演出家の態度は、離婚したのにいつまでも元妻に未練を抱き続ける旦那のようでもある。もしかしたら、近い将来、日本でも本番に入ったらダメ出しは禁止という風潮が当たり前になる時が来るのかもしれない。

■金光林氏に会う

三月に上演する韓国現代劇『私に会いに来て』の作者である金光林《キム・グァンリム》氏と下北沢でお会いする。氏が来日し、こういう場を設けてくださったのである。お会いするのは初めてである。氏はわたしより年上の大先輩だが、わたしと同じ劇作家・演出家であり、現在はソウルの有名な芸術大学で演劇を教える大学教授でもある。ソウル大学出身という経歴からも、韓国社会におけるエリート中のエリートであると仄聞《そくぶん》する。わたしのようなチンピラとはまったく違う世界を生きてきたであろう人。

お会いするまでは内心びくびくしていた。上演の許諾をいただいているとは言え、「日本の観客によりわかりやすく内容を伝える」という目的から、わたしは原作を脚色しているからである。もしもわたしが氏と合意できず喧嘩でもしたら日韓関係にヒビが入り、国際問題に発展するのではないかと余計な心配をして、約束の喫茶店に向かう。お会いした金光林氏は、実に気さくな方で、寛容にわたしの言葉を受けとめてくれ、終始笑顔のジェントルマンだった。初対面の氏とわたしは「アニョハセヨ（こんにちは！）」と言って握手を交わしたが、これはわたしが生まれて初めて使った韓国語である。

ゴツプロの公演『三の糸』を本多劇場で観劇した後、場所を酒席に移し、改めて「カムサハニダ（ありがとう）！」と言って関係者たちとともに乾杯したが、これはわたしが生まれて二度目に使った韓国語である。韓国人のコーディネーターのピョ・ジュシクさんに通訳してもらいながら、舞台劇『私に会いに来て』の執筆にまつわる貴重な話を聞かせてもらった。わたしの気持ちは、上記の二つの言葉に尽きる。「こんにちは！」と「ありがとう！」——つまり、挨拶と感謝。付き合う人がどんな国の人であっても、詰まるところ、人間にとって最も重要な言葉は、この二つなのだと再認識した。そして、わたしが韓国語をもう少し使えるようになったら、「アンニョヒケセヨ（さようなら）！」という言葉を使えるようになりたい。たぶん「こんにちは！」と「ありがとう！」と「さようなら！」という三つの言葉が、国や文化を超えた人類共通の最も重要な言葉であると思うからである。

■夢の痕跡

わたしの書斎の棚の上には、かつてわたしが上演した舞台のファイルがいくつも無造作に積み上げられている。一つの舞台に関してのファイルの分量はだいたいが五センチ幅くらいの紙の束。それらがプラスチックのシートに入って置かれている。そこに公演の際に作ったチラシ、本番で使った台本の決定稿、演出意図を書き記したノート、舞台美術のエレベーションと平面図、音響のリスト、衣装の図案、台本の内容に関する様々な資料、公演当日に配ったパンフレットなどが入っている。
公演の記録が映像として残っているものもあるが、そうでないものもたくさんある。公演が終わってしまえば、これらのファイルを再び広げることはほとんどないが、「その公演が現実に行われた」という事実は、このファイルが雄弁に語っている。そして、「舞台演出」という目に見えない作業の内実はこのファイルの中にほとんどある。

時折、このファイルの山をボンヤリと眺めることがあるが、それらを眺めていると「たくさん舞台を作ってきたのだなあ」という実感が沸き上がる。舞台そのものはすでに夢幻のように消え去り、二度と再現できないものだが、その舞台の痕跡はこれらのファイルの中にあるからである。格好よく言えばこれらのファイルはわたしの「夢の痕跡」である。だが、それはあくまで夢の実体ではなく痕跡に過ぎない。だから、こんなものを見て感慨に浸っているのは、遠い過去を懐かしむ未練がましい行為なのかもしれない。

しかし、それでもわたしはこれらのファイルを捨てる気にならない。それは、これらのファイルが、わたしが生きてきた人生（歴史）そのものを象徴しているからにちがいない。わたしは二十代で演劇活動を始めて、今年で三十七年になる。

■窃視者

若い人に「いさをさんはなぜ舞台演出家になったんですか？」と問われる時がある。今までは正直に「つかこうへいの作る芝居を見て『この世にこんなに面白いものがあったのか！』と感嘆して、演劇の道へ進む決心をした」と答えていた。その言葉に嘘偽りはない。わたしはつかこうへいの芝居に出会わなかったら決して演劇を自分でやろうなどとは思わなかったにちがいない。しかし、最近、わたしの演劇へ進んだ一番の原因になっているのは、つかこうへいの芝居ではなく、もっと違うことのように思うようになった。

わたしは子供の頃から窃視者の傾向がある。他人の生活をこっそりと覗き見るのが好きなのである。だからと言って、他人の家に勝手に侵入して女風呂を覗いた経験はないし、夜の公園でカップルの濡れ場を覗き見た経験もない。そんなことをすれば、下手をすれば犯罪者として逮捕される場合があるからだ。けれど、潜在的にそういう欲望を強く持っていると思う。だから、江戸川乱歩《えどがわらんぽ》の『屋根裏の散歩者』を読んだ時、わたしはとても興奮した。この有名な小説には、屋根裏から他人の生活を覗き見る男が登場するからである。わたしがウィリアム・アイリッシュのミステリ小説に熱狂したのもむべなるかな。アイリッシュの小説には「窓」から他人の生活を覗き見る人間がしばしば登場するからだ。アルフレッド・ヒッチコック監督が映画にした『裏窓』はその代表作である。

思うに、江戸川乱歩もウィリアム・アイリッシュも、ともにわたしと同じ他人の生活をこっそりと盗み見るのが好きな窃視者であったにちがいない。わたしがこれらの小説に熱中したのは、わたしと同じ変態的な欲望を持った人間がこの世には存在することを知り、深く共感したからである。

たぶんわたしは窃視者としての自分を舞台演出家になることで昇華したのだと思う。なぜなら、暗い客席はわたしの身を隠す隠れ家に他ならず、わたしは客席の暗がりから舞台（他人の生活）を覗き見ることを合法的に生業《なりわい》にしたのである。ここから覗き見る他人の生活に関しては、誰も「ヘンタイ！」と文句を言わない。これは、単なる暴力的な不良少年だった『あしたのジョー』の矢吹丈が、ボクシングに出会うことで、その暴力への衝動を昇華したのと同じことであるように思う。つまり、わたしも、矢吹丈も、大元にあったのは、決して誉められぬ反社会的な衝動だったわけである。

■椅子がいっぱい

某日、三月に上演する『私に会いに来て』で使う道具を選ぶために、京王線の国領駅近くにある「高津装飾美術株式会社」へ足を運ぶ。（関係者の間では通称「高津」と呼ばれる）ここを訪れるのは何度目だろう。映画・演劇・テレビ関係者でない方たちのために説明すると、ここは映画やテレビドラマの撮影や演劇の公演の際に劇中で使う小道具や大道具、衣装を扱うたぶん都内で一番大きいレンタル屋さんである。

わたしと演出助手のKは、『私に会いに来て』で使用するテーブルと椅子、拳銃などをレンタルするためにここを訪れたわけである。ここには、調度品をはじめとする様々な小道具・大道具がごっそりと揃っている。椅子を例にすれば、現代的なお洒落な椅子から明治時代を舞台にしたような古風な椅子まで、実に様々な種類の椅子が倉庫にズラリと並んでいる。まずその多さにびっくりする。小道具・大道具を扱う会社であると知らずにここへ紛れ込んだ人間がいたとしたら、ここはちょっとシュールな場所に思えるにちがいない。

狭い通路が何列も並ぶ倉庫内は、まさに迷路と言ってよく、案内してくれる人とはぐれたら、なかなか外へ出るのが難しいややこしさである。そして、ふとこういう場所で警察と犯人の追撃戦を描いたら面白いのではないかと空想する。椅子だらけの迷路で行われる銃撃戦。そして、わたしの脳裏にSFアクション映画『ヒドゥン』（一九八七年）の一場面がフラッシュバックする。その映画の中に、宇宙からやって来た極悪な異星人とそれを追う刑事たちが、マネキン工場で銃撃戦をする場面があるからだ。マネキンたちをバリバリと粉砕しながら行われる銃撃戦は迫力満点だった。

思うに、ここは、ある種の「夢の工房」というような性格を持つ場所である。少年心をくすぐる奇妙な、しかし、ワクワクするような場所。わたしは、ここを訪れるのが好きである。上演される『私に会いに来て』を見ていただき、どこに「高津」の小道具が使われているかを確かめてもらうのも一興である。

■大杉漣さんの死に思うこと

俳優の大杉漣《おおすぎれん》さんの突然の訃報が届いてしばらく時間が経った。訃報が届いた頃は、マスコミ挙げての報道ぶりで、いかに大杉氏が大物俳優だったかをよく語っているように感じた。わたしは氏と面識はないし、テレビドラマなどを通してその姿を垣間見るだけの一視聴者に過ぎないが、氏の出発点は小劇場演劇だったので、そういう点ではシンパシーを感じる役者さんの一人だった。わたしは大学生の頃、劇団「転形劇場」の舞台『水の駅』に出演している大杉さんを見ているからである。

話は変わるが、わたしが劇団を立ち上げて旗揚げ公演を行ったのは、池袋にある有名な劇団の小さなアトリエだった。そのアトリエで公演をする際に、わたしたちの世話をしてくれたのはその劇団に所属する役者さんだった。たぶん貧しい生活を余儀なくされていたのだろう、その三十代くらいの役者さんは、前途揚々たるわたしたち若者にはいかにもみすぼらしく見えた。その折りに劇団の仲間たちと酒を飲んだ席で、誰かがふとつぶやいた。――「劇団を続けた末にあんな貧乏臭い大人になるのはイヤだよなあ」と。

その劇団の役者さんには悪いが、それはわたしたち若者の偽らざる率直な感想だった。だからか、大杉さんがたくさんの映画やテレビドラマに登場するようになった時、わたしはその貧しい劇団の役者さんのことを思い出した。大杉さんが所属していた劇団も、あの貧しい劇団の役者さん同様、芸術志向が強い劇団だったから、舞台だけをやっていたら、決して物質的に豊かな生活を手に入れることはできなかったにちがいない。大杉さんはあの貧しい役者さんとは違って「売れた」のだ。

つまり、大杉漣さんはその演技力においてはもちろんのこと、貧しい劇団の一介の役者も、チャンスさえ摑めば豊かな生活を手に入れることができるルートを切り開いた点において特徴的だったのだ。もちろん、小劇場出身でスターになった役者さんは他にもたくさんいるが、大杉さんがちょっと異色なのは、氏がもともと所属していたのがエンターテインメント系の劇団ではなく、芸術志向が強い前衛的な劇団だった点である。赤坂にあった「転形劇場」の小さなアトリエで、ボロ切れのような衣装を身にまといスローモーション演技をしていたアングラ俳優も、チャンスさえ摑めばゴールデン・タイムのテレビドラマで主役を張ることができるという夢をわたしたちに与えた人。善人も悪人もこなす〝人間力〟のあるすぐれた役者さんだったと思う。謹んでご冥福をお祈りする。

■稽古場の食事

劇場近くにある稽古場に移動して、連日『私に会いに来て』の稽古中。通常、芝居の稽古は最初のうちは夜稽古が多く、本番が近づくと昼から夜にかけて行われることが多い。つまり、一日の大半を稽古場で過ごすことになる。そうなると、夕方くらいに食事休憩があり、食事を挟んで稽古をする。だから、わたしたちは稽古場で弁当を食べたり、近くの飲食店へ行き何かを食べることになる。人間だから当たり前のことではあるのだが、わたしは、ずっと稽古場でものを食べることに抵抗があった。

稽古場でものを食べることに抵抗を感じるのは、わたしが「稽古場」というものをちょっと神聖視しているせいだと思う。しかし、わたしは必ずしも先輩から「稽古場ではものを食ってはいけない」と諭《さと》されたからそのように思うようになったわけではない。自分で勝手に神聖視しているに過ぎない。尋ねたことはないが、稽古場にいる人たちはみなそんな意識を持っているのだろうか？

わたしが芝居の稽古場をどこか神聖視してしまうのは次のような理由であると思う。芝居というのは非日常的なことが描かれることが多く、そこでは、人間の喜び、悲しみ、怒りなど究極の感情が描かれる。すべてではないが、大概、人間の生き死にがドラマチックに描かれる。そんな非日常が演じられる稽古場にはちょっと宗教的な色合いがあるのだ。そんな雰囲気の中で、お気楽にものを食うことは、大袈裟に言えば、ちょっと神への冒瀆的な行為のように感じるのだ。教会の礼拝堂でガツガツと食事をとる人は余りいない。

もっとも、背に腹は代えられないから、稽古場でものを食べることもあるのだが、そんな意識が常に働いてしまう。わたしは幼い頃、剣道をたしなんでいたが、「道場」と呼ばれる場所も、同じように神聖視される傾向がある。剣道を含めた武道の世界も、日々の鍛練を「練習」とは言わず「稽古」と言う。つまり、「稽古」と呼ばれる人間の行為は、常に神聖な行為と見なされるのだと思う。これは、日本だけの独特な文化なのだろうか？

■ハングル文字

本日は『私に会いに来て』の千秋楽。昨日は、舞台の上手側（右側）を紹介したので、今日は下手側（左側）である。本作は韓国で起こった未解決の殺人事件を描くもので、舞台は警察署の一室にある殺人事件の捜査本部である。下手側には刑事たちの事務机の隣に棚があり、その棚には捜査資料のファイルが並んでいる。舞台が韓国なので、文字はすべてハングル文字である。演出部が「華城《ファソン》連続殺人事件」という文字を作ってくれたので、それをファイルの背に貼り付けたが、シールが足りなくなり、残りは韓国の新聞から切り取ったものを切り貼りした。その作業を行ったのは、何を隠そうこのわたしである。

わたしはまったくハングル文字を理解していないから新聞から切り取ったハングル文字を適当に貼り付けた。だから、見る人が見れば、とんでもなく変な文字がそこに並んでいる可能性がある。例えば、次のように。

——「華城連続殺人事件」

——「華城連続殺人事件」

――「華城連続殺人事件」
――「男性器が奮い立つ」

もちろん、観客席から棚に並んでファイルの背表紙の文字を識別することはできないから安心はしているが、物凄く目のいい観客がいると、そんなことがバレてしまうかもしれない。わたしは比較的こういうディテールに凝る演出家である。「神は細部に宿る」が信条で、とにかく細かいことにこだわる。それは、黒澤明監督が『赤ひげ』を作った際に、美術スタッフが「俳優が開けないタンスの内側まで気を配った」というエピソードに感化されたからである。それは、細部がどれだけ繊細にできているかが、その作品のクオリティーを決めるとわたしが思っているからに他ならない。しかし、ファイルの中に「男性器が奮い立つ」があるとしたら、そのツメは甘いと言わざるを得ない。

■板の上のファイターたち

『私に会いに来て』の全十二回の公演に立ち会い、サンモールスタジオの舞台上で十人の役者さんたちの姿を観客席から見守った。終演後は、酒席をともにすることも多かった。そんな彼らと同じ時間を過ごしながら、「板の上ファイターたち」という言葉を思い出した。『板の上ファイターたち』とは、二〇〇八年に亡くなった演劇評論家の土井美和子《どいみわこ》さんが著した本のタイトルである。その本は、現代演劇で活躍する演劇人たちを紹介した本である。『私に会いに来て』で描かれる姿の見えぬ犯人に翻弄される刑事たちの姿は、そのままいつしか芸能の世界での闘争（生き残り）を繰り広げる役者たちの姿に重なっていった。彼らは戦っているのだなあ、と思った。

もちろん、わたし自身も「板の上のファイター」でありたいと望んではいるが、わたしは必ずしもリングの上に立つわけではない。身体を張るわけではない。毎日、舞台を見続けることは大変ではあるが、わたしは肉体を酷使するわけではない。そんなわたしに比べれば、彼らは肉体も、心も酷使してリング（舞台）に立っているのだ。吠え、叫び、涙を流して酒を飲む。舞台に立つとは、世俗的な意味合いでは、自分のプロモーションだったりもするわけだが、そんな世俗的な動機をさっ引いて、彼らは表現者という名のファイターなのだと再認識した。

連日、舞台の上で非日常的な時間を生きる彼らの姿を見ていると、ちょっと心配になったりする。実人生ではなかなか体験できない非日常的な時間を生きることは、楽しいことにはちがいないが、今回の芝居は怒りや悲しみや徒労感というような感情が中心にあった芝居なので、そんな感情を毎日生きなければならない役者たちの心は、さぞかし疲れたにちがいない。その疲労感は、ファイターがリングの上で対戦相手と最終ラウンドまで戦った時の肉体的な疲労感に匹敵するのだと思う。そんな戦いを強いている側のわたしとしては、「ご苦労様でした」という気持ちでいっぱいである。

打ち上げが終わり、『私に会いに来て』のメンバーは散り散りに去っていく。雨の夜だった。二度とこのメンバーで集まることはないにちがいない。そして、彼らはそれぞれに次のリングに上がる準備に入る。新しい対戦相手と戦うために。

■ウサギの人形

先日、幕を下ろした『私に会いに来て』の劇中でピンク色のウサギの人形を使った。捜査本部に出入りするコーヒーガールが、キム刑事の誕生日にプレゼントした人形である。ご来場くださったお客様はどう思ったかわからないが、わたしはこの芝居の勝因は、このウサギの人形にあったと思っている。最終場面で犯人と思われる男が、自分を殴りつけて自白を強いたキム刑事へ当て付けるようにこの人形を使って血がついた自らの口元をぬぐい、捜査本部の真ん中にある取り調べ用の机の上に置いて去るのだ。机の上に放置された血がついた人形は、まさに犯人に殺された被害者たちの象徴になり得ていたのだ。(因みに原作戯曲にはそういう場面はない)

毎回、犯人の血によって汚されるこのウサギの人形は、洗濯されて舞台で使われ続けた。だんだん擦りきれてきたので、スタッフが新しい人形を用意してくれたが、結局、新しい人形は使用せず、この人形を合計十二回の舞台で使うことになった。舞台の千秋楽が終わり、バラシ(撤収作業)が始まった時、わたしは真っ先に舞台へ行き、舞台上にあったこのピンクのウサギの人形を回収した。

廃品として廃棄してしまうことに抵抗があったからである。なぜなら、わたしにとってこの人形は「被害者の女性たちの象徴」であり、手厚く葬るべきだという思いがあったからである。

自宅へ持ち帰り、ドライヤーで乾かした後、どこかに埋めてやろうと思っていた。しかし、いざ手元に置くと、捨てるのも忍びなくなってきた。だから、わたしはこの人形を捨てるのを止めて、保管しておくことにした。

わたしには小さな人形を愛するというような少女趣味はまったくなく、わたしの部屋は本とDVDに占められた殺風景な部屋である。そんな中にポツンと置かれたピンクのウサギの人形は非常に違和感があるが、わたしは簡単にこの人形を捨てる気にはならない。人形に魂が宿るなどということは今まで信じたことは一度もないが、それを信じるにせよ、信じないにせよ、人形にはそういうある種の神秘性があることは確かである。少なくとも、わたしは舞台を成功に導いてくれたこの人形に心から感謝している。

■2・5次元の演劇①

とあるパーティーで先輩の演出家であるHさんと話す機会があった。Hさんは、このところずっと「2・5次元」の芝居の演出をしていたという。Hさんが演出するその舞台の観客動員は、二万人だそうである。「プロデューサーはその動員で製作費をトントンにして、グッズの売り上げで儲けを出す」という。まず二万人という観客動員の数に驚く。かくも原作漫画の威力は凄いということである。わたしたち小劇場演劇の人々は、その十分一の数の観客を呼ぶのにヒーヒー言っているというのに！

「2・5次元」の演劇が市民権を持つようになって久しい。「2・5次元」の演劇とは、『テニスの王子様』などの人気漫画を原作として、原作通りの登場人物が登場して、原作通りの物語を視覚効果満載の演出で上演するエンターテインメント演劇である（とわたしは解釈している）。わたしは一度もそういう演劇を見たこともないから、迂闊《うかつ》なことは言えないが、演劇仲間たちの評判を聞く限り、その評価は低い。にもかかわらず観客は劇場へわんさと詰めかけるという点に「2・5次元」の演劇の特徴があると思う。つまり、演劇としてのクオリティは低いが、動員は桁外れということである。

わたしは古い演劇人なので、「2・5次元」の演劇にどちらかと言うと否定的である。まず、そもそも漫画を原作とした演劇という点が気に入らない。演劇は演劇なのであって、小説でも映画でもない。ましてや、人気漫画に物語の骨格を借りて、その人気に便乗して観客を集めるなどというやり方は、まったくの商業主義であり、邪道と言わざるを得ない。たぶん「2・5次元」の演劇に否定的な人たちは、だいたいそのような意見を持っているのではないか。しかし、問題は、それが従来の演劇公演の規模をはるかに超えて、観客を集めることができるという事実である。この事実を前に古い演劇人たちは苦々しく沈黙せざるを得ない。

演劇を見たことがない若い観客が、どんな理由であるにせよ、劇場へ足を運ぶことはよいことであると思う。しかし、若い観客の初めての演劇体験が、人気漫画を原作にした演劇であるという点にわたしはちょっと危惧を覚える。初体験の重要さは、何もセックスだけの問題ではないのだ。その体験はきっと尾を引いてその人の記憶に残り続けるのだから。「2・5次元」の演劇の功罪は、未来の日本の演劇のクオリティに関わっていると思う。すぐに「見てから言え！」という「2・5次元」の演劇ファンからの声が聞こえてくるが。

■2・5次元の演劇②

昨日、見てもいない「2・5次元」の演劇について批判的な文章を書いたが、それは現在のわたしの偽らざる気持ちである。しかし、「2・5次元」の演劇を肯定的に捉えることもできなくはないので、もしも、それを肯定するなら、どのような肯定の仕方があるかを考えてみる。

演劇に限らず、現代の産業において、集客は最大の課題である。それは、飲食だろうが、服飾だろうが、商業施設だろうが、学校であろうが、すべて集客ができるかどうかが最大の課題であることは言うまでもない。人間が集まることによって経済が活性化され、利益を生み、その分野の発展・向上が成し遂げられるのだから。客が集まらないということは、経済社会におけるその産業の死を意味する。そういう意味では、一つの公演で数万人の観客を動員できる「2・5次元」の演劇は、経済社会における立派な成功例であると言える。だから、わたしの批判など、集客に苦戦する負け犬の遠吠えに過ぎない。

　しかし、問題は「2・5次元」の演劇のクオリティである。「2・5次元」の演劇のクオリティは高いのか？　もちろん、芸術としてはさほど高いクオリティを持っていないかもしれないが、エンターテインメントとしては優れたものがあるにちがいない。それは、何よりまず楽しいのだ。そして、楽しいからこそ、演劇以外のファンが劇場へ詰めかけ、会場は熱気に包まれ、経済的にも大きな収益を上げる。さらなる発展・向上が期待でき、いつしか堂々たるエンターテインメント演劇の一分野としての成長を遂げる。これを成功と言わず何を成功と言うのだ？

　つまり、わたしの考えは古いのである。「演劇はこのようにあるべきだ！」という既成の概念がわたしの頭を固く閉ざしているわけである。革新的な表現は、常に人々の批判の対象として晒される。しかし、そんな批判を受けながらも、生き残るものは生き残るのである。「2・5次元の演劇、是か否か？」を「朝まで生テレビ」で討論するとしたら、わたしは否定派の側のパネリストとして参加するにちがいない。しかし、「人気がある漫画を演劇にして何が悪いんですか？」という肯定派の意見を論破できる自信はまったくない。そもそも、漫画を原作に芝居を作ってはいけないという法はどこにもない。

■人間業

先日読んだ『贖罪《しょくざい》』(読売新聞社会部/中央公論新社)という本の中に「最高裁は、犯罪の類型を入力すると、過去の判例の傾向をグラフなどで表示する量刑検索システムを整備した」という一節を見つけた。本文は続けて、被告人への量刑に関する元裁判官の次のような言葉を紹介している。

──「事案に即した納得できる刑を決める作業は、人間にしかできない。コンピューターでは無理なのです」

わたしはこの元裁判官の言葉を聞き、「そうだそうだ!」と強くうなずいた。法曹界とは縁も所縁《ゆかり》もない一介の劇作家・演出家であるこのわたしが、なぜこの一節を読んでうなずくのか? その理由を以下に説明する。

コンピューターでは導き出せないのは、何も量刑だけの話ではない。劇作もまさにそのようなものだとわたしは考えるからである。一説には、「人類の歴史の中で、すべての物語のパターンはすでに出尽くしていて、もはやまったく新しい物語を作ることは不可能である」ということが言われる。確かにそうかもしれないと思う。しかし、「量刑検索システム」に倣って「物語創作システム」

を作ったとしても、たぶん万人を説得できる優れた物語は生み出せないとわたしは考えるからである。（もちろん、万人を説得できる物語などというものは、机上の空論であって、未だかつてそんな物語は生み出せていないはずだが）

裁判の事案も、新しい劇作も、個々に細やかな事情があり、その細やかさは決してコンピューターなどには理解できないことであるはずなのだ。そこには当事者しか絶対にわからない個別の情報が含まれていて、そこを掬《すく》い上げない限り、量刑も劇作も正しい解答（＝誰もが納得できる答え）を出せないはずなのだ。もしも、コンピューターによって「最高傑作！」と呼ぶに相応しい物語が生み出される時代がくるのだとしたら、わたしは演劇という表現形式に固執するのを止めて、小さな喫茶店でも始めようと思う。裁判における量刑判断も、演劇における劇作という作業も、ともにコンピューターには決して真似できない人間業《にんげんわざ》であるとわたしは信じている。そこには血が流れているのだ。

■キャスティング・ディレクター

劇団で活動している時にはキャスティング（配役）に悩むことは少なかったように思う。劇団はだいたいメンバーが固定しているし、そもそも役が〝当て書き〟によって書かれるから、キャスティングは最初から決まっている場合が多い。しかし、プロデュース公演となると話はまったく違う。

プロデュース公演は、不特定多数の俳優の中からその役に最も適した人間を配役をするからである。つまり、プロデュース公演の場合は、キャスティングの方向性が劇団公演とはまったく反対向きに行われる。

先月上演した『私に会いに来て』のキャスティングも難航した。本作は映画『殺人の追憶』の原作に当たる舞台劇で、警察署の捜査本部を舞台に連続殺人事件の犯人に翻弄される刑事たちが描かれる。容疑がかかった三人の被疑者を一人三役で演じるというのがこの芝居の最大の趣向で、被疑者役を演じる俳優は三人の被疑者を演じ分けなければならない。この役のキャスティングが難しかった。この役に求められているのは以下のような条件だった。

○男優であること。
○三人を演じ分ける演技力があること。
○年齢は二十代から三十代であること。
○集客が見込めること。

口で言うのは簡単だが、これらの条件を満たす俳優をたくさんの数の俳優の中から選ぶのは相当に難しい。プロデューサーとわたしは何人もの俳優を候補に挙げ、打診を繰り返し、場合によっては本人に会いに行き、役を決めようとした。しかし、なかなか決まらない。ある条件は満たすが別の条件を満たさないからである。そんな時に、キャスティングに協力してくれたTさんが一人の俳優を紹介してくれた。それが犯人役を演じた大迫一平《おおさこいっぺい》さんである。

アメリカにはキャスティング・ディレクターという職種があると聞く。さもありなん。アメリカ映画のような巨大なマーケットを誇る現場では、そのような仕事が職業として成り立つ経済的な下地があるにちがいない。しかし、日本の小劇場演劇の世界では、とてもそんな仕事は成り立たないと思う。マーケットが狭いから、キャスティング・ディレクターにお金を払う余裕がないからである。しかし、プロデュース公演を行う際に、その演目における適役をたくさんいる俳優の中から選び、正確に配役できる人間はつくづく必要であると思う。

■二度と見れないもの

反復して何度も見ることができる映画やテレビドラマと違って、演劇は常に「二度と見れないもの」である。難しい言い方をするなら演劇は「一回性の芸術」なのである。それを見逃したら二度とお目にかかることはできない。そんな当たり前のことを考えたのは、わたしは忙しさにかまけて、いくつもの公演に誘ってもらいながら不義理をして劇場へ足を運んでいないからである。つまり、わたしは「二度と見れないもの」をいくつも見逃している。その舞台がつまらぬものであったならまだ諦めもつくが、その舞台がわたしの価値観を変えるくらい力があるものなら、悔やんでも悔やみ切れない。

しかし、よくよく考えてみれば、「二度と見れないもの」は何も舞台だけの話ではない。その日、誰かと会う約束をしていたのに都合が悪くなってその約束をキャンセルしたとする。わたしはその人と過ごすその時間を失ったということである。これも一つの「二度と見れないもの」である。もしかしたら、その人との出会いがわたしの価値観を変えるくらいの力を持つかもしれないのだから。そのように考えると、人生は後悔の連続である。しかし、それでもなお、わたしたちは、自分にとっての「二度と見れないもの」を選択して生きていくしかない。

前にも書いたことがあるが、演劇の公演はある種の葬式のようなものである。人間の人生において、葬式は一回だけだからである。その葬儀に参列しないということは、その人と二度と会えないということである。しかし、すべての人の葬儀に参列することは物理的に不可能なわけだから、これもこれで自ら選択していくしかない。

翻って、後悔とは想像力の産物なのだなあと思う。想像力がなければ、人間は絶対に後悔という感情を持たないように思うからである。わたしが未見の舞台に対して申し訳ない気持ちを持つのも想像力があるがゆえである。こういう時に、想像力はないけれど、その分、毎日を新鮮に生きることができる動物たちが羨ましく思える。

■劇作家の動機

劇作家が一つの作品を〝ものにする〟ためには、劇作家の側にその作品を書く動機（内的な必然性）が必要である。それがない限り、作品に魂がこもらないと思うからである。もちろん、動機がなくても技術さえあれば、与えられた題材の作品を書くことはできるにちがいない。しかし、それはあくまでその劇作家にとっての〝お仕事〟であり、劇作家自身が心から手応えを感じることはないように思う。劇作家が一つの作品を書く時に問われているのは、彼（彼女）の人生の方である。

例えば、もしも、その劇作家に服役経験があったら、その人には「刑務所の生活」をテーマとした芝居を書く動機がある。例えば、もしも、その劇作家に海外生活の経験があったら、その人には「異文化交流」をテーマとした芝居を書く動機がある。例えば、もしも、その劇作家が大病を患った経験があるなら、その人には「命の大切さ」をテーマにした芝居を書く動機がある。このように考えると、わたしの経験の乏しさに溜息をつかざるを得ない。上記のどれ一つもわたしは実際に経験したことがないからである。もちろん、先にも書いたようにそれらを題材に芝居を書くことは不可能ではない。しかし、そこにきちんと魂がこもるかどうかは大いに疑問がある。なぜなら、わたしの側にそれらを書く動機に乏しいからである。

「いや違う！」と内なるもう一人の自分が反発する。そういう体験していないことを想像力によって作り上げ、その偽《にせ》の体験に魂を吹き込むことを創作と呼ぶのだ、と。そうだと思う。しかし、それでもなお、劇作家の人生（体験）は、作品を作る時に常に問われていることは間違いないと思う。題材は無限にある。問題はそれを書く動機が彼（彼女）にはあるかどうかだ、と。

■アニマル・エクササイズ

アニマル・エクササイズという演技の方法がある。ニューヨークにある〝アクターズ・スタジオ〟で実践されている演技の方法の一つである。わたしが知っている範囲で、この方法について言及する。

この方法は、様々な動物の仕草や佇まいなどを役作りに応用するものである。よく知られているのは、『ゴッドファーザー』（一九七二年）におけるマーロン・ブランドの演技か。ブランドは、本作において、マフィアのボスを演じるに当たり、ゴリラの動きや仕草を利用しているという。確かにマフィアのボスを演じるには有効なアプローチだと思う。また、『レインマン』（一九八八年）におけるダスティン・ホフマンは、サヴァン症候群の兄を演じるに当たりリスの動きや仕草を利用しているという。確かに本作においてホフマンはいつも神経質そうにせかせかしている。

「アクターズ・スタジオ・インタビュー」というテレビ番組にゲストとして出演していたアンソニー・ホプキンスは、番組の中で『羊たちの沈黙』（一九九一年）でレクター博士を演じるに当たり、猫をイメージしていると言っていた。劇中においてレクター博士が、ほとんどまばたきしないのはそのせいであるにちがいない。このように、その役を動物に例えて表現するアプローチ方法がアニマル・エクサイズである。

すぐれた俳優のイマジネーションが、こういう発想で役作りをする方法を導き出したのだと思うが、なかなか面白い視点の方法である。日本においてアニマル・エクサイズは余り浸透していないように思うが、役作りの一つのアプローチ方法として、アニマル・エクサイズは有効な方法だと思う。

ところで、わたしは「馬っぽい」と人に言われる。他人と話をする時に、しばしば目線が地面へ向かうからである。ヒヒーン！

■いかに描くか?

劇作家は何を描くべきか？　答えは何を描いてもよい。それを描く動機がその劇作家にあるなら、その物語はきっと心のこもったいいものになる可能性がある。書くべき題材は腐るほどある。それは結婚でもいいし、裁判でもいいし、葬儀でもいいし、親子愛でもいいし、兄弟愛でもいいし、冤罪でもいいし、原子力問題でもいいし、坂本竜馬でもいいし、明治天皇でもいいし、宇宙開発でもいいし、戦争でもいい。しかし、問題は、その題材を扱う手つきが問題なのだとわたしは思う。

「しかし、最後に正直に言うと、わたしは『何を描くか』より『いかに描くか』の方を重視したいと考えている作家なのだが……」とわたしは自著『I—note　演技と劇作の実践ノート』（論創社）に書いている。（『冷血』で有名なトルーマン・カポーティも同じことを言っている）「何を描くか」と「いかに描くか」は密接に関係しているべきである。内容が形式を決め、あるいは、形式が内容を決めると言っていい。作品の内容がその形式でしか表現できないものになっていると感じられた時、わたしはその作品を傑作と呼ぶのだと思う。

「趣向」という言葉を好んで使ったのは、劇作家の故・井上ひさしさんである。井上さんはエッセイの中で「芝居においては、一が趣向で二が趣向、三四がなくて五に趣向」と書いておられたと記憶している。つまり、「ただ興味深い内容をそのまま描くのでは芸がない」と井上さんは言っている。その興味深い内容をいかなる趣向で描くかが問題なのだという意味では、本稿の趣旨と通じている。

そんなことを思ったのは、最近見る芝居には、興味深い内容はあるが、趣向の精神が不足しているのではないかという感想を持ったからである。それはたぶんわたし自身にも突き付けられた言葉で、もう一度、劇作家は「何を描くか」ではなく、「いかに描くか」を重視すべきだと思ったからである。

■想像力と思いやり

「俳優は想像力がすべてだ！」――わたしは常日頃、若い俳優志望者にそのように言って指導している。そして、想像力を訓練の一つとして、彼らに「無対象演技」をやってもらう。「無対象演技」とは、ないものをあるように演じることである。例えば、「五〇キロのバーベルを持ち上げる」とか「大物の魚を釣り上げる」とか「髭剃りの最中にカミソリで頬を切り絆創膏を張る」とか、そういう課題を出して演じてもらうのである。そして、演じ終わった後に、「あそこはおかしい」という箇所を指摘するのである。

何人もの人にこういう課題を演じてもらってわかるのは、「無対象演技」がきちんとできる人は、たぶん演じる人間を造形する際も、その能力を使って大雑把ではない繊細な人物像を作り上げるにちがいないということである。なぜなら、彼（彼女）は細やかな想像力を駆使することができるからである。つまり、「無対象演技」がきちんとできるということは、その俳優が細やかな想像力を使うことができるということの証左なのだ。さらに言えば、「無対象演技」をきちんとできる人は、他人に対する想像力が豊かな人であり、その能力は、他人に対する「思いやり」という美徳として表現されるにちがいないと思う。彼（彼女）は、他人の立場になって物事をきちんと考えることができる「素晴らしい人」でもあるわけだ。

①無対象演技をきちんとできる。
②細やかな役作りができる。
③他人に対する思いやりがある。

俳優が俳優たる最も大きな要因は、「想像力が豊かである」ということである。言うなれば、俳優にとって想像力とは車におけるガソリンのようなものである。俳優という名前の車は、想像力という名前のガソリンを原動力にして初めて発進が可能となる。そして、ハイウェイを時速一〇〇キロで疾走するには、満タンのガソリンが必要なのである。

■役者と警察犬

折に触れて「役者は鼻が利かないとダメだよなあ」と思う。ここで言う「鼻が利く」とは、「台本を読み、その役をどのように演じるのが正しいかどうかを的確に判断する」というような意味である。その意味において、よい役者はよい警察犬に喩《たと》えることができる。

警察犬に与えられるのは犯人の遺留物である。すぐれた警察犬は、その遺留物の匂いを元に鋭敏な嗅覚を駆使して、犯人を追跡し、最終的に犯人の居場所を特定する。役者に与えられるのは台本である。すぐれた役者は、その台本に書かれた内容を元に鋭敏な嗅覚を駆使して、台本の意図するものを見極め、最終的に演じるべき人間像を特定する。すぐれた警察犬もすぐれた役者もそのような共通点を持っている。ダメな役者は、ダメな警察犬同様に遺留物（台本）の匂いをかぎ分けられないから、あらぬ方向へ走り出し、なかなか犯人（演じるべき人間像）に到達できない。

わたしは常々、その人間の五感の能力は、そのままその人間の人生を決める大きな要因になっていると考えている。方向音痴の人は彼の人生においても迷うことが多いし、身体の柔軟性に乏しい人はその人の思考においても頑固で柔軟性に乏しいし、甘い食べ物を好む人はその人の人生においても甘い出来事を好むと考えるのである。その文脈で言えば、嗅覚が鋭い人は、実人生においても、真実を特定することに長けている人間であると考える。だから、台本を読めない役者は、その人の嗅覚が実際によくないと思うのである。台本を読めない役者は、複数の匂いをかぎ分けることができないのだ。

わたしの説を実証科学的に証明するためには、台本を読めないボンクラ役者の嗅覚を調べる必要がある。科学的に「嗅覚実験」を行うのである。わたしの説が正しいのなら、すぐれた役者は複数の匂いをかぎ分けることができるが、ボンクラ役者はそれがまったくできないはずである。

■自己表現の原点

わたしが演技の初心者にやってもらうエチュードの一つに「今まで生きてきて一番○○だったこと」を一つ選んでもらい、その感情を見ている人たちに伝えられるように語ってもらうというのがある。○○は、例えば「一番嬉しかったこと」とか「一番悲しかったこと」とか「悔しかったこと」とか「一番恥ずかしかったこと」とか「一番怖かったこと」などである。制限時間はだいたい最大五分くらい。なぜこういうことをやってもらうかと言うと、自己表現の原点はここにあると思うからである。太古の昔から現在まで、物語の原点は、まずは自分の体験した印象的な出来事を第三者にきちんと話すということだと思う。

そんな課題を学生に要求しているわたし自身がこの課題をやることになったら何を語るかと考えた。たぶん一つは、二十代の頭くらいに経験した「隣人発狂事件」だろうか。わたしの住んでいたアパートの隣人が、精神に異常をきたし、深夜にわたしの部屋を訪ねてきた時の恐怖体験である。もう一つは、四十代の頃に経験した「中央線便意限界事件」だろうか。中央線の快速線に乗っていて便意を催し、地獄のような苦しみを味わった経験である。どちらも、決して忘れることができないわたしにとっての「強烈な体験」である。前者はわたしの心に最大級の恐怖を、後者はわたしの肉体に最大級の苦痛を経験させた事件である。

しかし、わたしの体験を含めて、学生たちの語る様々な話を聞いて思うのは、我々はたいした感情を味わっていないのだなあと思う。「隣人発狂事件」も「中央線便意限界事件」も、わたしにとっては「強烈な体験」であっても、戦場で友人が死ぬことを体験した人のそれや、震災で家族を失った人のそれに匹敵するとはとても思えない。たぶんわたしたちの経験は、そんなことは大したことではないのである。わたしが熱心に映画を見るのは、そういう自らの体験の希薄さをそれらを使って何とか埋め合わせしようとする行為かもしれない。つまり、わたしの持っている本来の感情のキャパシティ（満足感）は、決して現実の体験だけだと埋めきれないのだ。

■ハッピーエンド

――「結末をハッピーエンドにできない作家は芝居を書いちゃいけないと思う」

敬愛するつかこうへいさんの言葉である。わたしがいつ頃この言葉に出会ったのかは忘れたが、たぶん一九八〇年代だったと思う。わたしはこの言葉に強く影響されて、どんな芝居を作る時も結末をハッピーエンドにしようと努めてきた。それは必ずしもつかさんの言葉を鵜呑みにしたわけではなく、わたし自身が観客として芝居や映画を見た時に、登場人物が最終的に不幸になるものを見たいとは思わないという気持ちがあったからである。

今年の三月に上演した『私に会いに来て』（キム・グァンリム原作）の結末は、ハッピーエンドの対極にあるような苦々しいものだった。本作に登場する刑事たちが捕えようとした連続殺人事件の犯人は結局、捕まらないからである。観客に残る気持ちは決してスカッとするものではなく、何ともやりきれない無念の気持ちである。つかさんが生きていて、この芝居を見たら「ふざけるな！」と怒っただろうか？

わたしのハッピーエンド好きは、つかさんの影響だけでなく、アメリカ映画にも大きな影響を受けていると思う。アメリカ映画は伝統的にハッピーエンドの物語が圧倒的に多い。どんな物語でもハッピーエンドにしてしまう楽天性がアメリカ人のよさであるとわたしは思う。わたしもいい歳になり、甘ったるいハッピーエンドの物語では物足りなくなったのも事実だが、芝居の原点は、やはりハッピーエンドの物語であると思う。問題は、物語を作る側のハッピーエンドに至る葛藤の深さであるように思う。主人公を幸福にしていいのか、いけないのか——その葛藤が大きければ大きいほど、ハッピーエンドの結末の説得力は増すように思う。

■宗教信者

先日のブログに「わたしは〝演劇教〟という名の宗教団体の信者である」と書いた。多分に自嘲を含んだ言い方だが、これはこれでわたしの本心である。時々、芝居の稽古をしながら「なぜこんな金にならないことにオレは心血を注いでいるのだ？」と疑問に思うことがある。経済効率から考えると、演劇公演の利益などタカが知れている。いくら頑張っても裕福にはなれない。にもかかわらずわたしは演劇活動をしている。これを経済活動だと考えると先の疑問も当然のことだが、これを宗教活動だと考えれば、いろいろ腑に落ちることがある。

わたしは〝演劇教〟という宗教団体の信者である。わたしの使命は金儲けではなく、信者を増やし、演劇の神様が喜ぶ舞台を作り上げることである。それは経済活動ではなく宗教活動なのだから、金銭的な報酬を強く望んではいけない。なぜなら、それを作ることが神様への感謝の証しであり、同時にわたしの自己救済の道でもあるからである。わたしの最大の喜びは、演劇の神様が喜んでくれることである。時に得体の知れない新興宗教に嵌まり、多額の寄付をしたり、高い品物を購入したりする人たちをわたしたちは冷笑することがあるが、わたしはその人たちのことを笑えない。

翻って、わたしたち現代人はみな一様に一つの宗教に帰依する宗教信者とは言えまいか。わたしたちが帰依しているのは、キリストでもアラーでも釈迦でもなく、貨幣を絶対神とする資本主義という名前の宗教である。洋の東西を問わず今も昔も、人間は常に何かを信じないと生きていけない生き物なのだとしたら、それがどんな種類のものでもあっても、人間は何かの宗教信者であるとは言えまいか。〝演劇教〟の信者であるわたしは今日も演劇の神様に祈りを捧げる。

――「どうか、観客を喜ばせる面白い舞台を作らせてください！」

■浅利慶太氏の訃報

劇団四季の創設者であり、演出家の浅利慶太《あさりけいた》氏の訃報が届いた。わたしは必ずしも劇団四季の芝居の熱心なファンでないのだが、若い頃に見た『エクウス』や『カッコーの巣の上で』などのストレート・プレイに強い刺激を受けた。わたしにとって氏は、日本にミュージカルを定着させた第一人者であり、同時に卓越した劇団経営者であった。

報道によると、氏は病床で次回作の準備をしていたという。すでに故人である舞台演出家のつかこうへいさんも、蜷川幸雄さんも、病に倒れた後も病床から指示を出し、最後の最後まで舞台演出への意欲を失わなかったというが、浅利さんもそのような最期を迎えたわけである。最後の最後まで仕事に意欲を持ち続ける先輩たちに、同じ仕事をする人間として敬意を抱く。

すばらしい偉業を成し遂げながらも、パイオニアの常、氏にはたくさんの敵がいたにちがいない。特に新劇系の劇団からは「商売人が！」と憎まれ口を叩かれたであろうことは想像に難くない。かく言うわたし自身、必ずしも氏によいイメージだけを持っているわけではない。しかし、それでも、戦後の演劇戦国時代を独自の道を切り開いて歩み、天下を取った数少ない演出家が浅利さんであると思う。本来、舞台演出家の資質と会社経営者の資質は矛盾するはずだが、氏にはその両方が備わっていた稀有な人であると思う。どんな分野であろうと、その人がその世界で生き残るには、その二つが必要なのだとわたし自身、痛感するからである。

ずいぶん前に劇団四季の俳優募集の新聞広告を見たことがある。正確な記憶ではないが、そこに「給与」が記載されていたことに驚嘆したことを覚えている。わたしが知る限り、劇団の俳優募集広告を新聞に掲載し、そこに給与明細を明示した劇団は、劇団四季以外ない。謹んでご冥福をお祈りする。

■つか熱の頃

間もなく幕を上げる稲村梓プロデュース『売春捜査官』の作者であるつかこうへいさんに「三億円事件の演劇的考察」という文章がある。この文章は、つかさんの第一エッセイ集（『あえてブス殺しの汚名をきて』角川書店）に収録されているが、氏が書いたたくさんのエッセイの中でも、この人のもの見方のユニークさを鮮やかに示す一編であると思う。

この文章が朝日新聞に発表されたのが一九七五年十二月だから、三億円事件が時効を迎える間際の文章である。ジャーナリズムにおいて、犯人が逮捕できない警察への批判的な記事が目につく中、つかさんの文章は人々の目にさぞかし新鮮に映ったにちがいない。なぜなら、そこでつかさんは、三億円事件の犯人は実はすでに逮捕されているが、逮捕した犯人が余りにみすぼらしく、困った捜査官たちは、「あの栄光の三億円事件の犯人」として国民の前に出して恥ずかしくない「立派な犯人」に育てるべく奮闘している――という新説を打ち出していたからである。まるで、つかさんの代表作『熱海殺人事件』そのものを思わせる内容だが、こういう世界観につかこうへいという作家の独自性があったと思う。当時、つかこうへいの芝居に熱中していたわたしは、こういう文章を読んで、さらにつか熱を高めていたのだ。

わたしは先に「ものの見方」という言葉を使ったが、若い頃、わたしはつかこうへい的な発想を通して、世の中の事象を複眼的に捉える視点を培ったように思う。物事には表もあれば裏もあるという当たり前の事実を、つかこうへい的な世界観はわたしに教えてくれたのだ。わたしにとってつかこうへいは、悪の中の善を、醜さの中の美しさを、偽りの中の真実を、可笑しさの中の哀しさを描くことに長けた人だった。

■命令と提案

ある日、とある飲食店で食事をしていたら、わたしの隣の席の男性客が憮然と店員に言った。

――「水くれ!」と。

飲食店の客として当然の注文であるが、その声にちょっとした怒気を感じた。つまり、この客は、店員がなかなか水を出さないので、ちょっと苛立っていたにちがいない。店員の女性は「申し訳ありません」と頭を下げながら水を出していた。まあ、こんなことはとるに足らない些細なことであろうが、接客業を生業《なりわい》とする人は、毎日、さぞかし神経をすり減らして仕事をしているのだろうなあと思う。

わたしも、若い頃にコンビニや居酒屋でバイトをしたことはあるが、大人になってからはそういうバイトをしたことはない。けれど、かつて自分も店員だった記憶がどこかに残っているせいか、わたしはわたしなりに飲食店の店員にも気を遣う。資本主義社会において「お客様は神様」という考えは真実だと思いながらも、店員も人間である。奴隷のように命令して、こき使うのも理不尽なことであると思うからである。だから、極力、飲食店の店員の気持ちを察して優しく声をかけるよう努めている。

そして、ふと稽古場で演出している自分を思い出した。稽古場と飲食店は全然違うものだが、店員=役者に様々な注文を出す客=演出家というのは似ていると思ったからである。飲食店の客に乱暴な人がいるように、稽古場の演出家にも乱暴な人がいると思う。しかし、わたしは、飲食店の店員の気持ちを思いやるように、稽古場において役者の気持ちを極力、思いやるように努力をしている。頭ごなしに「こうやれ！」と命令するのではなく、「こういう風にやったらいいんじゃないですか」と提案する。あくまで謙虚に問いかける。まあ、場合によっては、命令することを辞さないのが演出家であると思うが、演出も広い意味において接客業である。相手に対する思いやりが大事なことに変わりはない。

■商才

間もなく初日を迎える『売春捜査官』の出演者である及川《おいかわ》いぞうさんと酒席でつかこうへいの話をした。及川さんは、専属の運転手をやっていたくらいつかさんの身近にいた人である。わたしが劇団四季の浅利慶太氏の訃報に触れ、「この世界で成功するには演出家としての才能だけではダメで、商売人としての才能が必要なのではないか」という話をしたら、つかさんもまさにそういう才能がある人だったという。わたしは必ずしもつかさんの身近にいた人間ではないが、傍《はた》から見ていてもその意見には納得できる。芸術家であり、同時に商才がある人はやはり凄い。

かく言うわたしは金銭というものを不浄のものと見なす傾向を持つ人間である。だから、舞台を作る時も俳優やスタッフとの金銭的な交渉はすべてプロデューサーや制作の人に任せて、一切タッチしていない。そこでわたしが出演者と金銭的なやり取りをしてしまうと、稽古場において、その俳優の扱い方に影響が出てしまうように思うのだ。だってそうではないか。この俳優はギャランティがいくらで、この俳優はいくらだとわかってしまうと、心理的にどうしても扱い方が変わるように思うのだ。あくまで対等に、均等に俳優たちと向かい合うためには、そういう金銭事情は、現場において妨げにこそなれ、創造的なものに繋がらないように思う。

しかし、そんな甘っちょろいことを言っているのは、金銭に疎いロマンチックな演出家だけであって、人間は霞《かすみ》を食っては生きていけない。だから、やはり最終的には金が問題である。そこにきっちり落とし前をつける人が必要なのである。つかさんは、芸術的にも面白いものを作ったが、同時に収益を上げ、俳優たちをきちんと芝居だけで食わせることができた数少ない演出家であったと思う。わたしなどは、つかさんの爪の垢を煎じて飲まなければならない人間だと思うが、商才がないヤツにはそれは簡単に真似できない。

■コピーライター

最近、つかこうへいに関する記事が多いが、つかこうへい作『売春捜査官』の演出をしているのでそういうことになることをご了承ください。今日はつかこうへい戯曲の台詞について。

——「七十億とも八十億とも言われる人間がこの地球上に生まれ、二人、出会い、たかだか六、七十年生きていくのに、死ぬほど愛してくれるか、殺すほど憎むかしてくれなきゃ女はやってられないんだ！」

つかこうへい戯曲の中には数々の名台詞があるが、その代表的な一つは右記の台詞ではあるまいか。わたしはこの台詞を別のつか作品でも耳にしたことがあるから、よほどお気に入りの台詞だったのではないかと思う。名台詞は、人間の真実をまったく意表をつく視点でズバリと言い当てる。この台詞には、まさにそういう台詞であると思う。

「そん笑顔こそ、オイの本当の故郷やったかもしれんね」

これも同作に出てくる台詞。『幕末純情伝』にも「祖国とはお前の美しさのことぜよ」という台詞があったように記憶するが、これなども事の本質をズバリとついているように思う。

「人は思いやる心で動くのであります」

この言葉も印象的な心に残る台詞である。かつて作家の小林信彦《こばやしのぶひこ》さんは、太宰治について「現代に生きていれば一流のコピーライター」と評したことがあったが、つかこうへい戯曲の台詞も、「言葉で人の心を掴む」という意味では、すぐれたキャッチコピーの宝庫であると思う。本作のチラシのキャッチコピーである「今、義理と人情は女がやっております」も、人の心を掴む独特な感覚がある。つかさんがもしもコピーライターになっていたら、一流のコピーライターになっていたにちがいない。なぜなら、その言葉は「人の心を掴む」からである。

■ピーナッツ演出家

上演中の『売春捜査官』には、ピーナッツが出てくる。主演である稲村梓《いなむらあずさ》さん扮する木村伝兵衛部長刑事が劇中でそれを食べる場面があるからである。これはわたしの演出ではなく、原作戯曲の指定である。しかし、わたしが作る舞台にはしばしばピーナッツが出てくるので、わたしが演出する舞台をよく見てくれている人は、「ホラ、またいさをがピーナッツを食わせてるよ」と苦笑するかもしれない。

わたしは今までいくつもの舞台演出をしてきたが、そういう経験の中で、劇中で登場人物が何かを食べる場面で、ピーナッツほど使い勝手のよい食べ物はないと確信している。それは、例えば煎《せん》餅《べい》やチョコレートと比べるとよくわかるのではないか。煎餅はバリバリと音がするし、煎餅を食べきるにはかなり時間を要する。また、チョコレートはすんなり食べることはできるが、食べ終わった後、口の中にベタベタする感じが残り、台詞が言いにくい。その点、ピーナッツは小さいからすぐに食べることができるし、食後、口の中もさほど渇かない。だから、何かモノを食べながら台詞を言うにはもってこいの食べ物なのだ。何より廉価で、手に入れやすい。

ピーナッツを食べながらの会話というものは、傍《はた》で見ているとどこか間抜けな印象になり、人物間の親しみや相手を軽視する感情を醸し出しやすい。また、「食べながら台詞を言う」という二義的な要素が加わることによって、その場面がぐっとリアリティを持つことが多い。わたしは、今まで、舞台においてカップヌードルやおにぎりなど、モノを食べる場面をたくさん作ったが、さりげなく効果を生むという意味ではピーナッツが一番いい。

そんなことを書いておいて繰り返し言うのもナンだが、今回の芝居のピーナッツは、わたしの演出ではない。原作戯曲通りである。

■黒電話

サンモールスタジオで上演中の『売春捜査官』には黒電話が出てくる。しかも、ダイヤル式である。ダイヤル式の黒電話！　物凄く懐かしい気がする。わたしがいつ頃まで黒電話を使っていたか記憶を辿るのが難しいが、こういう時に自分で作っていた芝居が手がかりになる。拙作『ある日、ぼくらは夢の中で出会う』は、電話が重要な小道具として使われていて、その芝居を上演したのは一九八〇年代の半ばだから、当時、人々はまだ黒電話を使っていたと思われる。ダイヤルをジコジコ回して電話をかけ、ベルがジリジリと鳴るのも、今の目で見ると物凄くレトロな感じがする。

ところで、つかこうへい演出の舞台では、この黒電話には受話器にコードがついていない。また、電話機から接続コードが延びていない。つまり、黒電話が単体として机上に乗っていて、人々はそれを使って平気で電話の相手と会話するのだ。演劇の約束事として、そういう演出は〝あり〟だと思うものの、今のわたしの感覚だと「それはいくら何でもおかしいだろう」と思い、両方ともコードをつけてもらった。そうすることによって、登場人物たちの行動範囲は狭まるが、嘘臭さは少しは消える。

わたしがなぜ電話機にコードをつけてもらったかと言うと、わたしの舞台作りにおけるリアリズムのせいである。かつてのわたしならそんなことをぶっ飛ばして「コードなどいらん！」と思ったにちがいない。「問題は精神のリアリズムであって、小道具のリアリズムではない！」と。しかし、今はそういうところで嘘をつきたくないと思うようになったわけである。この三十年の間に、わたしのリアリズムは変化したということだと思う。

■十七歳の瞳

最近、わたしが作る芝居を熱心に見に来てくれる高校生がいる。前に「Sくんの質問」と「Sくんへの回答」というタイトルで、このブログにも登場したSくんである。先日、『売春捜査官』を見に来てくれた彼の第一声は「何なんですか、これは」だった。この言葉は、余りのつまらなさに怒っているのではなく、感嘆した感情から出た言葉である。Sくんにとって『売春捜査官』はちょっと衝撃的だったらしい。親しみも増したので、終演後、知り合いの役者さんとともに食事した。わたしは自分に子供がいないので、十七歳の少年とプライベートできちんと向かい合うことは滅多にない。

「僕の周りにはカッコいい大人がいないけれど、いさをさんはカッコいいです」――そんなことを真面目に言われると、嘘でもオジサンはニコニコしてしまう。そして、新宿の紀伊國屋ホールで『熱海殺人事件』を見て衝撃を受けた遠い日の自分自身を思い出した。あの時、わたしはSくんと同じ十七歳だった。あの時のわたしにとって、確かに『熱海殺人事件』は「何なんですか、これは」というものだった。それは、言葉で説明できる種類のものではなく、体感する一つの異文化体験だった。だからか、十七歳のSくんの瞳に映るものを想像すると、わたしの心はちょっとだけ洗われるように思う。

わたしが十七歳の時に見て演劇の道を選ばせたつかこうへい作・演出の『熱海殺人事件』を、あれから四十年経った今、わたしが演出して、その舞台を十七歳のSくんが見て同じように思っているとしたら……こんなドラマチックなことはなかなかないように思う。彼は、間もなく演劇系の大学を受験して、劇団を作りたいと言っていた。Sくん、頑張れ！

■つか芝居の音楽

つかこうへい演出の舞台の音楽はちょっと特徴的である。一つの作品の音楽は、同じ作曲家の作った曲を使い、統一感を出すのが普通だと思うが、わたしがかつて見たつか芝居の音楽は、そういうことが一切なかったように思う。

『熱海殺人事件』の幕開きはチャイコフスキーの「白鳥の湖」が定番で、劇中ではピアノ協奏曲も使われる。わたしが見た本作は殺人の容疑者が客席から「マイ・ウェイ」（フランク・シナトラ）を歌いながら登場する。『いつも心に太陽を』の幕開きは「ローハイド」で、それが「喝采」（ちあきなおみ）に乗り変わる。劇中では映画『太陽がいっぱい』（ニーノ・ロータ）の主題歌が何度も使われる。ラストは「ジョニーの子守唄」（アリス）だった。『蒲田行進曲』の幕開きは「ドント・レット・ミー・ダウン」（ザ・ビートルズ）で、それが映画『フェーム』の主題歌に乗り変わる。つまり、クラッシックから現代ポップス、演歌まで実に様々なジャンルの音楽が使われているわけだ。普通、ここまで雑多だと作品の統一感が損なわれるものだが、不思議なことにこれらが渾然一体となってつか芝居独特のムードを醸し出している。そして、それぞれの曲が見事に場面を盛り上げていた。

しかし、つか芝居の本質を体現した音楽家はつかさんの盟友・大津《おおつ》あきらさんが作った哀切感溢れる楽曲だろう。わたしが見た『熱海殺人事件』や『いつも心に太陽を』では、劇場の片隅の椅子に座った大津さんが生演奏で弾き語りをしていて、劇の内容をぐっと盛り上げていた。大津さんはすぐれた作詞家でもあった。この二人のコンビネーションのよさは、黒澤明監督と作曲家の早坂文《はやさかふみ》雄《お》のようなものだったのかもしれない。夭逝した点もお二人はよく似ている。

■被告人・大山金太郎

先日、幕を下ろした『売春捜査官』（つかこうへい作）には、大山金太郎という名前の殺人容疑者が登場する。熱海の海岸で若い女を腰ひもを使って絞殺したという嫌疑がかかった事案である。被疑者・大山金太郎は、自らの容疑を認め、最終的には死刑台に向かうべく捜査室を後にする。

しかし、警察の取り調べで被疑者が容疑を認めたとしても、すぐには死刑にはならない。本来は送検されて裁判が行われ、そこで有罪が認定され、拘置所に収監された後に死刑が執行されるのが現行の司法制度である。そもそも、殺害した人間が一人で死刑判決が出ることはほとんどない。だから、現在のわたしの感覚で『売春捜査官』における被告人・大山金太郎を冷静に判断すると、彼に対する量刑は、懲役十年が妥当だと思われる。殺意はあったが、計画性はなく事件の背景には被告人に情状酌量の余地がある事案だと思うからである。しかし、検察官は次のように主張することが予想される。

検察官「計画性はなかったと弁護人は主張するが、計画性がないのになぜ被告人はポケットに腰ひもを忍ばせていたのですか？」

その通りである。被告人が腰ひもを持っていた理由が劇中では一切語られていない。彼はその日、九州の五島列島にある小さな村から上京し、東京で落ちあった故郷の幼なじみである被害者の女性（山口アイ子）と静岡県熱海市の海岸へ赴き、犯行に及んでいる。被告人が普段から日本舞踊を嗜《たしな》んでおり、その日も稽古があり、浴衣を着るために腰ひもを所持していたというなら、まだ理解はできる。しかし、そんな形跡は一切ない。犯行時、被告人はなぜ腰ひもを所持していたか？　これは大きな争点となり、下手をすると、検察官による「被告人は凶器を準備して、殺害を目的に被害者を熱海の海岸に誘い出した」という主張が認められてしまう可能性がある。「たまたま近くにあったから」と被告人が主張しても、裁判ではなかなか通りにくいと思うが、どうか。そうなると大山金太郎の量刑は十年を超える可能性がある。

■引き合い

わたしはしばしば、芝居の稽古場で自分の知っている映画を引き合いに場面のイメージを俳優に伝えようとすることがある。この前、演出として関わった『売春捜査官』にもそういう一幕があった。わたしは、死刑台に向かうべく、警視庁の捜査室を出ていく容疑者の役の俳優さんに次のようにのたまったのだ。

——「『陽のあたる場所』のモンゴメリー・クリフトのような達観した表情でやってほしい！」

今思えば、そう言われた若い俳優さんの頭の中は「？？？」となったにちがいない。いや、稽古場にいるすべての人がそう思ったにちがいない。そりゃそうだ。その映画が大好きで、何度もそれを見ている人ならともかく、見てもいない知らない俳優のことをいきなり言われても「何のこっちゃ？」と思うのは当然であろう。例えば、ホラー映画好きの演出家から次のように言われたら、そう言われた俳優さんはどう思うだろうか？

——「『人喰いトンネル』のケイティ・パーカーのように顔を歪めて怖がってほしい！」

そういう例は、わたしには過去にもいくつもあり、稽古場で俳優さんたちを困惑させてきたにちがいない。そして、わたしがよく知っている映画でも俳優さんが知っているとは限らないと反省しつつも、ついつい興奮してそのような言い方をしてしまう。困ったものである。

しかし、急いで付け加えるが、『陽のあたる場所』（一九五一年）は名作であり、モンゴメリー・クリフトがとてもリアリティのあるいい演技をしている映画である。アナタがまだ本作を見ていないなら、見た方がいいと思う。若き日のエリザベス・テーラーがとても美しい。わたしは『人喰いトンネル』（二〇一〇年）を見ていないから、主演のケイティ・パーカーの演技に関しても迂闊《うかつ》なことは言えないが、わたしにとっては『陽のあたる場所』の方が重要な作品であることは、たぶん間違いないと思う。

■ある日、ぼくらは夢の中で出会う

知り合いに芝居の公演の案内をする（最近は、書面ではなく、メールで連絡することが多い）と、当たり前のことだが、見に来てくれる人とそうでない人がいる。見に来てくれる人は返信をくれて、チケット予約を頼まれる。見に来てくれない人はスルー（無視）するか、律儀な人だと「行けなくてごめんなさい」とわざわざメールをくれる。反対にわたしが芝居の公演の案内をもらった場合も、だいたいその三通りのやり方で対処している。

わたしは、芝居の公演の案内を送っても何のリアクションもしない人に対して「何だ、せっかく案内してるのになしのつぶてか！」と憤る気持ちはまったくない。リアクションがなくて当たり前だと思うからである。人には生活があり、それぞれに事情があり、芝居など見ている余裕がない人はたくさんいるにちがいないからである。それは仕事の忙しさかもしれないし、パートナーとのトラブルかもしれないし、健康上の問題かもしれないし、育児の問題かもしれないし、老いた両親の介護かもしれない。そんな問題に比べたら、観劇するかどうかなど、どうでもいい問題であると思う。現実は常に厳しい。

そういう観劇に対する態度を前提としての話だが、入場料金を支払って劇場に足を運んでくれるお客様とは、何と貴重な得難い存在なのだろうと思う。それらの人々は、自分の人生の一部をその公演のために費やしてくれるからである。仕事やプライベートの問題も、健康や育児や介護の問題も抱えながらも、その人たちは劇場へ足を運んでくれるのである。かつてわたしが書いた芝居に『ある日、ぼくらは夢の中で出会う』というタイトルの芝居があるが、観劇行為とは、まさにそのようなものであると思う。わたしたちは、劇場という夢の空間で様々な困難を乗り越えて「出会う」のである。（手前味噌だが、そういう意味では演劇の本質を捉えたよいタイトルである）すべてはそこから始まる。その得難い大切さ。

■キャスティング

劇団以外の舞台の公演で、その芝居の演出家として配役を決める作業はとても難しいものである。劇団の公演の場合、出演するメンツはあらかじめだいたい決まっていることが多いので、配役を決めることはそんなに大変ではないと思うが、そうでない場合、配役の候補になる人は無尽蔵に広がる。ある意味では、この世にいるすべての俳優がキャスティングの対象になるからである。

しかし、無尽蔵と言っても検討できる俳優の数には限度があり、どんなに多くても一つの役の候補者は五十人くらいが最大だと思う。プロデューサーや演出家の間で、こういう時に活躍するのが

『日本タレント名鑑』（VIPタイムズ社）という冊子で、この冊子に掲載されている顔写真付のプロフィールを参照しながら、あーでもないこーでもないと議論しながらキャスティングを行う。わたしにもそういう経験がないではないが、わたしが演出する舞台は、小劇場演劇が多いので、『日本タレント名鑑』を通して、まったく未知の俳優さんに出演を依頼することはほとんどない。

では、わたしはどのように俳優たちに出演を依頼するかと言うと、知り合いの中から候補者を選び、声をかけることになる。もっと具体的に言うと、わたしの携帯電話に登録された顔見知りの俳優さんやSNSを通してつながっている俳優さんたちを調べて候補者を選ぶことになる。さらに言うと、比較的、最近、メールを通してやり取りをした俳優さんが真っ先に候補になる。それらの人は、わたしが関わる舞台を見に来てくれた人である場合が多く、連絡を取りやすい身近な存在だからである。

まったくチマチマしたキャスティングの舞台裏ではあるが、現実はこんなものである。だからと言うのもナンだが、もしもアナタがわたしが演出する舞台に強く「出たい！」と望んでくれる人であるなら、わたしが演出する舞台の情報をこまめにチェックして、まずは公演を見に来てくださることをお願いする。

■追悼 ニール・サイモン

ニール・サイモンの訃報が届いた。九十一歳だという。ニール・サイモンは、アメリカの喜劇を得意とする劇作家である。

わたしがこの人のことを知ったのは『グッバイガール』（一九七七年）という映画を通してだったと思う。ニューヨークのアパートを主舞台にしたもう若くない女と売れない俳優の恋物語で、笑わせて最後にホロッとさせるニール・サイモン節がきいた映画だった。しかし、ニール・サイモンは映画の脚本も書いたが、元々は舞台を中心とした劇作家であった。日本でニール・サイモンの舞台劇を本格的に紹介した第一人者は、演出家の故・福田陽一郎さんだと思うが、わたしは大学生の頃、福田さんが演出するニール・サイモンの芝居を西武劇場（現 PARCO 劇場）へよく見に行った。血気盛んなわたしには、物凄く大人っぽいお洒落な芝居だった。わたしは「都会派コメディ」というジャンルをこれらの劇を通して理解したのだった。ニール・サイモンの戯曲は、すべて『ニール・サイモン戯曲集Ⅰ～Ⅵ』（早川書房）で読むことができる。

楽しい芝居をたくさんありがとう。ここに大きな敬意と感謝を込めて哀悼の意を表する。

■役者と俳優

演技することを生業《なりわい》とする人間のことをわたしたちは「俳優」と呼んでいるが、場合によっては「役者」とも呼ぶことがある。今日は同じ意味を持つこの二つの名称は、どのように違うのか考察する。だが、あらかじめ断っておくが、以下の説はあくまで私見であり、正しいかどうかはわからない。

演技することを生業とする人間の正式名称は「俳優」である。それが口語に近くなると「役者」になる。つまり、これらは場面によって使い分けが必要な言葉なのである。結婚式のスピーチで自分の身分を名乗る場合は「俳優の○○です」が正しいと思う。対して、居酒屋で自己紹介する時には「役者の○○です」でいいと思う。つまり、「俳優」にはちょっと公的なニュアンスがあり、「役者」には私的なニュアンスがある。「俳優」という言い方は「理髪店」という言い方に近く、「役者」という言い方は「床屋」という言い方に近い。同じような意味において、「脚本」と「台本」も区別が必要な言葉である。「脚本」は正式な言い方、「台本」はちょっと口語に近い言い方である。日本語には同じことを意味する言葉が二つあることが多い。

なぜこういうことになっているかと言うと、日本の近代が二重になっているからだと思われる。そもそも「俳優」という言い方は、近代になってから作られた言葉であると思う。それまで日本語で俳優を示す言葉は「役者」であったはずである。それが明治時代以後、「actor」「actress」に対応する新しい言葉として「男優」「女優」という言葉が作られ、その総称として「俳優」という言葉が作られたにちがいないのだ。「俳優」と「役者」の関係は、「恋愛」と「色恋」という言葉の関係に似ている。

■美しい人生

わたしは演劇に関わってすでに三十五年以上経つが、広い意味で、わたしはどんな場合にも、演劇に美なるものを求めているように思う。美なるものと言うと抽象的過ぎるかもしれないが、それは内容の面白さであったり、俳優の格好よさであったり、舞台造形的な美しさのことである。それは、必ずしもわたしだけのことではなく、大概の演劇の観客が舞台に求めるものも、そういうものであろう。

翻って、わたしは、自分の人生を生きてすでに五十七年にもなるが、演劇に関わったせいか、自分の人生にも美なるものを求める傾向がある。どんな場合も「美しくありたい」と望んでいるのである。それは必ずしも美容としてのそれではなく、生き方の問題としてである。そう願いながらも、大概において、実人生における美なるものの追求は失敗することが多い。「こうありたい」という自分の理想は大方、現実の前で頓挫《とんざ》することが多いからである。例えば、誰かと決別する時に、

「こういう風に別れることができたら最高だよな」というイメージを持ちながらも、イメージ通りに別れることは簡単にできない。現実の別れは、非常に散文的で素っ気なく味わいに欠ける。しかし、だからこそ、わたしは演劇にその理想として美しい別れを求めるのかもしれない。

それでもなお、わたしは美しい人生を送りたいと思う。他人を貶《おとし》めて得るような幸福ではなく、貧しくても毅然とした態度で我が道を行くような幸福を勝ち得たいと願う。芝居において、最も大事なのは、その人物の「去り際」である。その「去り際」に、その人物の人生が集約される。格好よくそれを実現する自信はまったくないが、できるならわたしは美しくこの世を去りたいものだと願う。

■心の声

インプロとは「improvisation」の略語で、即興演技によって場面を作る方法を表す言葉である。インプロを実践する人々は、様々なルールの中で台本なしで演技をする。彼らは、脚本家の書いた台詞なしに、舞台上で即興によってドラマを作ることができる。そういう人たちのことを「インプロバイザー」と呼ぶらしい。もうずいぶん前のことだが、かつてわたしはインプロの教室に通ったことがある。飲み会の席でインストラクターの役者さんに「なぜインプロをやってるんですか?」と尋ねたわたしに対するその人の答えは印象的なものだった。

――「僕ら俳優は、作者の書いた台詞がない限り何もできない。作者に依存するしかないんです。けれど、もしも自分で言葉を生み出せたら作者に依存しなくても舞台に立てる。インプロバイザーとは、そういう自らが台詞を生み出せる俳優のことを指すんです」

その通りである。俳優は作者がいない限り自立できない人種である。言ってみれば、「インプロバイザー」とは夫の収入に頼りきりだった妻が、夫と別れて自ら仕事をして経済的に自立するようなものかもしれない。それはそれで理解はできるが、ちょっと異論がある。

俳優は、作者の書いた台詞を正確に観客に伝えるだけの音声伝達者ではない。俳優は、作者の書いた台詞の裏側にある「心の声」を生み出すクリエイターだからである。音声としては発語されないが、その台詞がどんな「心の声」を伴って発語されるかは、その役を演じる俳優次第なのである。俳優は、自身で実際に文字を書くわけではないが、「心の声」の脚本家であると言える。だから、すぐれた演技力を持つ俳優とは、想像力によって豊かな「心の声」を生み出せる俳優のことである。

■高校の演劇部

昨年に引き続き、長野県の伊那《いな》市へ高校生を対象にした演劇の講習会へ行ってきた。全部で三十名ばかりの演劇部に所属する女子高校生にいろいろな演技の方法を提示して、実演してもらう。昨年もそうだったが、男子は一人もいない。確かにわたしが高校生の時も、演劇部には男子はいなかったように思うが、演劇部に男子がいないのはちょっと不思議な現象である。これはなぜなのだろう?

勝手な想像だが、男子高校生に演劇は「格好いいもの」という認識が乏しいということなのではないか。確かにサッカー部や野球部のような肉体が躍動するような格好よさは演劇部には乏しい。ハムレットを演じても、それを格好いいという感覚は男子高校生にはないと思う。たぶん男子高校生にとって演劇は「女子がやるもの」という認識が強いのではないか。わからないでもない。わたし自身、高校生の頃、演劇部というと、化粧臭いイメージを持っていた。演劇部にいる男子に対して「男のくせにメーキャップなどしてみっともない!」というような偏見を持っていたように思う。確かに演劇には、人前で身をくねらせて観客に媚を売る側面がないではない。また、「演技」という言葉は、日常的に使う時に「他人を欺き嘘をつく」という意味合いがあり、そういう点もウルトラマンや刑事もののドラマを通じて培った正義をよしとする男子高校生を演劇から遠ざける要因になっているのかもしれない。
演劇を生業《なりわい》とするわたしとしては、それらはすべて偏見であり、演劇ほど「複数の人間が足並み揃えて一つの目的を達成する喜び」を体験できる器はなく、最高に「格好いいもの」だと思うが、わたしがいくら力説しても、男子高校生はなかなか演劇部へ入ろうという気分にはならないのかもしれない。かく言うわたし自身もかつてはそうだったのだから。

■俳優の成功とは

電車に乗ると、中吊りや電車の側面に様々な宣伝広告が貼られているのが目に入る。そこには様々な広告がズラリと並んでいる。それらの広告では、だいたい商品とともに有名なタレントや俳優たちが笑顔を振りまいている。イメージ・キャラクターというヤツである。そして、わたしは思う。――「俳優にとって〝世俗的な成功〟とはこういうことなんだろうなあ」

わたしはロマンチックな芸術家なので、その俳優がどんな企業のどんな広告に出ていようがそんなことはどうでもいいと思う方である。問題はその俳優の人間としての魅力だけだ、と。しかし、いくら魅力があっても、売れない限りその俳優は一般的な評価を得られない。もっと言えば、優良企業の広告に採用されて多額の報酬を得ない限り、その俳優は「一流」と呼ばれない。わたしたちの世界で俳優として成功するとは、優良企業の広告に登場し、広告を通して我々にその存在を認識させるということである。つまり、メディアへの露出が多い俳優が、わたしたちの社会の中で信頼を獲得した人たちであると言える。

しかし、ここには一つの逆説がある。それらの企業の広告にたくさん露出する当代の一流俳優たちは神格化しにくい点である。優良企業の広告に登場することは、俳優のステータスを上げるにちがいないが、同時にその俳優の存在を世俗化する。もちろん、現実を生きる俳優は、必ずしも神格化されることを望んで俳優活動をしていないと思うが、企業の広告塔（もっと意地悪く言えば企業の提灯持ちである）になるということは、その俳優の魂（最も大事な心の部分）を金で企業に売るという側面があると思う。それは「自由な魂の体現者」としての俳優の在り方を著しく損なう。彼らは〝世俗的な成功〟と引き換えに神秘性や聖性を失うのだ。つまり、俳優が〝世俗的でない成功〟を果たすには、松田《まつだ》優作《ゆうさく》のように夭逝するしかないということなのだろうか。

T字のリアリティ

しばしば、演劇学校の演技実習で「無対象演技で何かを表現する」という課題を学生に演じてもらう。無対象演技とは、実際の小道具は使わずにマイム的な表現でその場面を演じてもらうことである。例えば、以下のような。

○釣りをして大物がかかるが、最終的に逃げられる。
○ゴキブリを発見し、殺虫剤で仕留めようとするが、逃げられる。
○墓参りして、線香に火をつけて墓前に供える。
○一〇〇キロのバーベルを持ち上げようとするが、失敗する。

こういう場面を演じてもらうのである。目的は想像力の訓練。こういうことを大雑把ではなく演じることができる人は、細やかな想像力が使えると言ってよく、戯曲を読む時にも同じように繊細な想像力を発揮するはずだと思うからである。そんな場面の中の一つに以下のような課題がある。

○T字カミソリを使って髭を剃るが、肌を傷つけてしまい、絆創膏を貼る。

このような場面を見るわたしは、ほとんど専門家と言ってよく、おかしな点への指摘は厳しい。なぜなら、わたしは毎日、この作業を繰り返しているからである。つまり、「T字で髭を剃る」という行為は、わたしにとって最も馴染み深い行為の一つなのである。だから、「T字で髭を剃る」際のディテールをよく知っているのである。例えば、髭を剃る前は必ず口まわりを水（湯）で濡らすことをわたしは知っている。例えば、T字の刃の向きが下から上に動くことをわたしは知っている。もちろん、髭を剃る度に肌を傷つけるようなことはないが、今までにそのようなことになったことは何回もある。だから、刃で肌を傷つけた時の小さな痛覚をわたしはよく知っている。思うに、広い意味において、リアリティがある演技とは、「T字で髭を剃る」専門家の前で、無対象演技で完璧にそれを行うということであるにちがいない。

■四五〇〇円の対価

わたしの住む町には、焼き肉の〝牛角〟と〝牛繁〟がある。焼き肉業界のことはよく知らないが、ともにたくさんの店舗を持つ有名な焼き肉屋であろう。この二つの店で、それぞれ四五〇〇円分の焼き肉を食べたとして、その満足感に差はあるのだろうか。味覚の好みはあるとは言え、そんなに大きな差があるとはわたしには思えない。それぞれに四五〇〇円分の満足感を与えてくれると思う。一般に飲食店においては、客が支払う料金に見合う料理を提供していると思う。

最近、わたしはよく小劇場で芝居を見ているが、入場料金はだいたい四五〇〇円である。ここに四五〇〇円の入場料金の芝居が二つあったとして、焼き肉屋同様、それぞれにその金額に見合う芝居を観客に提供しているか？　答えはNOである。満足感を与える芝居とそうでない芝居の差が激しすぎる。もちろん、芝居の評価は観客の主観によるものなので、ある人にとっては面白く、ある人にとっては面白くないということは当然あり得る。それが健全な状態であり、普通のことである。しかし、そんな原則を理解した上でも、クオリティの差が激しい。なぜこういうことが起こるかと言うと、つまるところ、その芝居のプロデューサー（店長）の見識が問題の根幹である。

仕入れる肉の種類、調理の仕方、味、店員の接客態度、店構え、価格――そのすべてを管理するのが店長ならば、同様の意味において、演劇製作の店長に当たるのはプロデューサーである。四五〇〇円の対価として、その芝居を観客に見せていいのか、いけないのか判断するのがプロデューサーである。わたしが見る限り、日本の演劇業界は、商品管理の面において、焼き肉業界に劣っていると言わざるを得ない。客に粗悪でまずい肉を平気で出して、高い値段を取る店があり、プロデューサーがいるからである。そんな非難がましいことを言っているわたしも、他ならぬ焼き肉の提供者であり、高価な値段でそれを売っている一人である。

■舞台演出の技術～『演出術』

『演出術』（蜷川幸雄・長谷部浩著／ちくま文庫）を読む。演劇評論家の長谷部浩《はせべひろし》さんが舞台演出家の蜷川幸雄さんに長いインタビューを試みて、蜷川演劇の魅力に迫るインタビュー集。前書きにあるが、映画監督のフランソワ・トリュフォーによるアルフレッド・ヒッチコックへのインタビュー集『映画術』（晶文社）の向こうを張って構想された本だとのこと。

日本を代表する舞台演出家が、何を考えて様々な舞台を演出してきたかがわかるとても有益な一冊だったが、わたしにとって印象的だったのは、ギリシャ悲劇やシェイクスピアから秋元松代、野田秀樹まで、蜷川さんが手掛けた個々の作品の演出プランの内容ではなく、そのプランを語る合間に人間・蜷川幸雄が透けて見える部分だった。とりわけ、以下の言葉はちょっと意外だった。

――「もともと僕には、人に触るとか触られることに、ものすごい羞恥心があるわけですよ。だからコミュニケーションするときも、頑張らないと人とつきあいにくい」

そんな人が〝灰皿を投げて〟演出していたのである。実はわたしも蜷川さんとまったく同じで、人に触ったり触られたりすることにものすごく抵抗がある。なぜなのかよくわからないが、究極的には、それだけ他人というものを信じていないからだと思う。だから親しくもないヤツに身体に触られたりすると、「この無礼ものが！」と日本刀で斬り捨てたくなる。つまり、わたしも他人と身体的なコミュニケーションをするのがとても苦手な人間なのである。そういう演出家の実人生における性向が、反対に舞台では過剰な抱擁や身体的接触を求める結果を生むように思う。

――「自分のやり方を誇るわけでもなんでもなくて、演出料の何割かは、スタッフとご飯を食べるような使い方をしています」

演出の技術とはまったく関係ないかもしれないが、こういう部分も勉強になる。「あの蜷川幸雄も、そんな気配りをして舞台を作っているのだなあ」と。少なくとも、アルフレッド・ヒッチコックは、そのようなことを『映画術』の中で語ってはいなかったはずだから。

■稽古場より

わたしの作・演出による『好男子の行方』には二人の演出助手がついてくれている。一人はSさん、一人はTくんである。Sさんは女優さん。Tくんは日本大学芸術学部演劇学科の三年生である。片や妙齢の女優さん、片や息子のような大学生。交通事故にあったようにわたしが誘い、演出助手をお願いした二人である。しかし、中年男性の出演者が多い『好男子の行方』の稽古場に「女性」と「少年」という二つの視線があることは、わたしはとても重要なことだと思う。それは以下のような理由による。

わたしを中心とした演出部を次のように見立てることができる。わたし＝父親、Sさん＝母親、Tくん＝息子。つまり、ここには、まったく違う三つの視点がある。それは、究極的にはたぶん相容れない三つの視点である。その相容れない三つの視点の前で演じられる芝居は、一つの視点の前で演じられる芝居よりも、普遍的な表現になりうると思うからである。もちろん、俳優たちに指示を出すのは父親たるわたしではあるが、舞台上で演技する俳優たちも、「父親の視線」だけでなく、無意識に「母親の視線」と「息子の視線」を感じるはずである。つまり、稽古場にいる彼らの存在そのものが、俳優たちを批評できる可能性を持っているのである。

いや、俳優だけではない。一家の長である父親のわたしも、舞台の表現に彼らがどのようにリアクションするかを気にしないではいられない。彼らが笑うのか、泣くのか。彼らが面白がるのか、そうでないのか。彼らの心が動くのか、そうでないのか。わたしはたぶんそういう彼らのリアクションに敏感になると思う。そういう意味では、今回の演出部は、ほとんど完璧な組み合わせである。ここには、わたしたちの世界を形作る代表的な視線（男、女、子供）が集まっているからである。

結果がすべての表現の世界。わたしのこんな楽観がどんな舞台成果を生むかは、舞台を見てもらわないとわからないとは思うものの、ひょんなきっかけで作られた『好男子の行方』演出部は、最強の演出部だと強がってみる。

■外面か、内面か？

《声と顔、この二つが決まれば、だいたい人間をつくることができるんです。声のトーンやニュアンスには、その人の世界が込められているんですね。人となり、何に意識を向けているか、何を伝えようとしているか、そのときの心情などが全部声に出るんです》（「Yahoo! ニュース」より）

これはＮＨＫスペシャル『未解決事件 File07 警察庁長官狙撃事件』のドラマ編で事件の容疑者を演じたイッセー尾形《おがた》さんの発言である。尾形さんは、捜査線上に浮かび上がった実在の容疑者の男を演じるに当たり、そのように考えて役作りしたという。わたしはこの言葉を聞いて、役作りをこのような発想でする役者もいるのだなあと改めて思った。大雑把な言い方かもしれないが、イッセー尾形の演技術は、役の内面を重視するのではなく、外面を重視することによって成り立っていると感じたからだ。

近代演技術の基礎を作ったのは、ロシアの演出家スタニスラフスキーである。スタニスラフスキーの演技論を一言で集約するなら「演じるな、生きよ」ということだとわたしは認識しているが、その演技論の根幹になっているのは、重要なのは人間の外面ではなく内面であるという考え方だと思う。つまり、外面より先に心のリアルな動きが新鮮な演技を生み出すという理屈である。その演技術はアメリカに輸入され、アクターズ・スタジオで「メソード演技」として発展したが、大元はスタニスラフスキーの演技論に拠っている。つまり、近代以降の俳優の演技術の主流は、スタニスラフスキー・システムである。

しかし、主流はそうであっても傍流に外面派とでも言うべき演技術を駆使する俳優たちもいるはずで、イッセー尾形さんはそういうタイプの俳優であると言えるのではないか。確かローレンス・オリヴィエなども、そのようなアプローチで役作りをすると何かの本で読んだことがある。

まあ、そもそも俳優の演技術を「内面派」か「外面派」かと分類すること自体が相当に乱暴なことであるにちがいなく、すぐれた俳優は役によってその両方を使い分けたり、両者が微妙に混在するような方法で演技をしていると思うが、俳優に演技指導する局面において、わたしはどちらかと言うと、内面を重視していると思うので、イッセー尾形さんの発言は新鮮に聞こえた。イッセー尾形さんがこういう演技術を持つに至ったのも、市井《しせい》の一般人をデフォルメして模写する一人芝居から出発した人だからかもしれない。

■演技・演出論～『演技と演出』

『演技と演出』(平田オリザ著／講談社現代新書)を読む。現役の劇作家・演出家の平田《ひらた》オリザさんが書いた実践的な演技・演出論。同業者が書いたこういう本は自分との類似性や違いを明らかにしてくれるので面白い。

以前に同じ著者による『演劇入門』(講談社現代新書)も面白く読んだが、今回の読後の感想は、演出という作業を言葉にするのは非常に難しいのだなあというものだった。もちろん、演技するという行為の本質を言葉にするのも相当に難しいことだが、それに輪をかけて演出するという行為の本質を言葉にするのは難しい。論理ではなく、どうしても感覚的に語らざるを得ない点が大きいからである。それでもなお平田節が利いている文章があり、そういうところがわたしには興味深かった。

――「たいていの成功した劇作家、演出家は、能天気なところがあって、忘れっぽいようです。人間の暗部を、とことん突き詰めるのだけれど、どこか脳細胞が抜けていて、それを表現し終わると、すっかり忘れてしまう。そのようにして精神の均衡を保っているのだと思います。能天気さ、大らかさは、芸術家にとって重要な資質です」

わたしが「成功した劇作家、演出家」かどうかはともかく、わたしはこんな言葉に「我が意を得たり！」と深くうなずいた。わたしは、過去のことをすぐに忘れてしまったり、どんな深刻な事態にも能天気に対応してしまう傾向があるが、そんな自分をちょっと恥ずかしく思っていた。しかし、こういう言葉に出会うと大いに励まされた気持ちになる。その通り！　芸術家には、精神のバランス（正気）を保つ上で、忘却する能力が備わっているのだ。だから、誕生日や結婚記念日がいつだったかとか、そんなことをいちいち覚えていないのだ！　いや、正しくは忘れっぽかったり、能天気であることを正当化する口実を平田さんからいただいたとも言えるが。

こんなことを書いておいて宣伝するのもナンだが、わたしの演出論『I―note②　舞台演出家の記録』（論創社）が、間もなく書店に並ぶ予定である。興味のある方はお手に取っていただけますことを。

■劇場を一つ作るということは

かつてバブル経済で日本が沸き立っていた頃、企業が劇場を建設する機会が多くあった。演劇に携わる者として劇場がたくさんできることは嬉しいことだが、そんな劇場ラッシュを横目に演出家のつかこうへいさんは、以下のように発言していたことを覚えている。

――「劇場を一つ作るということは、稽古場を三つ作るということだ。企業はそれを理解していない」

確かにその通りなのである。人々の耳目《じもく》は「新劇場誕生！」という華やかな話題の方へ集まりがちであるが、劇場だけ建設しても、そこで上演する芝居（ソフト）への援助がなければ、羊頭狗肉の感はぬぐえない。そういうところに配慮があった企業は少なかったにちがいない。ソフトへの最大の援助とは、よい稽古場を劇場が提供することである。

芝居の稽古場に関する悩みを持たない劇団やカンパニーはほとんど存在しないと思うが、東京において、格安で自由に使える稽古場を探すのは非常に大変なことである。そもそもそんな稽古場が存在するかどうかもわたしが知る限り確約できない。それだけそういう稽古場は少ないのだと思う。

毎回、芝居の稽古をする度に、「朝から晩まで自由に使える作り手本位の稽古場がほしいなあ」と心から思う。しかし、都内にそういう場所を作りにくい事情もわたしなりに理解はしている。都心はやはり家賃が高いからである。都心から離れれば、比較的そういう場所も確保することはできなくはないが、稽古場に通う交通の便や移動時間を鑑みると、なかなかそういう場所を稽古場に選びにくいのである。また、当然、稽古場の管理の問題もある。だから、高い使用料を払って不自由な稽古場で稽古せざるを得ないのである。

こういう現状を打破するには、やはり、国が演劇文化をキチンと守ろうとする意思を持ち、そういう公共の場所をたくさん作ってくれることを夢見るしかない。少なくともわたしは「作り手側に立って使いやすい芝居の稽古場を作る!」と公約して選挙に出る政治家がいたら、迷わず一票を投じると思う。そんな政治家はいないにちがいないから、言ったそばから空しい気持ちを抱くことになるが。

■タイム・トラベル

芝居以外の話題を書きたいと思いながらも、連日、芝居の稽古をしているので、なかなか他の話題に目が向かない。必ずしも今に始まったことではないが、その作品に没頭する日々が続くと、世間の関心と自分の心の関心が真二つに分断される。だから、わたしは毎日ちょっとしたタイム・トラベルをしている気分である。行き先は、芝居の内容によって違うが、わたしが最近タイム・トラベルしているのは、一九六八年十二月の東京国分寺にある銀行である。

短い時間のタイム・トラベルだからいいようなものの、芝居への没入時間が多くなり、現実の時間と逆転し、ついには芝居に飲み込まれたとすると、たぶんわたしの精神はまずいことになる。どちらが本当の時間かわからなくなるからである。かつて一度もそんな状態に陥ったことはないが、理屈としてはそういうことである。それは「現在に戻れなくなったタイム・トラベル」という比喩で語れると思う。わたしがこうして正気を保っていられるのは、虚構と現実をキチンと区別して、タイム・トラベルから現実へ戻ってきているからである。

しかし、タイム・トラベルとはよく言ったもので、芝居や映画を見るという行為は、ちょっとしたタイム・トラベル行為に他ならない。わたしたちは、観劇を通して小さな旅をしているとも言えるのだから。

マスター「しかし、未知なる世界は何も見知らぬ場所や外国だけにあるものではありません。人間は、みな自分の人生しか生きません。しかし、『他人の人生』というのも実に不思議な未知なる世界です」

これは拙作『交換王子』(論創社)の中の一節だが、要するに観劇行為とは、代理旅行の機能を持っているのである。間もなく幕を上げる『好男子の行方』の舞台は、一九六八年の十二月である。アナタもその日に、タイム・トラベルしてみませんか？　関東信託銀行国分寺支店の銀行員ともども、ご来場を心よりお待ちしています。

本日は三億円事件から数えてちょうど五十年目の朝である。一九六八年十二月十日、その日は雷まじりの雨。

■配役と結婚

先日、『好男子の行方』の出演者との飲み会で、配役についての話になった。こういう話は、しばしば飲み会の話題になる。それも当然で、わたしがもしも俳優ならば、自分がなぜキャスティングされたのか、その理由には強い興味を持つにちがいないからである。

「わたしをなぜ配役したんですか？」――。

とある役者さんがわたしにそのように尋ねた。こういう場合、「あなたが最高に魅力的だからだよ！」と言ってやるのがキャスティングをする側の思いやりだと思いながら、わたしは馬鹿正直に「最初に頼んだ人に断られたからだよ」と言ってしまった。まったくひどいことを言ってしまったと後から後悔したが、プロデュース公演において、一番に希望する役者さん＝一番手の役者さんに役を引き受けてもらうことなど、滅多にあることではない。大概が二番手、三番手の役者さんに落ち着くのが普通であると思う。

しかし、現実がそうであっても、それでもすぐれた舞台を作れないわけではない。そもそも、一番結婚したい女と結婚できる男はこの世にいないと言っていいのではないか？　いや、もちろん「俺の嫁は俺が一番結婚したかった女だ！」と主張する旦那さんは多いと思うが、上を見たらきりがない。魅力的な美女はこの世にごまんといるからである。そういう意味では、皆、自分の背丈に合った身近な人と結婚するのである。配役もそういうことだとわたしは思う。その人はもしかしたらわたしにとって二番手の役者さんだったかもしれないが、問題はその役者さんと作る舞台（結婚生活）の質であるはずである。

翻って、「わたしをなぜ配役したんですか？」という質問は、「わたしとなぜ結婚したんですか？」という質問と同様のものである。そういう意味では、妻となった人に「好きだった女にフラれたからだよ」と口が裂けても言ってはならないように、俳優にも「最初に頼んだ人に断られたからだよ」とは言ってはならない。やはり、「あなたが最高に魅力的だからだよ！」と言うべきである。冗談っぽく言ったつもりだが、もしもわたしの上記の発言にその役者さんが傷ついたのなら、どうかわたしを許してほしい。陳謝。

■近隣住民

『好男子の行方』を上演している荻窪にできた「劇的スペース・オメガ東京」は、キャパシティ一〇〇名くらいの小劇場である。場所は荻窪駅から徒歩八分余りの閑静な住宅街の中にある。閑静な住宅街の中にある劇場は、いろいろと悩みがある。たくさんの人が集まる飲食店が立ち並ぶ繁華街ならともかく、閑静な住宅街では、騒音の苦情が出やすいからである。

演劇そのものは劇場内で行われるから大きな問題はないが、問題は入退場時における多くの観客でごったがえす劇場出入り口付近である。夜間にたくさんの人が路上に溢れ、観客たちが芝居の興奮で冷めやらぬテンションで会話すると、辺りはちょっと騒然とするからである。演劇芸術に理解がある国や場所ならともかく、必ずしもそうではない日本の閑静な住宅街では、そういうことは実にデリケートな問題である。

わたしが演劇などにまったく興味がない一市民なら、夜間に近隣でたくさんの人々がワイワイガヤガヤしていたら不快に思うにちがいない。ただ「こっちは静かに暮らしたい」だけなのである。その主張は至極もっともなことで、不当なことはまったくない。わたしたちもそんなことをよく理解しているからいろいろと気をつかうのである。

かつてオウム真理教の人々を近隣住民たちが受け入れず紛争に発展したことがあるが、彼らは騒音を出していたわけではないとは言え、近隣住民の気持ちも理解できる。猛毒サリンを使ってテロリズムを実行するような組織を町が受け入れるわけはないのだから。もちろん、演劇に携わる人々は狂信的な宗教団体とは一線を画する理性的なグループだと思うが、そのように考えると、日常生活における「劇的スペース」の在り方は非常にデリケートな問題を孕んでいる。

2019

■不在の人物

わたしが講師を務める大学の劇作実習で学生に出す課題の一つに「不在の人物を主人公にした劇を書いてみる」というのがある。例として挙げるのは『十二人の怒れる男』(レジナルド・ローズ作)や『ゴドーを待ちながら』(サミュエル・ベケット作)である。つまり、本編にその人は登場しないが、その芝居の要《かなめ》となる重要な人物を中心に据えて作品を書いてもらうのである。

そんな課題を出しているからかもしれないが、わたし自身、そのような手法で芝居を書くことが多い。わたしの処女作『ボクサァ』は、深夜、ボロアパートに集まった五人の男女が、階下に住む謎の男に恐怖して狂っていく様を描いたものである。階下に住む謎の男は最後まで登場しない。昨年、上演した『私に会いに来て』も『好男子の行方』も、そういう劇作の延長線上にあり、これらも最重要人物は本編に登場しない。前者は未解決に終わった韓国の連続殺人事件の犯人に翻弄される刑事たちが主人公であり、後者は三億円強奪事件における金を奪われた銀行員たちが主人公である。両作品ともに物語の要となる犯人は劇中にその姿を現さない。

わたしがこういう作劇を好むのは、観客の想像力を強く刺激すると考えるからであるが、もっと格好よく言えば「秘すれば花」という世阿弥《ぜあみ》の名言に通じる方法だと思うからである。「全部見せない」ことが魅力的なのは、何も女の裸だけではない。思うに、わたしが近年、古今東西の未解決事件と呼ばれる事件に強い関心を持ったのも、この文脈で考えると納得がいく。未解決事件とは、最終的に犯人が捕まらない事件であり、人々にとって犯人は永遠の不在の人物だからである。そこには大きな謎が残されている。

■ゆゆしき問題

旧知の制作者であるSさんに新しい芝居の制作業務の相談をするために会った。Sさんは、年間に五十団体の制作業務を担当しているグループのリーダーである。そして、現在の小劇場演劇に関する意外な話を聞いた。意外な話とは、観客動員に関してである。Sさん曰く。

——「今、一〇〇〇人観客動員できる小劇団はほとんどないんじゃないかな」

これはちょっと意外な事実だった。流行り廃りはあるにせよ、いつの世にも「人気劇団」は存在していて、驚くべき観客動員を誇っていると思っていたからである。そういう劇団は今、ほとんどないらしい。思い当たる節はある。わたしも小さな規模とは言え、演劇活動をしていて常に集客に苦戦しているからである。かつては個人でチケットを売らなくても、劇団自体に人気があり、黙っていてもチケットが売れた時代があった。わたしが青春時代を送った一九八〇年代である。わたしは「チケット・ノルマ」などという言葉とはまったく無縁に公演活動をしていた時代があったのだ。大雑把に言えば、当時はそれだけ演劇シーンが「盛り上がって」いたのだと思う。

現在、演劇の集客の基本は手売りである。その舞台に出演する俳優個人がそれぞれ何枚チケットを売ることができるか。だから、いくら実力があってもチケットが売れない俳優はキャスティングされにくい。こういう事態をずっと遺憾に思いながらも、背に腹は代えられず、プロデューサー側は最終的にはチケットを売れる俳優中心にキャスティングをすることになる。小難しく言えば、作品論理ではなく経済論理が優先されて舞台が作られているのである。

いずれにせよ、日本の演劇人口が減少傾向にあるのだとしたら、これは大変ゆゆしき問題である。演劇至上主義のわたしの理屈からすれば、演劇の衰退は人間の衰退に他ならず、大袈裟に言えば、それは「亡国の危機」である。演劇が盛んでない社会はろくなもんではないとわたしは本気で思っている。

■選曲

芝居で使う音楽を選曲する作業は、その芝居を作るグループによって様々なパターンがあると思うが、わたしの演出する舞台の場合、だいたいわたしが選曲することが多い。どういう基準で音楽を選んでいるかは言葉で説明しにくいのだが、その場面に耳を傾け、その場面に流れてほしいメロディと楽器の種類を頭の中でイメージするのである。激しい場面には打楽器を、悲しい場面にはピアノをというのが基本だが、場合によっては管弦楽、クラッシックなどという場合もある。だいたいはインストゥルメンタル（ヴォーカルが入っていない曲）を使うことが多い。ヴォーカルが入った曲は、主題を言葉で語っているので、よほどのことがない限り使わない。

そして、イメージができたら「これは！」と思うＣＤを稽古場に持ち込み、その場面に実際に流してみる。すべては直感である。外れることの方が多いが、ごく稀にまるでその場面のために作られた曲のようにドンピシャと嵌まる時がある。そういう時は、その場面を見ながら背筋がゾクッとする。大袈裟に言えば「芝居の神様が味方してくれている！」と感じる。

だからと言って、必ずしもわたしは様々な音楽に精通している専門家ではないので、どうしてもジャンルが片寄る傾向はある。わたしの場合、映画音楽を使うことが多い。だからと言うわけでもないが、ＴＳＵＴＡＹＡのＣＤコーナーで、誰も知らないような格安の映画音楽のＣＤを買うことが多い。そして、芝居の内容に合わせて、手持ちのＣＤを稽古場に持ち込む。例えば、怖い内容の芝居ならサスペンス系の映画音楽を、楽しい内容の芝居なら喜劇系の映画音楽をという具合である。

どんな内容の芝居であれ、選曲は重要である。その選曲に演出のセンスが集約されていると言っても過言ではない。

■Don't think, feel

「Don't think, feel（考えるな感じろ）」という言葉を初めて知ったのは、確か寺山修司の『ポケットに名言を』（角川文庫）を通してだったと思う。その本では、この言葉が「頭で考えるな。からだに刻め」と訳されていた。この言葉は、ブルース・リー主演の『燃えよドラゴン』（一九七三年）の中に出てくる有名な台詞である。ブルース・リーは、本作でそんな言葉でカンフー（中国拳法）の極意を語るのである。真実をズバリと語る言葉は、この世のあらゆる分野における真実に通底している。

この言葉は、必ずしもカンフーの極意だけではなく、演技の極意もよく語っていると思う。すぐれた俳優とは、「考える」のではなく、「感じる」ことができる人を指すと思うからである。では、「感じる」ができる俳優とはどういう俳優だろうか?

芝居の立ち稽古は、まず「段取り」と呼ばれる大雑把な動きから決めることが多い。舞台のどこから登場し、どういう位置関係で相手役と向かい合い、どういう風に移動して、どこから去るか——という決め事である。それはその場面を成立させるために必要なことであり、それが決まらないとやりにくいからである。問題はこの後である。ダメな俳優は段取りでしか動けないし、段取りでしか感情表現をしない。彼は「考えて」予定調和の芝居しかできないのである。しかし、すぐれた俳優は段取りをきちんと踏まえながら、相手役をよく見て、その日、その瞬間、そこで感じたものを表現するのである。それは、ほとんど即興の演技に近い。彼は相手役を「感じて」その場を生きようとするのである。その態度は、まさに臨機応変と言っていい。

――「Don't think, feel（考えるな感じろ）」

真実をズバリと語る言葉は、この世のあらゆる分野における真実に通底している。それは演技にも同様なことが言える。

全身演出家

ずいぶん前の映画だが、『全身小説家』（一九九四年）というタイトルの映画がある。原一男《はらかずお》監督が小説家・井上光晴《いのうえみつはる》の晩年を描くドキュメンタリー映画である。わたしはこの映画を見ていないのだが、とても印象的なタイトルで、想像力を刺激される。ただの「小説家」ではなく『全身小説家』とはどういうことか？　以下は映画の内容を知らないわたしの勝手な想像である。

本作に登場する小説家（井上光晴）は、副業を持たぬ小説家である。もちろん、世の中には副業を持たず「筆一本」で生活する小説家は存在するだろうが、ほとんどの小説家は生活のための副業を持っている。それは、例えばエッセイの執筆であったり、講演会への出席であったり、はたまたバーの経営であったり、不動産の管理であったり、まあ、いろいろである。いわゆる「二足のわらじ」である。しかし、筆一本で、なおかつ、小説しか書かない小説家も存在するにちがいない。小説が売れていて、そういう生活ができる小説家もいるだろうか、小説が売れていないにもかかわらず小説家であるような人間。貧窮生活を強いられながらそれをものともせず小説だけ書いている人間。本作のタイトルはそういう生き方を「全身小説家」という言葉で言い表したのではないか？

翻って、「全身演出家」や「全身劇作家」や「全身役者」や「全身音楽家」や「全身絵画家」や「全身ダンサー」や「全身マジシャン」や「全身ディレクター」や「全身プロデューサー」は滅多にいないように思う。芸術・エンターテインメントの分野の仕事は収入が安定しないから、みな何かしらの副業で生計を立てているからである。逆に言えば、「全身公務員」や「全身サラリーマン」は存在しやすい。彼らの収入は安定しているからである。

わたしの夢は、いつの日か、ただの「劇作家・演出家」ではなく、「全身劇作家」「全身演出家」となり、また、人々からそのように呼ばれるようになることである。

■すぐれた観客

よい演劇を作るためには、その演劇を作る側に豊かな想像力と技術力が必要であることは言うまでもないが、舞台で表現されたすぐれた表現をきちんと評価できる観客側の力も必要であると思う。「演劇が盛んである」とは、すぐれたクリエイターがたくさんいるということのみならず、それを見る側の人間の鑑賞眼が肥えているということに他ならない。つまり、観客側の観劇力とでも言うべき力が問われている。

そんなことを思ったのは、先日、上演したISAWO BOOKSTORE公演『母の法廷』を見に来てくれたAさんから舞台に関する感想を聞く機会があり、作り手であるわたしが気づかない様々な問題点を指摘してもらったからである。いや、舞台の問題点を指摘してくれるのは、何もAさんだけでなく、感想を聞く機会があったすべてのお客様の意見がその舞台への評価であるわけだが、Aさんの指摘はいちいちもっともで、わたし自身が納得できたからである。Aさんはご自身が演者でもあるせいか、舞台の表現への指摘は具体的、かつ理にかなっていた。

その舞台がすぐれているか否か——それを最終的に決めるのは、作り手ではない。その舞台を観劇した観客が決めるものだと思う。だから、鑑賞眼があるすぐれた観客がいない限り、その舞台への評価は評価の名に値しない。そういう見巧者《みごうしゃ》の存在は、作り手にとっても重要な存在であり、その人を納得させ、大きな拍手をもらわなければならない。

繰り返しになるが、「演劇が盛んである」とは、すぐれたクリエイターがたくさんいるということのみならず、それを見る側の人間の鑑賞眼が肥えているということに他ならない。つまり、観客側の観劇力とでも言うべき力が問われている。

翻って、現在、劇場にすぐれた観客は存在するか？

■喝采の直接性

わたしが演劇の魅力にとりつかれたのは高校生の時だが、その時に感じた魅力をごくシンプルに言い表せば、喝采の直接性ということになるのではないかと思う。小難しい言い方かもしれないが、要するに演劇は映画やテレビドラマのような間接的な表現形式ではなく、生身の俳優が生身の観客相手に演技を見せる非常に直接的な表現形式なのである。だから、観客のリアクションが限りなくストレートである。面白ければ笑うし、つまらなければ憮然とするし、感動すれば泣くし、そうでなければ黙って劇場を後にする——そういう観客の姿を最も直接的に目の当たりにするのが演劇という表現形式なのである。

もちろん、それがつまらない演劇だった場合、観客は舞台に対して決して喝采を送らない。しかし、ごく稀にそれが非常に面白い演劇だった場合、観客は舞台に大きな拍手を送る。（わたしが見た舞台は非常に面白い演劇だった）その劇場に集まった人々が大きな喜びを共有するのである。その喜びは、たぶん部屋で一人きりで鑑賞する面白いテレビドラマや劇映画を見た時と明らかに違う。喜びが何倍にも膨らんで、劇場でうねるのである。それは日常生活ではなかなか簡単に味わえない劇的な体験と言える。複製化ができないという演劇のデメリットは、唯一無二という点で他のメディアを寄せつけない輝きを放つ。

映画ばかり見ていた高校生のわたしが「世の中には映画より面白いものがあるのだ！」と狂喜したのは、まさに以上のような理由ゆえである。その熱が高じて、わたしは劇作家・演出家になったが、自分で作った演劇がそのように観客を熱狂させることができた時の喜びは筆舌に尽くしがたい。それは劇作家・演出家と名乗る者にとっての至福の時間である。そして、一度体験したその至福の時間をもう一度取り戻すべく次の舞台に臨むのである。

しかし、同時に喝采は麻薬である。わたしがオジサンになっても未だに演劇にしがみついているのは、演劇に対しての愛情が深いというよりは、一度味わった喝采という麻薬から抜け出せない麻薬患者のそれと同じようなものかもしれない。

「人生を棒に振るなら演劇で決まりだ！」——若い時に書いた芝居にそんな台詞を書いた記憶があるが、今思うと、なかなかいい台詞である。

■子役

映画には魅力的な子役が登場する作品がいくつもある。『刑事ジョン・ブック目撃者』『ニュー・シネマ・パラダイス』『ライフ・イズ・ビューティフル』『エスター』『トゥルー・グリット』『運動靴と赤い金魚』『チェイサー』と次から次へと子役が魅力的な映画を思い出せる。先日、見て面白かった『縞模様のパジャマの少年』（二〇〇八年）の主人公の男の子もよかった。それに対して、演劇で子役が魅力的だった作品というのはなかなか思い出せない。そもそも演劇には子役が出演する演目は映画より少ないと思う。

わたしは今までいくつも芝居を書いてきたが、子役を必要とする劇を書いたことは一度もない。この夏に再演する『正太くんの青空』は、小学六年生の少年が主人公と言っていい内容の劇なのだが、この少年は劇中に登場しない。なぜ登場しないかと言うと、作品の構想をする時に「少年を出さずに戯曲を書く」という制約を自分に課しているからである。なぜそういう制約を課しているかと言うと、芝居を作るに当たり、子役を使うのはどうしても得策と思えないからである。十二歳の少年を芝居に出すとなれば、作り手たちは、様々な制約を受け入れなければならなくなる。少年の送り迎え、学校との兼ね合い、稽古時間の制限、共演者の大人たちとの人間関係など。つまり、子役に物凄く気を遣わなければならないのである。そんなスタッフや共演者たちの気苦労を想像すると、どうしても子役を使わずに芝居を成立させる方法を模索せざるを得ないのである。

ずいぶん前に演出として関わった芝居に小学生の女の子が参加していたことがあった。その時、わたしは初めて子役と呼ばれる俳優と仕事したが、稽古を経て愕然としたのは、わたしは演出家として子役に対してのダメ出しをする言葉を何一つ持っていないことに気づいた点である。「好きなようにやってくれ」としか言えない。思うに、世にある名演出家は、子役と呼ばれる人たちをきちんと指導できる人であるにちがいない。

■絶対権力者

即興演技の方法の一つに「ステータスのエチュード」というのがある。わたしはこの即興演技の方法を「インプロ」と呼ばれる即興演技のワークショップで学んだのだが、これは役のステータス（社会的地位）を決めて演技をする即興の方法の一つである。参加人数は四名である。トランプの「1」から「4」までのカードを合計十六枚用意して、四名の参加者が無作為にそれを一枚引き、その番号に見合った演技をする。「1」はその四人の中で一番ステータスが高い人であり、「4」は一番ステータスが低い人である。「1」「2」「3」「4」というカードが参加者にいっている場合、そのグループは安定するが、「1」「1」「1」「4」というカードがいっている場合、場面は緊張感をはらみ、場合によっては争いが起こる。三人が「わたしが一番」と思っているからである。

この方法を変形させて、カードの中に「ジョーカー」を混ぜることがある。「ジョーカー」は絶対権力者という設定で「1」より高位にいる人間とする。しかし、「ジョーカー」は「1」「2」「3」に対しては絶対権力を持つが、「4」にだけ弱いということにする。わたしはこのエチュードにおける「ジョーカー」の存在の大きさを説明する時に「神」という言葉でその大きさを説明する。さらに「その分野で著しい実績を持つ人」「ノーベル賞受賞者」「天皇」というような言葉で、その存在の大きさを捕捉する。

しかし、このエチュードはなかなかうまくいかない。わたしを含めて、演技する人々が「絶対権力者」をイメージしにくいからだと思う。しかし、最近、このエチュードで「ジョーカー」を引いた人に非常にわかりやすい説明の仕方を思いついた。ナチス政権下におけるアドルフ・ヒトラー総統のように振る舞うのである。そして、人類史上、この人ほど「絶対権力者」と呼ぶに相応しい人はいないのではないかと思い至った。すなわち、絶対権力の背後には常に武力（＝逆らえば殺される）が必要なのである。そんなヒトラーも「4」には弱いという構造は、リア王における道化の存在を彷彿とさせたりもする。

■文化の違い～役者と芸人

とある芝居を見に行き、終演後に初対面の役者さんと酒を飲んだ。その役者さんはお笑い芸人である。彼はその席でおよそ次のようなことを言った。

――「芸人は芝居の稽古が嫌いですね。稽古は本番のための確認作業であって、力は本番でないと出さない」

そして、彼は「芸人は稽古の際に稽古着を身につけることさえ厭う」と続けた。なるほどと思う。

彼の言い分もよくわかる。つまり、芸人にとっては「本番がすべて」なのであって、稽古は全力でやるべきものではないのである。芸人の世界においては、稽古を一生懸命やるなどということは、格好悪いことなのである。かつてお笑い芸人さんが出演する舞台を演出した時、芸人さんの稽古への取り組み方を垣間見てもそれは事実だと思う。芸人の世界にはそういう文化がある。

それに対して、舞台の役者は、本番ではなく「稽古がすべて」という考え方をする。稽古場で本番通りのことをできるようにすること。稽古で一〇〇%やりきり、本番はむしろ引き算をして抑えるくらいがよいとされる。舞台の役者は稽古熱心である。それが舞台役者の世界の文化である。だから、芸人と役者が共演する舞台は、下手をすると不協和音を奏でることになる。役者側からすれば、「本番で稽古と違うことをされると困る！」ということになるし、芸人側からすれば、「ライブの舞台はその日によって違うんだから臨機応変にやれ」ということになる。

わたしは役者側の考え方をするので、稽古をちゃんとやらないのは性に合わない方である。結果（舞台）が問題なのではなく、そこに至る過程（稽古）が重要だと考えるからである。だから、わたしは下手をすると芸人役者と稽古場において対立する可能性がある。芸人さんと芝居を作る時は、役者と芸人がそれぞれの文化を理解して、歩み寄ることが重要だと思う。両者の言い分には、それぞれに一理があるのだから。

■キャンバスの大きさ①

○銀行強盗の防犯訓練に励む銀行員たち。↓『バンク・バン・レッスン』
○マナーを学ぶ不良の女子高生。↓『淑女のお作法』
○殺人事件の謎を解明しようとする弁護士。↓『モナリザの左目』
○息子の犯罪を謝罪する母親。↓『母の法廷』
○目的を果たそうとする役者と強奪犯人。↓『八月のシャハラザード』
○父親が語る戦争時代の思い出を聞く息子。↓『父との夏』
○三億円事件に巻き込まれた銀行員たち。↓『好男子の行方』

以上はわたしが書いた芝居の内容である。このように書き出してみてわかるのは、わたしが扱う題材は主に現代に生きる普通の人たちであることがわかる。違う言い方をすると、わたしは歴史的な出来事や人物を題材にしたり、SF的な発想でファンタジーを書くことが少ない。例えば、江戸時代や明治維新、坂本竜馬やリンカーン、宇宙人の襲来やタイム・トラベル、魔法の国や未来社会など、そういう題材を使って戯曲を書くことがほとんどないということである。これは何を意味しているかと言うと、わたしの心のキャンバスの大きさを如実に物語っているということである。

作家と呼ばれる人たちは、それぞれ心にキャンバスを持っていて、そのキャンバスの大きさは人によって違う。身の回りの日常世界を描くことを好む作家のそれはたぶん小さなキャンバスであろうし、遠い過去や遠い未来の時代や人を描くことを好む作家のそれはたぶん大きなものである。そして、わたしのキャンバスはそんなに大きなものではないことを痛感する。

小学校の授業の主な科目は、国語、算数、理科、社会である。わたしは国語には興味があったが、他の科目にはさしたる興味を持てず、熱心に取り組まなかった。今にして思えば、興味を持たなかったそれらの科目にきちんと取り組んでいたら、物書きになったわたしの心のキャンバスはもっとずっと大きなものになっていたにちがいない。後悔先に立たずとはこのことである。

■出演の理由

ISAWO BOOKSTORE 公演『正太くんの青空』の稽古が始まっている。この芝居は二〇一〇年にサンモールスタジで上演したもので、今回は九年ぶりの再演ということになる。初演時は配役に「特別ゲスト枠」というのがあり、日替わりで数人の役者さんが出演した。役者さんのスケジュールが合わず、どうしても埋まらない日時があり、わたしはプロデューサーに口説かれて「仕方なく嫌々」俳優として何日か舞台に立つことになった。演劇生活二十八年目のわたしの初舞台であった。

前回はあくまで「仕方なく嫌々」舞台に出演したが、今回は自主的に出演することを決めた。舞台に出演する快楽をわたしなりに理解し、味をしめたからである。あの公演のすぐ後、別のグループの舞台に誘われて、こちらも乗り気ではなかったが、役者として二度目の舞台に立った。わたしにとってはすべてが異世界での体験で、いろんなことが実に新鮮であった。

わたしが長いこと舞台に関わりながらも、舞台に立つことを拒んだのは、自意識過剰のせいである。わたしはその自意識を演技することではなく脚本を書くという形でねじ伏せようと考え、作・演出家になったのである。しかし、芝居を始めて三十年以上が経ち、わたしの自意識も相当に薄れた。はっきり言うと「どうでもよくなった」のである。だから、舞台に立って演技することも、脚本を書くこともすべてをひっくるめてわたしの演劇活動なのだと思うようになった。だからと言って、今後、積極的に役者稼業をやっていくつもりは毛頭ないが、まあ、そういう心境の変化の末に今のわたしはいる。ステバチになったわたしの姿を是非劇場で確認してもらいたいと思っている。

■探偵と俳優

――「あなたの演技力をお借りしたいです！」

そんな文言で始まる募集広告をFacebookで目にした。以下、次のように続く。「弊社は東京に本社がある調査会社ですが、全国で調査業務を請け負っております。その現場潜入調査をお願いできる方を募集致します！」

つまり、広告主は探偵業務をする人を募集しているらしい。普通、探偵に必要とされるのは、演技力ではなく調査能力であるように思うが、文中にあるように「潜入調査」のような仕事の場合、確かに演技力を求められるのかもしれない。「潜入調査」というものがどういうものなのか記事には具体的に書いていないが、想像するには、調査員が何かに扮して調査対象の内部から事実を明らかにするということか。例えば、身分を偽り、対象者の浮気の相手に接近して情報を得るような。

確かにそういう局面においては、調査員は何かに扮する能力＝演技力が問われると言える。だから、この広告を出した調査会社の目論見も理解できないわけではない。人間は誰しも「自らの能力を生かす」ことができる仕事に従事するわけだから、「潜入調査」などは演技力がある俳優にはうってつけの仕事であると言えるかもしれない。そして、演技力がある俳優はこういう場で持ち前の演技力を発揮すれば、多大な報酬を得ることができるのかもしれない。

そういう意味では、調査会社による「潜入調査」は、俳優のよいアルバイトになるとは思うが、残念なのは、そういう仕事は、たぶん違法行為スレスレの行為にちがいなく、その俳優がいかに有能で、目的達成に貢献しても、彼の芸歴にその仕事を書き加えるのが難しい点であると思われる。いや、堂々と書き加えてもいいのだが、映画やテレビドラマや舞台で自らの演技力を披露するのが本来の在り方だと考えるまともな俳優なら、やはりそういう仕事は隠したくなるのではないか。

■美女

「これは！」という題材を選んで戯曲を書く。見つけてしまえば早いもので、戯曲の執筆にはそんなに時間はかからない。しかし、「これは！」と思う題材を見つけるまではかなり時間がかかる。

戯曲を書きあぐねている時にわたしがいつも思い悩むのは、世の中には題材がたくさんありすぎる点である。「作家が枯渇するのではない。世界の豊穣《ほうじょう》が作家の方を見捨てるのだ」とは、サマセット・モームの言葉（『要約すると』新潮文庫）だが、作家の心に染みる痛い言葉である。なぜなら、世界は限りなく豊穣であり、作家はどんな題材を選んでもいいからである。「どんな題材を選んでもいい」という空《くう》を摑むような状態から「これを書く！」という状態に持っていくためには、作家自身の大きな決断力が要る。

一つの作品を書き出すとは、喩《たと》えるなら、たくさんいる美女の中から一人の女を選択して結婚を申し込むようなものである。わたしが作品を書きあぐねている時とは、わたしの周りにいるたくさんの美女たちに幻惑され、一人の女に的を絞りきれない時である。想像してほしい。物欲しげなたくさんの美女たちが、わたしに対してまんざらでもない態度で色目を使っている状態を。「あれもいい」「これもいい」という気持ちになって当然ではないか。

しかし、作家はそんな美女たちの中から一人の女を選び出さなければならない。その女は、もしかしたら必ずしも美女でないかもしれない。化粧気もない地味な服装をした不美人かもしれない。しかし、もしもその女に他の女と違う何かしらの性的衝動を抱いたら、作家はその女を抱き寄せてキスするべきである。そして、結婚を申し込み、暮らしてみるべきである。その結婚生活がうまくいくかどうかは両者の相性にかかっていて結果は神のみぞ知るだが、求婚しなければ、その作家は生涯、女と結婚できない男やもめである。

■上司と演出家

舞台演出家はパワハラをしやすい仕事だと思う。稽古場における最高権力者は他ならぬ演出家であり、稽古は演出家の取り仕切る世界であるからである。だから、その演出家がちょっとでも油断すると、理性ではなく感情でものを言い、いたずらに俳優やスタッフたちを傷つける結果を招くことになる。また、女優に対しても、その関係性ゆえにセクハラ行為をしやすい職種である。

若い頃は、こんなわたしもひどい言い方でダメ出しをしていたように思う。何を言ったかまったく覚えていないが、わたしが心酔していたつかこうへいさんが（たぶん受けを狙って）偽悪的に言うことを真《ま》に受けて、ひどいことを言うのが演出家だと勘違いしているところがあったように思う。しかし、今さら言うまでもないが、演出家の仕事とは、稽古場で俳優を罵倒する仕事ではない。演出家の仕事は、稽古を通して俳優同士に信頼関係を獲得させる手助けをする仕事である。

だからこそ、わたしは常に俳優への言動に注意している。「こうしろ！」という命令ではなく、「こういうやり方もある」という提案をするように努力している。わたしも成長したものである。そう言えば、前に稽古場見学をしていた若い人から「いさをさんは役者さんに何か弱みでも握られてるんですか？」と言われた。それほどまでにわたしの俳優たちへのダメ出しはへりくだっているということか。しかし、へりくだろうがヨイショだろうが、演出家にとっての最大の問題は、俳優を乗せられるかどうかである。

翻って、よい舞台演出家とよい会社の上司には共通点があるはずである。これらはともに部下たちに気持ちよく仕事をしてもらう役割を担っていると思うからである。

■前説の塩梅

先日、とある劇場へ芝居を見に行ったら、開演前の前説がちょっと印象的だった。前説とは、芝居が始まる前にその公演の主催者側の担当者が、開演前の諸注意を観客にすることを指している。その公演の前説を担当したのは、制作スタッフらしき若い女性であったが、黒っぽい普段着の彼女はおよそ覇気のない調子で以下のようなアナウンスを観客に向かって行った。

――「ご来場ありがとうございます。開演前のご注意をいくつか申し上げます。携帯電話など音の出るものの電源はあらかじめお切りください。場内でのご飲食はお断りしています。途中休憩はございません。間もなく開演です。最後までごゆっくりご覧ください」

彼女は声を張るわけでもなく淡々と以上のような内容をしゃべった。接客の態度に敏感な観客なら「もっとハキハキしゃべれ！」「やる気あんのか！」と文句をつけたくなるようなテンションの低さである。わたしは基本的に問題は芝居の中身だと思っているので、前説がどんな形で行われようと強い関心はないが、それにしてもその女性の脱力感に満ちた前説は印象的だった。よっぽど嫌なことが前説開始前にあったのだろうか？

内容は同じでも、右記の台詞をハキハキとテンション高くにこやかに行った場合、たぶん観客はその人に小さな拍手を送ることになる。頑張って行われる前説に観客は彼（彼女）を労《ねぎら》う気持ちにさせるからである。しかし、わたしに言わせると、そういう前説は暑苦しく鬱陶しいだけである。よい前説とは、淡々と的確に必要な情報を観客に伝えることである。だからと言って件《くだん》の公演の女性のように「真面目にやれ！」と観客に思われるのもどうかと思うので、前説は力の入れ具合の塩《あん》梅《ばい》は難しい。でしゃばらず、かと言って引きすぎず——その在り方は名家に嫁いだ女性のようなものかもしれない。

■つか戯曲

現在、オメガ東京で上演中の『熱海殺人事件～友よ、いま君は風に吹かれて』は、つかこうへいさんが書いた戯曲である。この芝居には様々なヴァージョンがあるが、基本的な構造はすべて同じである。熱海の海岸で起こったとある殺人事件の容疑者を刑事たちが取り調べするというものである。わたしたち演劇ファンからしてみれば、『熱海殺人事件』は『熱海殺人事件』に他ならず、どういう内容かはほとんど周知の事実だが、初めてこの芝居のタイトルを耳にする人は、もしかしたら横溝正史《よこみぞせいし》が書くような探偵小説をイメージするかもしれない。しかし、本作はミステリの構造を持ちながらも、その語り口は従来のミステリとはずいぶん違う。

警視庁の捜査室を舞台に刑事たちが殺人事件の容疑者の取り調べを行い、その事件を劇中劇として再現するという趣向は、さして新しいものではない。しかし、ここで行われる取り調べは、従来の警察の取り調べとはずいぶんと趣が違う。本来の『熱海』は、捜査官たちがみすぼらしい犯人を立派な犯人にしようと努力する様が描かれるが、本作は犯人の殺意を取り調べを行う部長刑事とこの事件を最後に退職する婦人警官の恋愛物語に重ねて描く。こういう破天荒さ（逆説的な価値観の転倒）につか戯曲の一番大きな特徴があると思う。

また、つか戯曲は劇中に固有名詞がふんだんに使われる。本作に登場する固有名詞は「熱海の海岸」「富山県警」「渋谷道玄坂の連れ込み旅館」「長崎県五島」「西浅草の売春宿」「静岡の茶畑」「板橋の長崎県人会」などである。こういう固有名詞を随所に折り込んだ台詞が、作品の世界にリアリティを与え、内容をより身近なものにしている。（劇作家の別役実さんは、「固有名詞の文体」というタイトルでつか戯曲の特徴を論評していたことがある）ゆえに作品世界が卑近と言えば卑近なのだが、その分、描かれる夢と現実の落差が激しく、そこが喜劇的な笑いを生む原動力になっている。

■主戦場

わたしの主戦場は演劇の世界である。だからわたしは積極的に映画やテレビドラマの世界に関わろうとしない。その姿勢は、格好よく言えば複数の女ではなく一人の女に情熱を傾ける男のようなものなのかもしれない。映画やテレビドラマの世界にはいい女はたくさんいるが、どうしても彼女たちに積極的にアプローチする気になれない。向こうから誘われたら案外ホイホイついていってしまうかもしれないが、残念ながら今までにそういうことはほとんどない。

わたしのこういうスタンスは、単に惚れた女への一途さゆえではないのかもしれない。不特定多数の人々にある物語（ドラマ）を提供するという意味では、演劇も映画もテレビドラマも共通性がある。しかし、わたしは常に映画やテレビドラマでは絶対にできないことを模索して演劇活動をしている人間である。映画やテレビドラマは、わたしにとってある種の仮想敵国なのである。わたしは常に「ヤツらに何とか勝ちたい!」と思っている人間なのである。だから、無意識にそれらから距離を置いているのではないか。

こう言うと身も蓋もないが、演劇人が映画やテレビドラマの世界に行くのは、一重に経済的な理由であることが多いように思う。あちらの世界はこちらより裕福なのである。(ヤツらは分身=複製できる能力を持っている) それはそれで仕方ないとは思うものの、環境がその人間を作るのが事実だとすると、下手に映画やテレビドラマの世界に身を置くと、演劇が何なのかが次第にわからなくなる不安があるのである。少なくともわたしが信仰する演劇の神様はそんなことをするといい顔をしないように思う。

このように口では威勢のいいことを言いながらも、背に腹は代えられない。男は妻子を食わせていかなければならないから。

■創作の過程

連日、ISAWO BOOKSTORE 公演『夜明け前─吉展ちゃん誘拐事件─』の稽古。ふと、現在進行形で立体的に作られつつあるこの芝居がどのような過程で書かれたのか振り返ってみる気になった。だから今日は『夜明け前─吉展ちゃん誘拐事件─』という芝居がどのような過程で書かれたかを紹介する。

わたしは普段から創作ノートを作ることを日課としている。自分の体験や読書、映画鑑賞や観劇を通して思いついたことを書き留めておくのである。

そのノートのとあるページに『あいつの声』という赤字の表記がある。当初はそういうタイトルにしようと思っていたのである。本田靖春《ほんだやすはる》さんの著作『誘拐』(ちくま文庫)を読んだ直後である。そこに「犯人には何人かの兄弟がいた」と書き添えられている。

それから二年余り経った今年の一月のページに『夜明け前』というタイトルが太字で表記されている。この時点で事件が起きた一九六三年を「東京オリンピックを翌年に控えた年」という視座で捉えることを決めている。「夜明け前」とは「東京オリンピック前夜」を意味するからである。構想は固まりつつある。

それから六ヶ月余り経ったある日、『夜明け前―吉展ちゃん誘拐事件―』の構成を書いている。具体的に台詞を書き出す直前である。しかし、作業はここで一度中断する。八月の公演の稽古があったからである。

八月の公演が終わり、半ばから執筆開始。九月三日に『夜明け前―吉展ちゃん誘拐事件―』というタイトルで第一稿は完成している。執筆にかかった時間は約二十日間だが、わたしがこの題材を使って戯曲を書こうとしてからは三年余りの時間を経ていることになる。今回の芝居は方言を使うので、標準語の台詞を方言に直す作業がさらに二週間くらいかかって決定稿ができる。一本の戯曲を書くにはそれなりの時間がかかるということである。

■略奪者

ずいぶん前の話だが、とある若い男性の演出家と話をしていて、お互いに同じような体験をしていることがわかり、握手をしたい気持ちになったことがある。その若い演出家は、舞台で使うキャリーバッグを自宅から持ち出した時、その行為をめぐって家人と激しい喧嘩になったという話をわたしにしたのである。キャリーバッグではないが、ほとんど公演の度に家人と喧嘩になるわたしは彼の先輩である。

わたしは演出家として舞台をよりリアルなものにするためにいろいろな小道具に注文をつける。大はソファやテーブルから小はコースターや茶碗まで、舞台で使用するありとあらゆる小道具についてである。予算がたくさんある舞台公演の場合、小道具を購入したり、専門の会社からレンタルすればいいだけの話である。しかし、小規模な公演の場合、身近にあるものを使った方が安上がりな場合がある。だから、ふと自宅の中にある品物に手が出るのである。わたしは「よい舞台を作るため」という風に自分の行為を正当化している。しかし、家人側の立場で考えると、それは一種の略奪行為であり、告げずにそれを行うと窃盗行為になる。

芸術至上主義と言えば大袈裟かもしれないが、どちらかと言うとわたしはそういう傾向がある人間である。だから、いい舞台を作るためには多少の犠牲を厭《いと》わない。しかし、そんなやり方は家人の価値観と真っ向から対立する。家人の価値観は一般市民のものである。家人の側から見れば、舞台のために家のものを持ち出すことは、略奪や窃盗であり、そんなことを平然と行うわたしはまぎれもなく反社会勢力である。そして、家人の価値観を通して一般の人にとっての演劇のプライオリティ（優先順位）を知り、深くため息をつくことになる。

■ギラギラ

わたしは芸術至上主義的な傾向があると昨日のブログに書いた。そういう傾向は若い頃からのことである。舞台の稽古中のわたしは、自宅はもちろん外出先で入った店舗などで、舞台で使えそうな椅子やテーブルなどを発見すると、目がギラギラする。そして、密かにそれらを自分のものにする策略を頭の中で考えたりする。さすがにそれらを無断で持ち出したことはないが、それらを持ち出したい誘惑に駆られる。芸術至上主義的な立場で言えば、それらを持ち出すことは窃盗ではない。豊かな表現のための芸術活動である。

しかし、現実にそんなことをすれば、それはまぎれもなく窃盗であり、見つかれば逮捕される行為である。だから、いくらそれらが使えそうな椅子やテーブルであっても、持ち主に無断でそこから運び出したりはしない。わたしは芸術家ではあるが、法を守る一般市民でもあるからである。それでも、わたしの目の前に舞台で使うのに最適な椅子やテーブルがあるにもかかわらず、それを使えない現実に対して理不尽な怒りがこみ上げたりする。

もしも世界に「演劇立国」でも言うべき国があり、演劇が国民の最大の関心事であるような世界があったらと夢想する。その国の人々は経済効率などより先に演劇に対して最大の関心とリスペクトを持ち、演劇のためなら何でも提供して惜しまない人々である。そこでは演劇人は尊く気高い聖職者であり、人々は演劇の発展のために自らの財産のすべてを提供して惜しまない。そして、そこでは舞台において自分の持ちものが使われることは、その国の人々にとって非常に名誉なことなのである。まったく夢のような話だが、そんな国があったらどんなにいいだろう。

舞台の稽古中のわたしは、自宅はもちろん外出先で入った店舗などで、舞台で使えそうな椅子やテーブルなどを発見すると、目がギラギラする。そして、密かにそれらを自分のものにする策略を頭の中で考えたりする。

■誘拐犯

連日、ISAWO BOOKSTOER公演『夜明け前―吉展ちゃん誘拐事件―』の稽古中。今回、実在した誘拐殺人犯を演じるのは関幸治《せきこうじ》さんである。わたしは今までたくさんの芝居を作ってきたが、稽古場で台本ではなく、電子機器を使って本読みする役者に初めて出会った。そう、関さんは紙媒体の台本ではなく、電子機器を使って本読みをするのである。まあ、演出家もスマホのグループ

LINEを通して芝居のダメ出しをする時代だから、そんなことがあっても全然おかしくないのだが、小山内薫やスタニスラフスキーがこの光景を見たら腰を抜かすのではないか。

　普段の関さんは寡黙な人のようにお見受けするが、稽古帰りのバスの中に乗り合わせた際にそのことを話したら、「そういうの（電子機器）をいじるのが好きなんです」とのこと。電子機器にはまったく疎《うと》いわたしとは対照的な人であるということか。わたしの知る限り、関さんはアクターズ・スタジオ系の演技を学んだ人である。だから、興味津々で関さんの役作りを見ているが、だんだんと実在した犯人の顔つきに似てきていると共演者たちの間でも驚きの声が上がっている。恐るべし、アクターズ・スタジオのメソード演技。だから、ちょっと恐ろしくもあり、最近は話しかけないようにしている。

　ある日、酒席で演技の話になり、関さんがたくさん演技術に関する本を読んでいることを知った。「いさをさんの『I—note』と『I—note②』も読みましたよ」と言うので、嬉しくなって「面白かったですか?」と聞くと言葉を濁したので余り面白くなかったのだろう。それはそれとして、今回の芝居においても事件に関するたくさんの文献を読んで役作りしていることからも、関さんが相当に知的に役作りにアプローチしていることが伺える。関さんが演じる誘拐犯人がどんな風になっているかを舞台で確かめてほしい。『夜明け前—吉展ちゃん誘拐事件—』は間もなく開幕する。

■福島弁

間もなく開幕する『夜明け前―吉展ちゃん誘拐事件―』は、登場人物のほとんどが福島弁でしゃべる。例えばこんな感じ。

●「ちんといいが」
○「タイ焼き食いてえなら勝手に食え」
●「ほんでねくて」
○「ほんでねくて何だ」

言うまでもなく東京生まれのわたしに福島弁が使えるわけはなく、標準語で書いた台詞を福島弁に直す作業を行った。方言指導をしてくれたのは出演者でもある浅倉《あさくら》いづみさんである。彼女は福島県相馬《そうま》の出身で、福島弁はお手のものであるからである。わたしが書いた台詞を浅倉さんと顔を付き合わせて福島弁に直し、改訂原稿をメールで送り、直してもらったものをわたしがチェックして――という作業を二週間余り行った。これはこれで結構大変な作業であった。以下、劇中に登場する印象的な福島弁をいくつかご紹介する。

○監視してろ↓まぶっとけ
○黙れ↓みだぐなす
○馬鹿言うな↓ぜえくれかだってんな

こういう言い回しを知ると、まったく日本語というのは多様だなあと感心せざるを得ない。そして、今でもこういう言葉が実際に福島県では使われているという事実にちょっと感嘆する。子供は新奇な言葉を耳にすると、それを自分の日常に反映させたがるものだと思う。言うまでもなくわたしは子供っぽいヤツなので、今ではこういう言葉を家人相手に日常生活で使うようになった。

■作風

ISAWO BOOKSTOER公演『夜明け前─吉展ちゃん誘拐事件─』をオメガ東京で上演中。見ていただいたお客様から「以前と作風が変わりましたね」と言われることが多い。確かにそうかもしれない。若い頃、わたしが作る芝居に笑いは必要不可欠のものであった。いや、もっと言えば、笑いがない芝居など芝居ではないと思っていた。笑いは非常に重要な要素であった。しかし、本作は笑いの要素に乏しい。

それは、必ずしも笑いがなくても面白い芝居は作れるのだとわたしが思うようになったからだと思う。その分水嶺《ぶんすいれい》がどこにあったかは、自分ではよくわからないが、たぶん『父との夏』（二〇一〇年）の頃だったように思う。その作品は、わたしのちょっと自伝的な要素がある内容の芝居だったが、元になっているのは、わたしの父から聞いた戦争体験の話である。わたしは自分の実体験を元に戯曲を書くことがほとんどないが、『父との夏』はその数少ない一作である。つまり、実際にあったことを元に戯曲を書く原点はその作品にあったように思う。

――「実際になかったこと、現実には起こらなかったことも歴史の一部である」

これは寺山修司の言葉だが、若い頃のわたしはその言葉に大きくうなずいて演劇活動をしていたのである。だから、演劇とは実際にはなかったこと、現実には起こらなかったことを想像力によって作り出すものだと信じて疑わなかった。今もその考えに変わりはないが、実際に起こったことを元にしながらも、想像力を使ってそこに新しい光を当てる作業も面白いと思うようになった。作風は変わったかもしれないが、わたしが今、面白いと思うものがこの舞台の上にあるはずである。

■中小企業

中小企業という言葉は、わたしにとって縁遠い言葉であった。それもそのはず、わたしは就職もせず、ずっと芝居をやっていたから企業という組織から最も遠い世界で生きてきたとも言える。そんな風に生きてきて、いったいどうやって食ってきたのか、自分でもよくわからないところがあるのだが、劇団を解散して、わたしが主宰してプロデュース公演をするようになって、この言葉はずっと身近になった。プロデュース公演は毎回、常に一回こっきりの集まりとは言え、集まってくれた俳優たち＝従業員に給料を払うからである。言ってみれば、わたしは中小企業、いや零細企業の社長のようなものである。

だから、売り上げというものがいかに重要なものであることをこの一年、痛感した。売り上げがなければ、従業員に給料を支払えないからである。演劇公演の場合、収益は観劇しに来てくれる観客の皆さんが支払ってくれる入場料ということになる。だから、観客動員が少ないと大変なことになる。そして、少しでも売り上げを伸ばすためにTシャツを作ったり、公演に関するグッズを作ったりして販売し、売り上げを伸ばそうと努力するわけである。かつて、強気だった頃のわたしは、「グッズなど作らん！　公演そのものが最大の商品なのだ！」と公言してはばからなかったが、いざ社長の立場になるとそんなことは言っていられない。なぜなら売り上げを伸ばし、従業員に給料

を支払わないといけないからである。（グッズは販売していないが）

こういう立場になって初めて、『ジョーズ』（一九七五年）の市長の気持ちがよくわかる。彼はサメの襲撃による死亡事件を隠蔽して、周囲の心配をよそに海開きを敢行する。その海の町は、海を訪れる海水浴客が落としてくれる遊興費が重要な資金源だからである。結果、さらなるサメの犠牲者が生まれてしまうわけであるが、昔は「すぐに海岸を閉鎖しろ！」「なんて愚かな市長なんだ！」と市長に批判的だったわたしも、自分が公演の主催者の立場になってみると、一概に市長の行動を咎める気にもならない。市長には市長なりの葛藤の末の決断があったと思うからである。

2020

■砂漠行き

劇作家が戯曲を書き始める時、まず「登場人物」というのを決めることが多い。それはこの世に実在しない人間である。

［登場人物］
○山本一郎
○山田花子

劇作家ではないアナタにはまったくわからない感覚であろうことは十二分に承知しながらも、そのように書き出して劇作家は何とも白々しい無力感に襲われる。なぜか？　それは、劇作家がこれから書こうとする架空の物語を生きる山本一郎も、山田花子も実在しない人物だからである。実在しない人物による架空の物語を前に劇作家はまさに空《くう》に投げ出されたような感覚を抱くのである。わたしと引き比べるのもおこがましいが、シェイクスピアも近松門左衛門も同様の気持ちを抱いて原稿用紙の前にいたはずである。その気持ちは、途轍もなく広大な砂漠を前に立ちすくむ旅人の気持ちに似ている。

しかし、劇作家は、その途轍もなく広大な砂漠へ勇気を持って足を踏み出す。遭難する不安と恐怖感を心の奥底に隠し持ちながら、とにかく行くしかないのだ。もちろん、遭難して砂漠に倒れ、禿鷹のエサになることもあるだろうが、足を進めるうちに行くべき道が見えてくる。当初、まったく絵空事でしかなかった物語が生き生きと弾み始め、実在しなかった山本一郎と山田花子がある意志と感情を併せ持った人間として物語を生き始めるのである。その瞬間、当初、過酷としか思えなかった砂漠行きが、楽しい道中に変貌する。山本一郎が葛藤し、山田花子が決断する。山本一郎が悲しみ、山田花子が歓喜する。山本一郎が怒り、山田花子が愛を謳う。

こうして劇作家の砂漠行きは終わる。当初、辿り着きたかった場所とは違うところへ到着することもあるにはあるが、旅の終わりには山本一郎も山田花子も愛おしい友人のようになっているのだからまったく不思議なものである。それは実人生で出会う友人たちとの関係に似ている。

■売れない役者

俳優を称して「売れない役者」という言い方をする時がある。俳優としての仕事がなく、普段はアルバイトをしながら生活しているような役者のことを指す。世の中に何人くらい俳優がいるのかわからないが、たぶん九〇%以上の俳優がそのような呼ばれ方をするのだと思う。しかし、なぜ俳優のことを「貧乏役者」とか「力量不足役者」と呼ばないで、「売れない役者」と言い表すのかずっと不思議に思っていた。

わたしはずっと売れない役者とは、上記のように「仕事がない役者」のことだと思っていたが、この言葉のルーツはたぶん違うところにあると思い至る。この言葉は、「チケットが売れない」から来ているのではないか。つまり、「売れない役者」の語源は、本人が「商品として売れない」のではなく、「チケットが売れない役者」に由来するのではないか。その前半部の「チケットが」という主語が省略されて「売れない役者」になったのだ。同様な意味において、人気俳優のことを「売れっ子俳優」、あるいは「売れてる役者」とか言うのも、仕事がたくさんある俳優という意味より先に「チケットが売れる役者」の省略形ではないか。

そう考えると思い当たるフシは色々とある。チケットが売れない役者は、わたしの周りにもたくさんいるからである。例外はあるが、基本的に彼らはチケットを売ろうと努力しない。「俺は俺だ！」と開き直っている。本当によい役者はそういうことはない。演技に関して手を抜かないことはもちろん、きちんと経済的にもカンパニーに利益をもたらすようにチケットを売る。だから、チケットを売らない役者を見るにつけ、わたしは人から聞いた有名な演出家の言葉を思い出す。

——「八百屋は野菜を、肉屋は肉を売って商売する。役者が売るものは何だ？　チケットだ！」

チケットが「売れない役者」は、当然、出演の依頼も少ないという意味では、両者は結局、同じ意味になるのかもしれないが。

■台詞の今と昔

しはしば演技を学ぶ学生と自作の戯曲の読み合わせをする。

支店長「考えてもみなさい。世間から人殺しの娘として後ろ指さされて生きるより、たとえ寂しくとも孤児《みなしご》として生きる方がきっとお前には幸せなことにちがいない。そこで父さんは、お前を孤児院に入れて刑に服した。……十二年だ」

拙作『バンク・バン・レッスン』の中の一節である。本作は銀行員たちによる銀行強盗の防犯訓練がエスカレートしていってしまうコメディだが、その終盤に前述のような台詞がある。本作の初演は今から三十六年前である。だからか、「孤児院」という耳慣れない言葉が使われている。当時、孤児院はわたしにとって普通の言葉だった。「タイガーマスク」の伊達《だて》直人《なおと》が幼少時代を過ごしたのは孤児院ではなかったか？　保護者がいない子供を引き受ける施設を意味するが、今、そういう言い方はしない。今は「児童養護施設」と言う。同じ作品には「看護婦」という言葉も使われている。言うまでもなく今は「看護師」である。

江戸川「えー校長の江戸川でございます。暑いなかご苦労様でございます。えー生徒のみなさん、そしてご父兄のみなさん、お忙しいなかお集まりいただきまことにありがとうございます」

これは『プール・サイド・ストーリー』(高橋卓郎との共作)の冒頭場面である。わたしにはまったく違和感のない台詞だが、ある時、ある人から「今はご父兄という言葉は使わない」と指摘された。今は「保護者」と言うそうである。確かに「ご父兄」だと母や姉が入っていない。

このように戯曲として書かれた台詞には、今、使うと違和感がある言葉が使われていることがある。一時、実によく耳にした「精神分裂病」という言葉もめっきり聞かなくなった。「統合失調症」という言葉が、その言葉にとって代わったからである。こういう事実を知ると、言葉はどんどん生まれ変わっているのだと思う。

■密室とコロナ

それが芝居であれ映画であれ、「密室劇」と聞くとワクワクする。それがどんな内容のものであっても、「密室劇」と銘打たれていると見たくなる。なぜそうなのかは不思議ではあるが、たぶんわたしが演劇を生業《なりわい》として生きているからであると思う。演劇が最もその力を発揮するのは、「密室劇」（限定空間を舞台とする）という形式だからでもあるが、時空が飛ぶような内容の舞台も、基本的には「劇場という密室」で上演されるので、舞台劇はすべて「密室劇」であるという言い方もできる。極少を描いて極大を想像させるのが演劇の力である。

ところで、現在、世の中を騒がせる新型コロナウイルスが、最もその力を発揮する場所は「密室」である。人間同士が普段より近い場所で向き合い接近する場所。プライベートな空間を除けば、ウイルスが最も好む場所は劇場やライブハウスなどの人々が集まる密閉空間――つまり、「密室」である。ゆえに様々な劇場での舞台公演やライブハウスでの音楽公演が中止の憂き目にあっているわけである。そのように考えると、コロナウイルスは、人々が出会い、喜びや悲しみを共有する場所で猛威を奮う悪魔のような特性を持っていると言える。

かつてエイズウイルスの恐怖が今より身近だった頃、これと似たような感想を持った。エイズウイルスの感染ルートは、肉体の接触（セックス）である。人類繁栄の上で最重要と思われる生殖活動（快楽も含む）をエイズウイルスは拒むことを人々に強いたのである。人間同士が愛し合うと病気になるというエイズウイルスの特性は何という皮肉だろうか。「愛しているのに触れることができない」状態は、人間に忸怩《じくじ》たる苦しみを与える。

わたしは、新型コロナウイルスの人間の集まり（密室）を阻害するという特性にも大きな皮肉を感じる。このウイルスが蔓延し、その対策から人々が集まることを自粛すれば、人々は孤立して、他人と結び、愛情を育むという人間にとって価値ある美徳を失うからである。そう考えると、〝こいつら〟は、まさに人類の敵であり、演劇人やミュージシャンら実演家の憎むべき手強い敵である。

■追悼 別役実さん

劇作家の別役実さんの訃報が届いた。八十二歳。記事に拠れば「日本語による不条理劇を確立した第一人者」と紹介されているが、わたしにとっての別役実は不条理劇の作者と言うよりは、ブラック・ユーモアに溢れた知的な喜劇を書いた劇作家と言った方がしっくりくる。また、ユニークな犯罪評論家としての一面も見逃せない。いずれにせよ、飄逸《ひょういつ》さと鋭さが同居する誰も真似ができない唯一無二の作風を持った劇作家だった。わたしが芝居を始めた頃、小劇場演劇と言えば「別役実か、清水邦夫か？」という時代だった。

わたしは二度ばかり別役さんご本人にお会いしたことがある。ずいぶん前の話だが、一度は日本劇作家協会のイベントの打ち合わせか何かで喫茶店で席を同じくした時。確か渋谷のルノアールだったと記憶する。わたしは末席から仰ぎ見ていただけだが、直に見る別役実は不思議なオーラをまとったおじさんだった。もう一度はとある演劇賞の贈呈式で、別役さんと同じ脚本賞の受賞者の一人として駅前劇場のステージに上がった時。一言も言葉は交わさなかったと思うが、別役さんの受賞スピーチがユニークで参加者がドッと笑ったのを覚えている。その佇《たたず》まいは枯淡の噺家《はなしか》を思わせた。影響を受けた劇作家はたくさんいるように思うが、別役さんは間違いなくわたしに大きな影響を与えた人の一人だと思う。

わたしが書く台詞に頻繁に出てくる「あれ」という言葉も、根本的には別役戯曲の影響である。文句なく一九六〇年代以降の日本の現代演劇を牽引した代表的な劇作家であり、ユニークな犯罪評論家であった。謹んでご冥福をお祈りする。

■魂のパラダイス

先日、「小劇場エイド基金」が設立されたことをお知らせしたが、賛同者の一人として小劇場演劇の魅力について書いた文章に書き忘れたことがあったのでここに追記する。

世の中には様々な娯楽があり、小劇場演劇もそんな一つに過ぎないが、わたしは「面白いもの」の原点は、他のすべての娯楽を差し置いて小劇場演劇であると思う。その最大の魅力は、何よりも自由であるという点である。わたしが知る限り、これほど自由な表現形式は他にない。そこでは基本的にどんなことをやってもよい。もちろん、犯罪行為は行ってはならないというような条件はあるにせよ、基本的にそこは何でもありの世界なのである。そこは、スポンサーの横やりが入らない世界であり、過激な表現も許容される世界である。そこではまず何よりも人間の自由な精神＝魂が混じり気がない純度を保って存在する世界なのである。形式的には最も厳しい制約や条件があるにもかかわらず、表現の内容は制約から最も遠いのが小劇場演劇である。

その意味において、小劇場演劇の世界は、現代に残された数少ない魂のパラダイスである。そこで人々は世の中のルールやしがらみから解き放たれて、魂の自由を胸いっぱいに吸い込み、体感する。そこで人々は魂の洗濯をするのである。そんな場所がなくなったら、人々の魂は干からびて生気を失うにちがいない。残るのは、安全で快適だが、魂の躍動に欠けた味気ない日常である。

「面白い」という言葉の語源は、原始時代、話をする人間の周りに集まった人々の顔が焚き火の灯りに輝いたことに由来するという。演者と観客の距離感が近い小劇場演劇は、まさにこの事実の現代的な再生の場である。小劇場よ、死ぬな！

■無観客

コロナ禍のご時世、スポーツ界では、観客を入れずに試合を行い、それを中継するという方法で急場をしのいでいると聞く。もちろんすべてのスポーツジャンルでそのようなことが行われているわけではないだろうが、わたしが知る限り野球やレスリング、相撲は無観客試合をしている例を目にした。ガランとした会場でプレイする選手たちの姿を見ると、普段、見慣れない風景であるぶん、非常にシュールな印象を抱く。しかし、無観客でも試合が成り立ってしまうことが凄い。それに対して、演劇の無観客公演というのは余り聞かない。これはなぜなのだろう？

わたしが大学生の頃、先生は「演劇には絶対に必要な要素は二つある。それは演者と観客である」と言った。学生のわたしは「そうだよなあ。観客のいない演劇は想像できないよなあ」と深く納得したが、スポーツが無観客でも成り立つのに演劇が無観客だと成り立たないのは不思議なことである。いろんな理由はあるにちがいないが、演劇はスポーツよりも観客の存在が重要な役割を果たしていからだと思う。わたしの感覚で言うと、スポーツの観客はどんなに頑張ってもプレーヤーの傍観者に過ぎないが、演劇の観客は俳優の共犯者になり得る存在である。

もちろん、同じ内容のものをテレビドラマや映画にして発表することはできるだろう。しかし、それはやはりテレビドラマであり映画でしかなく、観客は傍観者の立場から離れることはできない。しかし、演劇の場合、観客は傍観者からほとんど当事者の立場になる可能性があるのである。それは、人間同士が同一の空間に居合わせるゆえの特性である。また、演劇は、それを見る観客側の「見るぞ!」という主体性が著しく問われている表現形式と言える。劇場という場においてその主体性がいかんなく発揮された時、演劇は観客にとって「観劇」から「体験」へ昇華するのである。少なくともわたしがあらゆる表現分野の中で演劇に最も魅力を感じるのは、かつてそういう至福の時間を体験したことがあるからである。

■心の色

一つの舞台を作る際に、だいたい本番の一週間くらい前になると「衣装合わせ」と呼ばれる衣装の品評会が行われる。稽古場において、出演する俳優たちが舞台で身につける衣装を実際に着てみて、演出家や衣装係（スタイリスト）がそれをチェックして修正していく場である。舞台装置の基本的な色あいを前提にその衣装の色が映えるか？　色や形が他の登場人物の衣装と被らないか？早替えをする場合、衣装に仕掛けをする必要があるか？　そんなようなことをチェックするわけである。その際に演出家はいろいろと衣装に関する注文を出すわけである。

わたしは長いこと、舞台で登場人物が身につける衣装について無頓着であった。大雑把に言えば「そんなの何だっていいじゃねえか」と思っていたのである。「じゃあ、今は無頓着じゃないのかよ」と突っ込まれると口ごもるのだが、まあ、昔よりは登場人物の衣装選びについて意識的になった。それはアルフレッド・ヒッチコック監督の『ダイヤルMを廻せ！』（一九五四年）の演出術に由来する。

『ダイヤルMを廻せ！』は、フレデリック・ノット原作の舞台劇を映画化したものだが、ヒッチコックはこの映画のヒロイン（グレース・ケリー）のドレスの色を最初は鮮やかな色彩のものにして、物語が次第に陰鬱になるに従って暗く地味なものにしたという。そのドレスの色によって、台詞なしに彼女の心模様を表現したわけである。つまり、わたしは『ダイヤルMを廻せ！』のヒッチコック演出を通して、衣装の形や色によって、登場人物たちの「心の色」を表現できることを学んだのである。

その人物の「心の色」はどんな色か？　それが舞台演出におけるわたしの衣装選びの根拠である。

結婚式で花嫁が着るウェディング・ドレスが白いのには意味がある。それはその日、その瞬間の花嫁の心の色を鮮やかに表現しているのである。

■マスクマン

時々、演技のレッスンの最中にマスクをつけたまま台本の本読みをする学生がいる。風邪を引いているならまだしも、そうでもないのにマスクをつけたまま本読みする人間をわたしは好まない。マスクをつけていないまでも、耳にヒモを引っかけたまま、マスクをずらした状態で本読みするヤツもいる。これもわたしは不快に思う。正座して読めとは言わないが、台本を読む時は、ちょっとだけ襟を糺《ただ》して作品に向かい合ってほしいのである。そもそも演技者は顔を見せてナンボの仕事である。

台本の本読みに限らず、マスクをしたまま他人と対面するのは失礼なことである。ましてやマスクをずらした状態で人に会うことは、江戸時代なら斬り捨てられても仕方ないくらい無礼なことではないか。事情があるにせよ、それは「わたしはあんたをナメてます」という表現に見えるのである。(変な喩《たと》えだが、ブラジャーをずらして着けているだらしない女のように見える) それは、帽子を脱がずに人に会うのは失礼だと思う感覚に似ている。マスク姿は公式の場に相応しくないのである。

しかし、この数ヶ月、事態は逆転した。マスク姿は人々にとっての公式の装いの一部となったからである。そもそも一国の首相が、公式の場である記者会見においてマスクを着用しているのだから。街を歩いてもマスクをつけていない人の方が少ないのはご存知の通りである。だから、商談のような公的な打ち合わせも、今はマスクを着用したまま行われているにちがいない。変われば変わるものである。

マスクと帽子とサングラスは強盗の三点セットだと思うが、この時代、強盗を見抜くのは相当に難しい。みんな強盗のような格好をしているからである。そして、ふと「木を隠すなら森の中だ。人を隠すなら人の中だ」という『隠し砦の三悪人』（黒澤明監督）の中の台詞を思い出す。

■演劇ウイルス

一人が二人、二人が四人、四人が八人、八人が十六人、十六人が三十二人……と書くとアナタは何を連想するだろうか？　このご時世で考えれば、この数字はいやが上にもウイルスによる感染症の拡大を思わせる。感染者の倍々ゲームである。だからこそこの三ケ月余り「3密」を避け、感染が拡大しないようにわたしたちは努力してきたわけである。ウイルス感染の縮小はわたしたちの祈願であった。

しかし、こういう状況下でない時に上記の数字を見たら、わたしは別の連想をするにちがいない。何を連想するか？　調子がいい劇団である。一人が二人、二人が四人、四人が八人、八人が十六人、十六人が三十二人……というのは、調子がいい劇団が観客動員を増やしていく時の状態そのものである。人気の倍々ゲームである。そして、感染と違い、こちらの倍々ゲームは嬉しい悲鳴をともなう種類のものである。

このように、ウイルス感染者の拡大と人気劇団の観客動員拡大には共通するものがある。それは、ともに目には直接見えないものを媒介にして拡大する点である。前者は忌み嫌われる拡大だが、後者は歓迎すべき喜ばしい拡大である。しかし、ともに拡大する経路は非常に似ているように思う。感染が人間同士が接触し、ウイルスを介して拡大していくように、人気も人間同士が接触し、評判を介して拡大する。すなわち、人気劇団の観客動員拡大は、ウイルスの感染拡大の比喩で語ることができる。

さらに言えば、演劇を生業《なりわい》にするなどという行為がある種の病であると考えるなら、演劇はまさに伝染性のウイルスに置き換えることができる。この病に犯された人間は、演劇のために一生を棒に振ることになる可能性があるのだから。恐るべし演劇ウイルス。

■パーティー

新型コロナウイルスによるパンデミックは終息へ向かっているのだとは思うが、世のエンターテインメント業界では未だに本来の姿に立ち戻るには至らず、無観客でコンサートや演劇公演が行われているようである。会場に観客を入れず、その模様をライブで配信して、観客がそれぞれにSNSを通して視聴するという形態である。本来の姿に立ち戻るための橋渡し的な試みであり、そういう試みをする人たちを応援したいと思うが、頭の固いわたしなどには到底発想できない方法である。

わたしが演劇に強く惹かれる理由の一つは、それが群衆芸術である点である。映画やコンサートも同じような形を持つが、要するに一人で見るのでなく、多くの人が集まって同じものを一度に見るという形式である。もっと簡単に言えば「人々が集まってワイワイ騒ぐ」のが好きなのである。だから、集まってやらないとなかなかわたしのそんな欲求が満たされない。もちろん、リモートコントロールによる無観客演劇も一つの新しい演劇の形式だとは思うが、それだとそれはある種のテレビドラマであり、ライブ感に満ちた演劇にはほど遠い。

翻って、劇場とは、そういう「人々が集まってワイワイ騒ぐ」場を提供している場所である。わたし自身に関して言えば、日常の生活の中で、多くの人間と集まってワイワイ騒ぐことがいかに少ないかを痛感する。だからこそ、時々、多くの人間が集まってワイワイ騒ぐ場所を必要とするのである。同じ場所に集まって、同じものを見て、同じ感情を共有することに喜びを感じるのである。言ってみれば、観劇行為とは、わたしにとってのパーティーのようなものなのである。まだまだ油断はできない状況だと思うが、早く人々が集まってワイワイ騒ぐ場所が元通りになることを願わずにはいられない。

■歴史の隙間

最近、わたしは実際にあった事件を元に戯曲を書くことが多い。三億円強奪事件を元にした『好男子の行方』も、吉展ちゃん誘拐事件を元にした『夜明け前─吉展ちゃん誘拐事件─』も、八月に上演する名古屋保険金殺人事件を元にした『壁の向こうの友人─名古屋保険金殺人事件─』も、十二月に上演する予定の帝銀事件を元にした『獄窓の雪─帝銀事件─』もみなそういう戯曲である。これらの一連の作業を通して感じるのは、フィクションとノンフィクションの書き方の違いである。

わたしはノンフィクションを書いたことはないが、ノンフィクションには厳然たる制約があるはずである。作者の想像で勝手なことを書いてはいけないのである。わたしがこの事件は冬に起こってほしいと思っても、実際にその事件が夏に起こっていたら、勝手に設定を変えてしまうのは問題である。わたしがこの犯人は女がいいと思っても、実際にその犯人が男なら、勝手に性別を変えてしまうのは問題である。もちろん、ある意図をもって設定を改変するのは自由だが、それが有名な事件なら観客はすでに多くのことを知っているのである。歴史的な事実を扱う時代劇のような作品は、特に注意を要するにちがいない。下手なことを描くと「それは事実と違う!」と観客にそっぽを向かれる。制約の中で書く───これがノンフィクションの基本なのである。

そういう意味ではノンフィクションは制約だらけで、書いていてもまったく面白くなさそうだが、事実は事実として踏まえた上で、史実としては残っていない部分を創作することは楽しい作業である。歴史には隙間があるのである。例えば、「三億円を奪われた銀行員たちは、事件後、支店長室に集まって事件の報告会をした」という事実さえ踏まえれば、銀行員たちがどんなやり取りをしたのかは創作してもいいのである。例えば、「吉展ちゃんを誘拐した犯人と目される男とその兄弟たちは、父の葬儀の際に地元に集まり、兄弟会議をした」という事実さえ踏まえれば、その会議でどんなやり取りが行われたのかは自由に創作していいのである。現実に起こった事件を元に戯曲を書く楽しさは、歴史の隙間を描く楽しさである。

■名古屋弁

サンモールスタジオプロデュースによるオムニバス公演「Crime―2ed―」で上演する新作『壁の向こうの友人―名古屋保険金殺人事件―』は、実際に起こった「名古屋保険金殺人事件」を元にした芝居である。しかし、描くのは事件そのものではなく、事件から十年後、名古屋拘置所で行われた被害者遺族の兄と死刑囚の面会の模様である。

もちろん、本作はフィクションであるが、面会が行われたのは事実で、その内容は被害者遺族である男性が書いた『弟を殺した彼と、僕。』(原田正治著/ポプラ社)に詳しい。わたしがこの本を読んだのはずいぶん前だが、非常に興味深い内容であった。身内を殺害した加害者と被害者遺族の対面とは、両者ともに「この世で最も会いたくない人間同士」の対面であると思うからである。
本作の登場人物はみな愛知県の人々なので、書いた台本を名古屋弁に直す作業に苦労した。昨年に上演した『夜明け前―吉展ちゃん誘拐事件―』において、標準語を福島弁に直す作業をしたので、こういう作業はすでに経験済みだったが、今回は名古屋出身の弁護士である平岩利文さんに多大なご協力を賜り、無事に作業を終えた。そして、改めて方言の面白さと味わい深さを再認識した。

標準語　「この拘置所の刑務官になって早いものでもう八年になる」
名古屋弁「この拘置所の刑務官になって早やぁもんでもう八年になる」

無表情な標準語がこのようになると、言葉が途端に豊かな表情を持つように感じる。コロナ禍でまだまだ不安が残る状態での公演になるが、ご来場を心よりお待ち申し上げます。

■その人そのもの

舞台演出家と呼ばれる人はたくさんいるが、その一人一人の作った舞台を見ると、十人十色、それぞれに様々な個性がある。サービス精神旺盛で、歌や踊りや音楽で華やかに作品を彩る演出家もいれば、会話を主体にあくまでも淡々としたリアル志向の演出家もいる。舞台美術に凝る演出家もいれば、音響や照明などの技術的な要素にこだわる演出家もいる。それぞれの演出家のこだわりがその演出家の個性として舞台上に表れる。

演出家としてのわたしにどんな個性があるのか自分ではなかなかわからないところがあるのだが、わたしは基本的には派手好きな演出家であると思う。それはわたしが基本的に舞台は現実の再現する場所ではなく、見世物（エンターテインメント）であると考える演出家だからだと思う。だから、わたしが作る舞台は歌や踊りはないものの、観客の目や耳に快いものを志向して造形されているはずである。

翻って、演出とはその人そのものであると思う。サービス精神旺盛で、歌や踊りや音楽で華やかに作品を彩る演出家は、その人自身がそのような人であるにちがいないし、会話を主体にあくまでも淡々としたリアル志向の演出家は、その人自身が目眩《めくら》ましではない話の内容を重視する人であるにちがいない。舞台美術に凝る演出家は、その人自身が空間のインテリアに凝る人だと思うし、照明や音響にこだわる演出家は実生活における光や音に敏感な人だと思う。ハッタリで観客を脅すような演出をする人は、実際にその人も対人関係においてハッタリをかますことを常としている人であるにちがいない。演出はその人そのものなのである。

その文脈でわたしのことを考えると、わたしは派手好きで話の内容よりもビジュアル重視の人間であるのかもしれない。まあ、実際のわたしはボソボソしゃべる地味なオッサンではあるのだが。

■俳優の鉄人

ISAWO BOOKSTORE の『壁の向こうの友人—名古屋保険金殺人事件—』の稽古中。久しぶりの稽古はわくわくする。

　本作は名古屋が舞台の芝居なので登場人物はみな名古屋弁でしゃべる。だから稽古場は「みゃあみゃあみゃあ」している。しかし、方言というのは面白いと改めて思う。そして、みゃあみゃあしゃべる役者さんたちを眺めながら、ふとゴルゴ13を思い出した。言うまでもなく世界を股にかける超一流の殺し屋である。なぜかと言うと、ゴルゴ13は世界各国の言葉を自在に操る殺し屋だからである。その数は二十ケ国以上とされる。日本の方言が全部でいくつあるのか知らないが、何百という数の方言があるにちがいない。もしも、「俳優の鉄人」というものがあるのなら、それはそういう方言をいくつも使える俳優を指すのではないか。それはゴルゴ13が世界各国の言語を自在に操り、仕事をするのと同じ意味において。

俳優の鉄人は、どんな方言も自在に操る。標準語はもとより、関西弁、九州弁、広島弁、名古屋弁、東北弁など様々な言語を完璧に話す。つまり、彼はどんな種類の日本人にもなりきることができるのである。そんな俳優がいるとすれば、それはまさに「俳優の鉄人」と呼ぶべき怪物的な人物である。ある時はスマートな東京人、ある時は商売上手な関西人、ある時は喧嘩早い九州人、ある時は朴訥な東北人……。百面相という言葉は、すぐれた変装技術によって様々な人間に成り代わる人を言い表す言葉だと思うが、外面だけ変えるのはさほど難しいことではない。本当に難しいのは、その人が使う言葉＝方言をいくつも使い分けることである。なぜなら、その人が使う言葉こそ、その人の生まれた場所や身に付けた文化を最も雄弁に語る要因だからである。

様々な役柄を我が物としてキャリアを重ね、最終的にどんな方言も使いこなせる力を獲得した俳優こそ、「俳優の鉄人」と呼ぶに相応しい俳優であると思う。

■絵の具

演出家にとって、俳優とは画家にとって絵の具のようなものであるように思う。俳優は様々な色を持つ絵の具である。同じ色というものは一つもなく、それぞれの俳優が独自の色を持っている。演出家は、それらの絵の具を使って舞台空間というキャンバスに絵を描くのである。様々な色の俳優たちが混ぜ合わされることによって舞台は、その舞台唯一無二の色合いを醸し出す。戯曲は言わば着色を施す前の鉛筆によるデッサンのような役割を持つ設計図である。キャスティングは、そのデッサンに多様な色を配色するような作業と言えるか。

劇団時代は絵の具の色と数はほとんど限定されていたが、今は公演ごとに俳優たちに集まってもらうので、わたしはどんな絵の具も使ってよい立場にある。つまり、絵の具の種類と数は無限大に広がったわけである。劇団には劇団のよさがあることはわたしなりにわかっているつもりだが、絵の具の数と色の多彩さという意味では、プロデュース公演は多彩な絵を描く上での大きな利点がある。

しかし、プロデュース公演の場合、その絵の具を手に入れるのが一苦労である。劇団公演は手持ちの絵の具を使える気安さがあるが、プロデュース公演は新しい絵の具を買い求めなければならない。どこにどんな色の絵の具があるか知らないといけないし、お目当てのよい絵の具が見つかったとしても、それを得るために出費が必要となる。いずれにせよ、新しい絵を描く時に絵の具の色と数は多彩な方がよいことは言うまでもない。わたしは趣味で絵を描く習慣は持っていないが、にもかかわらず真新しい絵の具セットを見ると気分が高まるのは、そういうせいかもしれない。

■雨の運動会

脚本家の山田太一さんのエッセイに「運動会の雨」(『いつもの雑踏 いつもの場所で』所収/冬樹社)と題された一編がある。それは山田さんが来賓として出席したとある小学校の運動会について書かれたエッセイである。子供たちが楽しみにしていた運動会。しかし、その日はあいにく雨だった。それでも運動会を開催したその雨の日の競技は、晴天の中で行われるそれよりずっと味わい深く感動的だったという内容である。わたしは、自分がちょっと災難に見舞われる度にこのエッセイを思い出す。

八月の終わりに上演するサンモールスタジオプロデュース『Crime―2nd―』は、コロナ対策で通常一〇〇席ある客席を五〇席以下に限定して行う。客席最前列と舞台までの距離もガイドラインに従い二メートルの間隔を設ける。つまり、観客席はスカスカの状態で公演を行うのである。その状態で公演を行うことを想像すると、ため息しか出ない。演劇は、観客でギッシリと埋まった劇場の舞台で上演してこそ、その魅力を発揮するものだからである。空いた座席に人形を置いて上演をするグループもあるらしいと聞くが、そうしたい気持ちは痛いほどよくわかる。演劇は「3密」の産物に他ならず、空席の目立つ客席はドラマの濃度を著しく殺ぐからである。舞台演出家の願いは、どんな場合においても「観客でぎっしり埋まった客席」である。

しかし、と考える。雨の運動会が見ようによればとても素晴らしいものになるように、客席がスカスカの公演も、もしかしたら平時なら体験できない新しい観劇体験を我々にもたらすのかもしれない、と。時にわたしたちが本来は望まぬ災難は、事態をまったく新しい感動に包み込む可能性だってある。災い転じて福となる、ピンチはチャンスという言葉だってある。ものは考えようなのである。「こんな状態での観劇は初めてだ！」という新鮮な体験が待っていることもある。そう、もしかしたら二度と体験できない特別な観劇体験が。劇場へ足を運び、劇的な体験をする意欲も失いかねない昨今の社会状況ではあるが、作り手のわたしはお客様のご来場を心から願うばかりである。

■俳優の最期

ISAWO BOOKSTOER に参加してくれている役者さんたちに聞いた話。皆さん「今は必死で台詞を覚えようとしているが、芝居が終わるとすぐに台詞を忘れる」と言っていた。そりゃそうだろう。次から次へと新しい役に取り組まなければならない俳優たちは、いつまでも前の芝居のことを考えているわけにはいかない。わたし自身、数少ない過去に演じた役の台詞などきれいさっぱり忘れている。一方、脚本家としては、自分の書いた台詞がその役者さんのからだに残っていることを望んだりもしないではないが、忘れようにも忘れられないのが名台詞というものだろう。

ところで、普通、俳優は生涯にいくつくらいの役を演じるのだろう？　人によって様々であろうが、売れっ子の役者ともなれば、一年に五役を演じるとして現役時代が三十年あるとすると、一五〇役である。別人格とは言わないが、少なくとも自分とは違う境遇の人を一五〇も演じるわけである。善良な人の役もあるだろうが、中には殺人犯役とか異星人役とか動物役とか、普通でない役もたくさんあるにちがいない。

『ターミネーター2』（一九九一年）に登場するT-1000という敵役をご存知だろうか。アーノルド・シュワルツェネッガー扮するT-800に対抗する形状記憶型の金属ターミネーターである。この金属ターミネーターは、触れるものに変身できる能力を持っていて、劇中で少年の養母、病院の警備員、白バイ警官、サラ・コナーなどに変身する。そして、T－800との死闘の果てに製鉄所の溶鉱炉に落下して、絶命する。T－1000は灼熱の溶鉱炉の中でもがき苦しむ。その折に彼は今まで自分が変身した様々な人間の姿を瞬間的に垣間見せる。わたしは、この場面を見ると俳優の最期とはこういうものなのではないかと思う。自分が演じた役が走馬灯のように彼の脳裏をよぎるのである。ある意味でどんな人間にも成り代わる能力を持つT－1000という役柄は、俳優のアナロジーのような役に思える。

■もどかしさ

かつては公演案内をダイレクトメールで送っていたが、今はそういうことがほとんどなくなった。現在、わたしが送る芝居の公演案内は電子メールとLINE、それにメッセンジャーの三つである。しかし、今回の公演案内はいつもと内容は同じだが、気持ちがちょっと違う。案内文の末尾は以下のようなものである。

――「何かとお忙しいとは思いますが、ご来場を心よりお待ち申し上げます」

間もなく幕を上げる公演に関しても、「心からご来場をお待ち申し上げる」気持ちにまったく嘘偽りはないのだが、時節柄、お客様たちの心中を察すると、「ご無理をせずに」という気持ちが強い。「心からご来場をお待ち」しながら「ご無理をせず」というのはちょっとした矛盾であり、コロナ禍の最中の演劇公演の主催者たちのもどかしさをよく表していると思う。こういう状況でなかったら、よほどの事情がない限り「無理をせず」という気持ちにはならないのだが、今回は「集団感染のリスク」というとんでもなく高いハードルがわたしたちの前には存在しているのである。

集団感染のリスク——とそのように文字にして初めて事の深刻さを認識せざるを得ない。もちろん、そのリスクはそんなに高いものではない。わたしたちは必ずしもマスクを外して飲食し、近い距離で唾を飛ばして談笑しようとしているわけではないからである。受付時のマスクとフェイスシールド着用、手指の消毒、客席数の縮小、舞台と客席の距離の確保、面会禁止など劇場側も考え得る限りの感染対策をした上での公演である。にもかかわらず不安がゼロになるわけではない。だからもどかしい。そんな感染のリスクを想定すると、ご来場を強くお願いすることはどうしても気が引ける。

間もなく二〇二〇年の夏が終わる。本来なら東京オリンピックの興奮冷めやらぬ時期であったのかもしれない。しかし、世はこういう不安定な事態に見舞われた。わたし自身の気持ちを言えば、世の中の状況を憂いつつも、新しい作品にこうして取り組めたことを嬉しく思っている。なぜならわたしが何年後に二〇二〇年の夏を振り返った時、わたしの記憶は「自粛」ではなく「行動」とともにあったことを刻んだからである。

■男性のみ

ISAWO BOOKSTOER公演『壁の向こうの友人―名古屋保険金殺人事件―』の登場人物は全員男性である。だから、わたしと演出助手のMさんを含めて稽古場はいつも男性しかいない。今回は三人芝居だからこの人数だが、演目が『十二人の怒れる男』などの場合、稽古場にいるのは十二人の中年男であるわけだから、さぞかし男くさいにちがいない。今までにもこういうケースは何度もあったが、今日は男性だけの稽古場のよいところと悪いところを書く。

男性だけの稽古場のよいところは、変に女性の目を気にすることがない分、気楽と言えば気楽であるところか。パンツ姿で着替えをしても誰も何も感じないという意味では、ほとんどそれは男子ラグビー部の世界である。タバコを吸うことにも余り気を使わない。稽古後の飲み会の席などでも、あからさまな下ネタが披露され、下卑た笑い声を立てても特に気にする人はいない。全体に女性への気がねがない分、乾いた明るさが稽古場に漂う。

逆に男性だけの稽古場の悪いところは、女性がいないのでむさ苦しい点である。不思議なもので、女性が一人いるだけで稽古場にちょっと柔らかい空気が漂うのである。稽古場に限らず、わたしたちの住む世界は男性と女性が共存してある調和と安定感を醸し出していると思う。だから、男性だけの稽古場はどこかいびつな印象がある。また、季節の果物などを差し入れするというような気が利いたことを野郎どもは発想すらしない。

何年か前に老齢の俳優のSさんから舞台の脚本を依頼されたことがある。Sさんがわたしに出した条件は「題材は何でもいいが、若い女優を一人出演させてほしい」というものだった。「なぜですか?」と尋ねたら「男だけだと稽古場へ行くモチベーションが上がらないから」との答えだった。当初は内心「このすけベジジイが!」と思ったが、そう答えたSさんの表情からわたしは別の感情を感じ取った。それは「口説いてベッドインしたい!」という生々しい欲望ではなく、老境を迎えたSさんの「元気に生きる術」のような切実さである。悲しいことにその後、Sさんは急逝され、約束は果たされなかったが。

■山崎さんの思い出

先日、劇作家・評論家の山崎正和《やまざきまさかず》氏の訃報が届いた。わたしは必ずしも氏の劇作や評論に強い影響を受けたわけではないのだが、学生時代に岸田國士《きしだくにお》戯曲賞を取った『世阿彌』、評論集『劇的なる日本人』や『人は役者、世界は舞台　私の名作劇場』などの著作を読んだ。残念ながらどの著作も、どんな内容だったかをすっかり忘れてしまったが、「人は役者、世界は舞台」は一番記憶に残っている。この本は「私の名作劇場」という副題が示しているように氏が世界の名作戯曲を紹介する本である。シェイクスピア、チェーホフ、ロスタンからピランデルロ、ベケット、ピンターまで、世界各国の劇作家が書いた名作と呼ばれる作品をわかりやすく解説する。わたしは学生時代にこの本を通してピランデルロやピンターなどの前衛作家に興味を持ち、作品集を読んだのだった。

また、バーナード・ポメランスの戯曲『エレファント・マン』（河出書房新社）の翻訳は氏の手によるものである。訳者あとがきで、「劇作家には生涯に一度出会えるかどうかという題材があり、本作はそういう戯曲である」という内容が書かれていて、その文章が強く印象に残っている。氏は「シアトリカル」（演劇的）という言葉をよく使っていて、わたしはその言葉を氏の著作を通して知ったように思う。

一九八〇年代の後半のことだが、劇団ショーマが上演した『アメリカの夜』という戯曲が岸田國士戯曲賞の候補作として選ばれたことがあった。その時の選考委員の一人が山崎氏で、選考委員の中で唯一、拙作を推してくれたことを選評を通して知った。あいにくその選評はわたしの手許にはないが、氏が拙作を褒めてくれていたのだけは覚えている。その恩義があるので、氏の訃報に接し、追悼文を書く気になったのである。もっとも、氏はその作品のことなど、とうの昔に忘れてはいるだろうが。お会いしたことは一度もないが、ここに謹んで哀悼の意を表する。安からにお眠りください。

■旅先の体験談

国内にせよ国外にせよ、どこかへ旅行して、そこで体験した印象的な出来事は誰かに話したくなるものである。その体験はその人にとっては唯一無二の体験であり、本人には刺激的な出来事ではあったのだろうが、こういう話はたいてい第三者が聞いても面白くないものである。旅の体験談が話す本人しか面白くないとはよく言われることである。旅の面白さは、その地へ足を運び、その場所の空気を吸った人間にしかわからないことが多い。だから、伝聞として伝えられてもなかなかリアリティが持てずについていけない。

ところで、かれこれ十数年になるが、わたしは演劇の専門学校で演技のレッスンの際に学生にノートを一枚配る。そのノートはB4サイズのペラ一枚の紙で、毎回「演技力とは何か」「戯曲の読み方」「なぜ様式を知る必要があるのか」「テキストとサブテキスト」など内容は様々なのだが、それをまず口頭で読み上げ、その内容に引きつけながら実践的なレッスンをやるようにしている。それらのノートは、わたしが実際に芝居作りの過程を通して考えた俳優の「すぐれた演技」に関する考察である。わたしにとってそこに書いたことはまぎれもない真実なのである。

そして、ふと、わたしが心を込めて熱心に語るすぐれた演技の極意も、それを聞く学生にとっては他人の旅の体験談のようなものなのかもしれないと思い至る。つまり、彼らはかの地を訪れたことがない人たちであり、わたしはすでにかの地を何度も訪れたことがある旅行者なのである。だから、いくらわたしが熱心にそれを語っても、彼らには全然ピンと来ないし、面白くない。そういう意味では旅行同様、演技の良し悪しも、耳で聞いて理解するものではなく、実際に舞台に立って身に付けるものだという結論に達する。旅の前に自宅で空想することと実際に旅先で感じることには大きな隔たりがあるのである。ブルース・リーも言っている——「頭で考えるな。からだに刻め」と。

■女の幸せ

演劇の専門学校の教室でしばしば自作の戯曲を読み合わせする。読み合わせに参加するのはクラスの若い俳優志望者たちである。先日、その中にどうにもこうにも感情表現に乏しい女の子（まだ十代である）がいて、彼女に対して「もっと豊かに感情表現できないかなあ」とボヤき、その後についロにしてしまったことがある。およそ以下のようなことである。

——「余計なお世話であることは百も承知の上で言うけど、女の子は感情表現が豊かな方が実人生で幸せになれるように思うんだな、俺は。早い話、そっちの方がモテる。なぜなら男子は感情表現しない女の子じゃなくて豊かにそれをする女の子が好きだと思うから」

彼女を傷つけないようにわたしなりに注意深く言葉を選んで言ったつもりだが、要するに女子は感情表現が豊かな方が幸せになれるように思うのである。幸せと言うと大袈裟かもしれないが、わたしの理屈はこういうことである。

○感情表現が豊かである。
○チャーミングに見える。
○男子にモテる。
○男性に声をかけてもらえる。
○素敵な男と結婚できる。
○幸せになる。

まあ、ずいぶんと乱暴な理屈ではあるが、だからと言ってこれがまったくのデタラメでもないとわたしは思う。そもそも幸せ以前の問題としてチャーミングな女とは、少なくとも笑顔を見せない仏頂面の女ではないのは真実であると思う。たぶん「可愛い」とはストレートに感情表現をすることの別名である。それはかの有名な「宝塚ブスの25箇条」が教える通りである。

ところで、ずっと前に演技のワークショップを行う際に、わたしは「舞台の表現力を高めるとは、人生の表現力を高めるということである」と謳って受講者の募集を行った。表現力がものを言うのは何も舞台の上だけの話ではなく、実人生においても同様であるとわたしは考えるからである。演劇は人生を豊かにする大きな可能性を秘めた器なのである。

■芸術的素養

ISAWO BOOKSTOER公演『獄窓の雪―帝銀事件―』には事件の被疑者である平沢貞通《ひらさわさだみち》が登場する。世に罪に問われた被疑者は多いが、知名度という意味ではこの人はトップクラスにいる人の一人ではないだろうか。冤罪の可能性がある事件の被疑者だったということが一番の理由だと思うが、同時にこの人が高名な画家だったことにも起因しているように思う。平沢は著名なテンペラ画家だった。

わたしは昨年の今頃、『夜明け前―吉展ちゃん誘拐事件―』という芝居を上演していた。「戦後最大の誘拐事件」と呼ばれる誘拐事件を題材としたものだが、この芝居にも犯人である小原保《こはらたもつ》は登場する。（劇中では「中原保」だが）小原は福島の貧しい農家に生まれた時計職人だが、有罪が決まり服役中に短歌をたくさん作った。劇中でもそれらの短歌を引用したが、それらは短歌のことなどまるで知らないわたしのような素人からみても、味わい深い立派なものだった。

つまり、わたしが主人公として選んだ二つの事件の犯人は、それぞれに獄中で芸術活動をした人である。片方は画業、片方は文芸という分野の違いこそあれ、罪を犯した彼らに芸術的な素養があったということである。そう言えば、わたしは二十代の頃、「芸術活動を義務づけている刑務所」を舞台にした『極楽トンボの終わらない明日』という芝居を書いたことがある。その刑務所では映画や演劇、絵画や文芸を通して服役囚を更正させようとするのである。もしかしたら、そういうわたしのかつての下地が、獄中で芸術活動をした犯罪者への興味にわたしを導くのかもしれない。つまり、わたしが数ある事件からその二つを選んだことには必然性があるように思う。

■協賛

ISAWO BOOKSTOER 公演『獄窓の雪―帝銀事件―』を協賛してくれている会社がある。ネクスト法律事務所である。主宰しているのは平岩利文さんである。このブログに時々、登場する弁護士のHさんとは平岩さんのことである。

平岩さんは元々は演劇プロデューサーで、三十年くらい前に平岩さんがプロデュースする芝居に関わったことがきっかけで知り合った。後に弁護士に転身して今に至るわけだが、わたしが平岩さんと本格的に再会したのは二〇〇九年前後だったはずである。それは裁判員裁判が行われるようになった頃である。ある日、平岩さんから電話がかかってきて、「今度、法廷で被告人を弁護するから、わたしの弁論に舞台演出家としてダメ出ししてほしい」という依頼をされた。「裁判員裁判を見越して、一般人に通用する法廷での弁論の仕方を研究したい」というのがその理由だった。ちょっと戸惑ったが、法廷に足を運び、平岩さんの法廷の姿を傍聴席から拝見した。

――「被告人を被告人と呼ばず名前で呼んだ方が被告人が一人の名前を持った生身の人間であることを人々に印象づけられるのではないか」

公判終了後、東京地裁の地下にある喫茶室でエラソーにそんなことを言った記憶があるが、舞台演出家に被告人を弁護する自らの姿を見せて、そのダメ出しをさせるという発想がユニークである。わたしは演劇活動を始めて四十年くらいになるが、大規模なプロデュース公演を除いて「協賛」という形で公演へ出資してくれた企業は一つもない。つまり、演劇プロデューサー出身の弁護士である平岩さんは、小劇場演劇を深く愛し、応援してくれているのである。まあ、今回も脚本を書く上で法律監修的なこともしてもらっているので、本作の内容に強い興味を持ってくれていることもあるとは思うが。アナタが何らかのトラブルに巻き込まれ、よい弁護士をお探しならネクスト法律事務所を推薦する。

■明日から

明日からISAWO BOOKSTORE公演『獄窓の雪—帝銀事件—』が開幕する。

本作は一九四八年に起こった帝銀事件を題材にした芝居である。若いアナタはそんな事件のことは耳にしたことがまったくない事件だろう。かく言うわたしも若い頃はそんな事件のことなど知りもしないし、興味もなかった。しかし、五十代を迎えた頃から、実際に起こった犯罪事件に強い関心を持つようになり、わたしは一種の「犯罪愛好家」になった。そんな関心の末に〝昭和事件シリーズ〟と銘打っていくつかの作品を作った。

今までに扱った事件は、三億円事件、吉展ちゃん誘拐事件である。本作はその第三弾にあたる。どの作品も、事件をそのまま描くのではなく、独自の視点で事件を描くように努めた。三億円事件は金を奪われた銀行員たちを、吉展ちゃん誘拐事件は犯人の兄弟姉妹を主人公にした。今回は、事件で被害にあい、かろうじて生き残った四人の銀行員たちに焦点を当てた。つまり、〝昭和事件シリーズ〟は、有名な事件をわたしならではの視点で描くことを旨としている。

コロナ禍の真最中での公演なので、集客には苦労しているが、願わくは劇場へ足をお運びいただき、昭和の凶悪事件をめぐる人々のドラマを目撃してほしいと思っている。非常に身勝手なことを言わせてもらうなら、わたしがこの芝居を無理しても今年中に上演したいと思ったのは、後何年かして、自分の二〇二〇年を振り返った時、災難に見舞われて世界が激変したこの年を「自粛」ではなく「行動」とともに過ごしたことを自分の記憶に刻みたいと思ったからである。格好つけて言えば、わたしは表現者として状況と戦いたかったのである。その結果がどうであろうと。

■投網幻想

連日、『獄窓の雪―帝銀事件―』を上演中のサンモールスタジオへ通うために十二月の新宿を歩く。終演後はそうでもないが、昼間はコロナ禍に見舞われながらも、町にはたくさんの老若男女が歩いている。(いつもと違うのは人々がみなマスクを着けている点である)この公演に限ったことではないが、毎回、公演中に繁華街を歩くと、わたしは奇妙な幻想を抱くことがある。その幻想とは、そこを行く人々に向かっていきなり投網《とあみ》を投げてひっ捕え、その人たちを劇場へ無理やり引っ張っていく幻想である。言ってみれば「投網幻想」である。

なぜそんな幻想を抱くかと言うと、その人たちが劇場へ来てくれれば、客席がいっぱいになるからである。いっぱいの観客で埋まった劇場の観客席は、常に舞台演出家の夢である。上演している芝居がつまらぬものならまだ諦めもつく。しかし、それが凄く面白い芝居だった場合、そして、面白いにも関わらず観客席が埋まっていない場合、演出家は忸怩《じくじ》たる思いを抱く。そんなことをいつも感じながらわたしは町を歩き、長い間、劇場通いをしてきたのである。今回の公演もその例に漏れず、わたしは新宿の町中でそんな幻想に囚われた。

白昼の新宿。
わたしが道を歩いている。
たくさんの歩行者とすれ違う。
と、突然に巨大な波音。
わたしはいきなりハチマキをした漁師に変身する。
そして、行き交う人々へ向かって投網をばあっと投げる。
投網にかかり魚のようにバタバタともがく人々。
しかし、わたしは有無を言わさず投網にかかった人々を引っ張って劇場へ連れていく。

まったく馬鹿げた幻想だが、こういう幻想を抱く舞台演出家はわたし以外にもたくさんいるのではないか。この公演に限ったことではないが、毎回、公演中に繁華街を歩くと、わたしは奇妙な幻想を抱くことがある。その幻想とは、そこを行く人々に向かっていきなり投網を投げてひっ捕え、その人たちを劇場へ無理やり引っ張っていく幻想である。本日は『獄窓の雪─帝銀事件─』の千秋楽である。

■『獄窓の雪』終演

ISAWO BOOKSTORE vol.5 サンモールスタジオ提携公演『獄窓の雪―帝銀事件―』が無事に幕を下ろした。コロナ禍の真最中の公演だったので、稽古・本番を通して普段より断然にピリピリした緊張感を持った現場だったが、こうして幕を下ろすことができて心からホッとしている。

この芝居は本来、今年の八月に上演する予定だったが、社会状況を鑑みて十二月に延期。わたしの目論見では、その頃には感染拡大は収まっているだろうとタカをくくっていたのである。しかし、ご存知の通り、感染拡大は年末に向けてひどくなるばかり。稽古場に通いながら、連日ニュースが伝える「五〇〇人感染!」「六〇〇人感染!」「八〇〇人感染!」と増え続ける感染者の数をため息とともに苦々しく眺めていた。しかし、わたしたちはこの公演を何とかやり遂げることができた。小屋入りして、初日の舞台が開幕する前に、わたしはキャストとスタッフを前に次のようなことを言った。

――「今までたくさんの演劇公演に関わってきました。演劇公演を行うとは、どんな場合も何かとの戦いのようなところがありますが、わたし自身の感覚で言えば、今回の公演ほどハッキリと戦い=闘争の意識が強い公演はないように思います。それはコロナ禍という社会状況があるからでしょう。劇中の銀行員・正子が見えない何かと戦い続けたように、わたしたちもコロナに負けず頑張りましょう！」

その闘争の結果が勝利だったか敗北だったかはよくわからないが、状況に屈せず、全公演をやり遂げたという意味では、わたしたちは勝利したのだと思う。そんなわたしたちの芝居を見に、不安定な社会状況の中、劇場へ足を運んでくれたお客様には心から感謝します。また、オンライン配信で舞台をご視聴していただいたお客様にも。

スタッフ、キャストのみなさん、お疲れ様でした。よい舞台ができたと思っています。ありがとうございました。常々、演劇公演は様々な人々への感謝の集積によってできていると思っていたが、今回の公演はなおさらその感が強い。ISAWO BOOKSTORE の次回公演はまだ未定だが、公演の際はまた劇場に足を運んでくださることを。

■愛と死

昨日、演出家の出口典雄さんの訃報が届いた。八十歳だったという。わたしたちの世代にとって出口さんは劇団シェイクスピア・シアターの演出家として著名な人だった。（わたしが今までお付き合いした役者さんの中にもシェイクスピア・シアター出身の役者さんが何人かいる）世界を見回しても、シェイクスピア作品すべてを一人の演出家が上演したのは出口さんだけであるという。一九七〇年代、「普段着のシェイクスピア」「ジーパン・シェイクスピア」と評されたラフな格好で演じられるそれらの芝居は、今はなき「渋谷ジァン・ジァン」という小劇場で上演された。そんな噂を耳にしたことはあるが、残念ながらわたしはシェイクスピア・シアターの芝居を一度も見ていない。

わたしは出口さんと直接的に面識はなかったが、大学生の頃、特別講義があり聴講したことがある。一九八〇年代の頭である。その時に出口さんが授業内で口にされたことは今でも覚えていて、わたしの心のノートにしっかりと刻まれている。「シェイクスピアは二つのことしか描かなかった。一つは誰が誰を殺すのか、一つは誰が誰を愛するのかという話です」という言葉である。なるほどなあと心から得心して、作家の主題はつまるところこの二つ――愛と死なのだと若いわたしは認識した。つい先日も公演中の芝居の出演者との酒席でシェイクスピアの話になった時、大学時代に出口さんから聞いたそんな言葉を役者さんたちに伝えたばかりだった。

そんな面白い講義の関心の延長で、数少ない出口さんの著作『シェイクスピアは止まらない』（講談社）という本を読んだ。舞台演出家は余り本を書かないものだと思うが、シェイクスピア・シアターの芝居作りの過程が垣間見えて面白い本だった。今年は劇作家の別役実さんが亡くなったが、わたしが若い頃に影響を受けた先人たちが次々と亡くなるのはやはり悲しい。謹んでご冥福をお祈りする。

■肯定力

わたしの演出家としての俳優への向かい合い方の基本は、俳優がやることを「受け入れる」ということである。初めに「ああしろこうしろ」と言うのではなく、それがわたしのイメージとまったく違うものであったとしても、俳優が思ったままのことをやってもらう。そして、自分のイメージと著しく違う場合のみ「こうしてほしい」という旨を伝える。つまり、わたしは常に演出する時、肯定から入るように努めている。否定から入る演出もあっていいとは思うが、否定から入る演出は創造の現場の空気を堅苦しいものにするように思う。わたしにとって稽古場は、そこにいる人々にとって何よりも自由な場所であるべきであると考えるからである。

しかし、「受け入れる演出」は、時に俳優たちを不安にさせる。あれこれ言われないとだんだんと不安を募らせるタイプの役者さんがいるからである。特に新人と呼ばれるような人にそういう人は多いように思う。つまり、指針を示さないとどちらに行っていいかわからなくなってしまうのである。演出家とは、子供たちに広場を提供し、「さあ、ここで思い切り遊んでくれ！」と促し、子供たちのいろんな遊びを見て楽しんでいる大人のようなものであると思うが、広場の外へ出ていってしまう子供もいるから、そういう場合は、「遊んでいいのは広場の中だけ！」と注意しなければならない。

わたしが俳優たちにあれこれ言わないのは、たぶん無意識に自分の提供した広場が安全でしっかりしている自信があるからである。だから、よほどのことがない限り子供たちが怪我をするようなことはないとタカをくくっているのである。(だから場合によっては怪我をする場合がある)そして、わたしが俳優たちと向かい合う時の基本的な姿勢は、わたしの対人関係における他人との向かい合い方の原則に見合っている。わたしはどんな場合もまずその人を否定するのではなく、肯定することから始めようと努力する。わたしの肯定力が問われるのは、いい人に会った時ではない。とんでもなく悪いヤツに会った時である。わたしが凶悪な犯罪者に興味が向くのは、その人を通して自分の肯定力を試せるからかもしれない。

あとがき

　わたしがブログなるものを書き出したのは二〇一一年である。電子機器によるいわゆるＳＮＳ関係に弱いわたしがなぜそんなことを始めたかと言うと、芝居の制作をやっている古い友人から「表現者はそういうシステムを使って情報を発信していかなければならない時代になった」というアドバイスを受けたことがきっかけだった。当初は気が向いた時に日々わたしが感じたことを書けばいいくらいの気持ちだった。「高橋いさをの徒然草」というタイトルはわたしがつけた。しかし、ブログ＝公開の日記を書き出してみると、根が真面目な分、毎日、更新したい欲求に駆られ、連日、何かしらの文章を書き、それを投稿するようになった。

　そうしてブログを書き始めた結果、この十年余りの間にその記事は合計で三千五百余りになった。塵も積もれば山となるとはまさにこのことである。いつの間にかできた記事のジャンルは「演劇」「映画」「本」「事件・事故」「裁判」「エトセトラ」という五項目である。連載中からも何人かの読者に「本にしたらいいのに」と言われたが、なかなかそんな気にはならなかった。しかし、連載を初めて十年目、この辺で一度、わたしの十年の心の軌跡を整理してみようという気になった。十年前は東日本大震災が起こり、現在は新型コロナウイルスによる禍に見舞われたご時世を鑑みると、偶然とは言え一つの時代の区切りのような気がする。

わたしは戯曲集や映画・演劇に関する論評集は何冊も出版しているが、いわゆる「エッセイ集」というような本を出したことがない。売れっ子の作家ともなれば、様々な活字メディアで発表した文章をエッセイ集としてまとめるのだろうが、ここに収めた文章はそういうものではまったくない。わたしが「高橋いさをの徒然草」と題したブログにコツコツと書いてきた文章である。

そんなわたしの十年間に書き綴った記事の中から演劇に関する文章を選び、それを「演劇編」としてまとめたものが本書である。結果として「演劇編」は、既刊である『I—note 演技と劇作の実践ノート』（論創社）の応用編のような文章が多いように感じるが、既刊よりも細かいことを語っているはずなので、そのあたりを楽しんでもらえると幸いである。また、記事を精選したにもかかわらず五〇〇ページを超える大著になってしまったことをお詫びする。まあ、気長に読んでいただけることを願う。

わたしがこれらの文章を楽しんで書いたのと同じように、この本を手に取ってくれたあなたが楽しんでページをめくってくれるなら、著者としてはそれ以上の喜びはない。

最後にわたしの本を継続的に出版してくれる論創社の森下紀夫さんと編集部の森下雄二郎さんに心からの謝意を表する。

二〇二三年五月

高橋いさを

高橋いさを（たかはし・いさを）
1961年、東京生まれ。劇作家・演出家。
日本大学芸術学部演劇学科在学中に「劇団ショーマ」を結成して活動を始める。2018年に「ISAWO BOOKSTORE」を立ち上げて活動中。著書に『バンク・バン・レッスン』『極楽トンボの終わらない明日』『八月のシャハラザード』『父との夏』『モナリザの左目』『I-note――演技と劇作の実践ノート』『映画が教えてくれた――スクリーンが語る演技論』『I-note ②――舞台演出家の記録　1991-2012』『獄窓の雪――帝銀事件』（すべて論創社）など。

高橋いさをエッセイ・セレクション① 演劇編
そして舞台の幕が開く

2023年11月1日　初版第1刷印刷
2023年11月10日　初版第1刷発行

著　者　高橋いさを
発行者　森下紀夫
発行所　論　創　社
東京都千代田区神田神保町 2-23　北井ビル
tel. 03（3264）5254　fax. 03（3264）5232　web. https://www.ronso.co.jp/
振替口座　00160-1-155266
装釘／栗原裕孝
組版／加藤靖司
印刷・製本／中央精版印刷
ISBN978-4-8460-2342-3　©2023 TAKAHASHI Isao, Printed in Japan
落丁・乱丁本はお取り替えいたします。